足球命门

ZUQIU MINGMEN

刘广迎◎著

中国工人出版社

卷首语

打造自己独特的谋生理念与行为体系，驱动自身价值增值与能力变现。

球场亦是职场，这场与那场，无非“盈”与“赢”的经营场。

虽说是“一蓑烟雨任平生”，可没有一出“西游记”，哪里有机会得悟空。

前 言

我与职业足球纠缠了近二十年，应该算是和这个行当有缘了。我在职业生涯中，从事的岗位非常多，但职业足球是我最感兴趣的。虽然玩得不怎么样，可就是很喜欢。不会玩，才好奇；玩熟了，就腻了。就像学开车，似会非会的时候才开不够。

经常有人问我："中国足球为什么不行？""中国足球什么时候能行？"我的回答是："大家觉得足球行与不行跟自己有关系的时候，咱们的足球就行了。"这个回答中，也包含着咱们足球不行的原因。我也经常听到有人高谈阔论，分析咱们足球各种不行的原因。可以说，什么样的高人都有，什么样的高见也都有。我经常想，如果他们去搞足球，能行吗？恐怕很难说。这么多年了，教练和队员换了那么多人，还是踢不好，说明问题不简单，对策不好找，更重要的是共识很难形成。

不论什么行当，路径与方法都有许多，至于能不能做好，得看条件与机遇，除此之外，更重要的一点是形成有效的动力机制。

为什么说动力机制特别重要？这里举一个例子：20 世纪六七十年代，餐饮业的员工拿的都是固定工资，叫"旱涝保收"。顾客来吃饭的时候，得到的是怎样的服务呢？大致可概括为"五冷"，即冷面孔、冷板凳、冷茶水、冷饭菜和冷言冷语。为什么如此"冷"？因为员工拿多少钱跟有没有人来吃饭没有半点关系。如此一来，到饭店吃饭的人越多，他们的实际收益率也就越低。假如某个月餐厅一位顾客也没有，那么这个月员工的投入产出比就会达到峰值，用老百姓的话说，就是“不干活，白拿钱”。后来，餐饮业的规则变了，员工的薪酬与市场挂钩了，也就是和有多少人来吃饭、顾客愿意花多少钱吃饭挂钩了，于是咱们的餐饮业很快就达到并超过了国际一流水平。

如果一个行当员工的所得与他的有效付出没有形成紧密的正相关，那么这个行当就一定是不行的；如果某个行当发展得很好，那么这个行业从业人员的所得也一定是和其有效付出是正相关的。长此以往，就会形成习惯，写进基因，形成一种向上的文化。

从根本上说，文化不是培养、建设、塑造出来的。文化是生命或生命群体在与环境（自然环境、社会环境等）互动的过程中自然形成的。一方水土，一方文化。几乎所有企业都搞企业文化建设，但搞得好的并不多。为什么？因为多数企业只在员工身上做文章、下功夫，大多没有着眼于改良“土壤”。这就好比认认真真地在西北大沙漠里栽桂花树，只能是瞎耽误工夫又害死了桂花树。足球圈的情况略有不同，一直玩的是换树游戏。拔了这棵树，栽上那棵树。结果哪棵树也扎不了根，更不可能开花结果。

我们的职业足球玩了这么多年，越玩越烂，原因何在？答案可从上面的例子中寻找。

大多数人想找一份稳定的工作，最好是干活没什么风险，收入又基本稳定，而且是多多益善。尤其是 20 世纪六七十年代出生的家长，大多想让自己的孩子捧上个“铁饭碗”。有一份稳定的工作好不好呢？这得看你想要什么。如果只是想混个安稳的小日子，这样的工作无疑是好的。如果想让自己的“小宇宙”发发光，弄出个动静，这样的工作肯定是不好的。生活没有个磨难，怎么能知道什么是“叫花鸡”？工作没有些压力，怎么能知道什么叫“辣子鸡”？不经过社会“暴击”，怎么能成为“公鸡中的战斗机”？

如果一个人的生存状态与自己的努力没有直接而强烈的正相关，那么这个人与他所在的组织都是不幸的。比如，咱们的职业球员，过去动辄千万元的年薪与今天很难拿到的基本工资，都与他们自身努力与否没有太大的关联。这样的环境一定是成就不了人才的。

这便是我要写这本书的动因。

职业足球与竞技足球有什么区别？根本的区别就在于两个字——“盈”与“赢”。职业足球要“盈”，竞技足球要“赢”。怎样理解“盈”与“赢”之间的关系，如何找到“盈”的方法与“赢”的逻辑，便是这本书的主要内容。

“破圈”是当下的一个热词。一个行当要持续健康发展，就需要“破圈”。“破圈”的关键是认知维度的跃升。对足球的认知水平决定了足球运动水平的上限。

为什么非得玩足球？职业足球的价值与意义是什么？答案有很多，但又是随着生产力的发展、生活水平的提高与社会的进步，而不断发展变化的。吃不饱、穿不暖的时候，没有多少人玩足球，也鲜有人观赏足球，更不会有职业足球这个行当。

虽说足球与职业足球的价值，随着社会发展进步而不断丰富与提升，是自然而然的，但又是需要挖掘与提炼的。就像金子生于自然，但应用起来就需要冶炼与加工。挖掘、提升并让价值成功变现，便是足球与职业足球发展的命门。而“钱”便是打开命门的“金钥匙”。

地球生命，只有人类发明了钱，这是一个了不起的创造。可以说，没有这个创造就不可能有今天如此丰富多彩的人类生活。不懂得合理合法地赚钱，就是不职业。钱赚得不合理不合法，就是没有职业道德且需付出沉重的代价，甚至受到法律制裁。不职业且没有职业道德，就不可能把某个行当发展好，不可能把这个行当的价值很好地呈现出来。

挖掘足球与职业足球的价值，变现足球与职业足球的价值，关系到足球从业者的切身利益，也是足球人的使命与担当，还是职业足球发展进步的当务之急。

希望这本书能够引发喜欢足球的人们对足球与职业足球价值的再思考，并激发职业足球的从业者对变现足球价值的积极探索，共同促进职业足球尽快走出低谷，给球迷们创造更加丰富的情感体验与精神享受。

让我们共同寻找以“盈”促“赢”的发展路径。

目录

第一章

认识『盈』与『赢』

“盈”与“赢”的关系

长期以来，我们对于足球与职业足球的关注，都聚焦在“赢”上，没有多少人用心关注“盈”，因此总是难赢。越是赢不了，就越是与“赢”纠缠不休，于是所有的精力都用在了纠缠上，更是完全没有力气去赢了，以至于我们能赢的对手越来越少，如今甚至已经到了谁输给我们都会觉得委屈的地步。比如，连泰国球队输我们一个球，他们心理上都接受不了，都会情绪崩盘。更惨的是，不仅“赢”已渐渐远去，而且完全失去了“盈”的消息。大多数俱乐部“吃了上顿没有下顿”，甚至到了只要还有“隔夜粮”，就算是“富贵之家”的地步。是时候去寻找“盈”、爱上“盈”，并与“盈”幸福地生活在一起了。

“盈”与“赢”有关系吗？以企业为例，我们都能够体验到企业在技术、管理、服务等各方面的不断创新，以及由此带来的产品丰富、质量提升、价格降低以及服务水平提高。即使我们宅在家中，也可以得到想要的任何东西。不仅如此，我国企业在国际市场上的竞争力也不断提升，可以说已经没有任何一家外国企业可以忽视中国企业的存在。

试想，如果企业不盈利，从业者照样可以拿高工资，我国的企业能有今天的成就吗？

事实是，国有企业都有与利润挂钩的考核奖惩机制，而民营企业不盈利，更无法在激烈的市场竞争中存活下去。为了“盈”，就必须在市场中“赢”。而要“赢”，就必须持续创新，这才有了后浪推前浪的发展进步。

想“盈”未必能“赢”，可没有“盈”的压力与动力，就一定不会“赢”。

职业足球俱乐部与企业

足球圈一直存在着公益足球论。这种观点有没有道理呢？

答案是肯定的。足球的价值溢出效应非常大。它不像一般的企业产品，你不花钱购买，就无法获得其产品，享受不到该产品的使用价值。而一支球队取得了好成绩，该地区的球迷不论是否花钱看球，也不论是否为球队作出过贡献，同样都可以收获喜悦、分享快乐。而且，一支优秀的球队在提升群体归属感、凝聚力，以及激发人们的热情等方面都有着非常突出的作用。从这一点上看，足球具有很强的公益性。

但是，把足球的公益性与职业足球的盈利性对立起来就不对了。因为足球的盈利性可以将公益性表现得更为突出、更有效率、更加完美。

先来看看只要“赢”不求“盈”带来的一些不良现象。

“垃圾时间”增多。在比赛中，当一方大比分领先时，比赛双方就会减少投入，应付比赛，使比赛丧失观赏性，人们把后续的比赛时间称为“垃圾时间”。为什么会如此？因为球员的收益只与胜负有关，既然已经输定了，或者已经赢定了，那么减少付出对双方来说都是聪明的选择。这样对输的一方来说，就是及时止损；对赢的一方来说，就是以较少的投入获得较高的收益。不好好踢，符合双方利益，谁还会好好踢？

净打时间减少。在一场比赛中，较弱的一方如果取得领先，便会千方百计拖延时间，比如“卧草”（足球术语，球员在比赛中因各种原因而倒地不起的行为）、故意犯规、故意将球踢出界外、后场倒球，等等。总之，只要能让比赛无法正常进行，什么办法都能想出来。因此，我们职业联赛的净打时间普遍非常低。净打时间上不去，比赛的强度就低，球员的竞技水平就很难在比赛中得到提升，一旦到了国际赛场上就无法与其他队伍抗衡。

战略性放弃。在联赛中，如果一支弱队碰上一支强队，觉得取胜的概率很小，就可能选择放弃或者尽量减少消耗，以保存有生力量去拼那些和自己实力差不多或者更弱的对手。这样的选择似乎无可非议，但球员长期在这样的氛围下踢球，会形成一种观念，一旦碰到强手，就不能咬紧牙关，会不自觉地“掉链子”。所谓“恐某症”便与此高度有关，或者说，既有能力问题，也有心理问题，还有习惯问题。

球员不重视维护自身形象。咱们的职业球员普遍缺乏自律性，大多没有维护自身形象的自觉性，对自我要求不够高，甚至经常与球迷发生冲突。俱乐部制定的球员纪律规范，基本上形同虚设。球员的行为标准完全依靠“他律”，没有内生动力，即便能够有效落地，也顶多能管住底线，根本无法促使球员向着更优更强更好持续努力。

俱乐部缺乏品牌意识。目前，国内一些俱乐部几乎只关注输赢，极少有塑造品牌的自觉性，这就导致俱乐部无法形成良好的内部氛围，也建立不起良好的外部形象，更不可能积累经营品牌的资产。同时，因为赢球的压力过大，俱乐部还会被迫迁就球员或者教练，即使个别俱乐部有品牌观念，但在赢球和生存的压力下，也只能止于起心动念。

概言之，只要“赢”不求“盈”给足球俱乐部带来的弊端就是“三个上不去”，即球员能力上不去，竞赛作风上不去，比赛质量上不去。因此，我们搞了三十多年的职业足球，一个台阶也没上去。

那么，追求“盈”就能解决问题吗？

当球员的薪酬不只是和“赢”挂钩，更主要的是和“盈”挂钩的时候，球员们就自然会像酒店店员那样，建立起提高技能、提高服务水平的自觉性。即使在输赢已定的情况下，他们也知道，自己的每一次传球、每一次跑动、每一次防守、每一次射门等都与比赛质量密切相关，都与球迷的满意度密切相关，都与俱乐部的投入产出率密切相关，换句话说就是和自己的“钱袋子”密切相关，只要终场哨声不响，他们就不会放弃多赚钱的努力。

想想看，一种是每一脚都和自己的“钱袋子”有关，另一种是每一脚只和自己多流汗珠子有关，哪种情况下球员的表现会更好呢？换种说法，一个是多投入多收获，另一个是多付出无收获，没有几个球员会主动选择后者。

一场比赛质量的底线取决于输掉比赛的一方，而这个底线同时还影响着这场比赛质量的上限。也就是说，在一场比赛中，弱队球员的比赛态度、投入强度，几乎决定了一场比赛的精彩程度。当薪酬与“盈”挂钩的时候，球员们就会明白，尽全力踢球，即使赢不了比赛，也可以多“盈”钱，如果运气好的话还可能双赢，“卧草”、出工不出力等拖延时间、消极比赛的现象自然就会减少。

在以“盈”为导向的利益分配机制下，球员薪酬的多少主要取决于谁？不是主教练，不是投资人，也不是赞助商，而是球迷。球迷数量的多少，球迷花钱看球意愿的强弱以及支付能力的大小，共同决定了球员的一颗汗珠子值多少钱。在这样的价值体系下，球员自然会将维护、完善自身形象当作头等大事。

当输赢成了一家职业足球俱乐部的全部，那么他的方向就已经跑偏了，哪里还会顾得上品牌建设？但也有人会认为，竞技体育，不就是比个输赢吗，追求输赢怎么算是跑偏了呢？这个问题咱们放在后面讨论。此处要说明的是，如果“盈”是足球俱乐部的“命根子”，那么职业足球的生存逻辑就和其他行业的企业一样了。而市场竞争激烈，有哪个好企业不是把品牌看得无比重要呢？

总之，以“盈”为导向，职业足球的出路就是不断提高比赛的观赏性，让更多的人愿意花钱看比赛。怎样提高比赛的观赏性？球员提高个人能力，球队提高整体能力，俱乐部提高运营能力，中国足球协会超级联赛（以下简称“中超”）提高协同能力，中国足球协会（以下简称“中国足协”）提高宏观调控能力。只要形成内在动力机制，压根儿不用别人担心，每个球员都是“小宇宙”，都可以爆发无限潜能。

现代足球来源于现代企业

足球起源于中国，现代足球始于英国。现代足球为什么最先在英国出现，而不是在中国诞生？因为英国最早发生了工业革命，大量农民、手工业者等走进工厂成为工人，他们就把现代工厂里分工协作的管理制度与经营理念等复制到足球运动中，这才让足球运动有了位置分工与专项技术，有了比较明晰的比赛规则，于是诞生了现代足球。

由此看来，现代足球与企业可谓是一脉相承，同宗同源。足球运动的技战术也随着企业的技术进步与管理变革不断发展进步。

职业足球的出现得益于市场经济。市场经济促进了生产力的发展，提高了生产效率和人们的生活水平，让更多人有时间去踢球和观赏足球比赛。出于对足球运动的喜爱，越来越多的人开始观赏足球比赛，这让部分人看到了商机，于是职业足球俱乐部、职业联赛等接连产生，职业足球由此诞生。

从市场经济的角度看，职业足球俱乐部本质上就是一家公司。公司要赚钱，就要遵循公司运营的逻辑和机制，否则就要被市场淘汰。

职业足球俱乐部与一般性的商业公司有没有区别？当然有。两者的主要区别在“三性”上，即质量的主观性、价值的公益性、产品的普惠性。

职业足球的产品质量没有客观标准，基本上以球迷的主观体验为准。职业足球俱乐部经营的主要产品是比赛。比赛的质量不像一般物质产品那样有技术标准，容易衡量与判断，可以说观众的观赛体验主要受赛场上胜负关系的影响。也就是说，足球比赛的质量，主要通过观众的心理感受、情绪体验来衡量。

职业足球创造的社会价值远大于俱乐部自身的财务收入。职业足球比赛有着比其他商品更强的公益属性。也正是这个原因，绝大多数国家会出台一些保护性、支持性政策。比如，只允许有一个职业联赛，以保证其市场不被分割蚕食；在球场、基地等建设上，给予降低土地出让金、减免税负等方面的优待，以降低俱乐部的运营成本等。围绕职业足球的公益性、溢出效应，有许多文章可做，这一点，我们在后面将详细说明。

职业足球具有不受任何组织与个人限制的普惠性。职业足球带来的情绪体验，人人可得，均可受益，而且不受限制。比如，泰山队获得了冠军，当地人不论是不是球迷，也不论之前有没有买票看球或者到现场呐喊助威，在得知球队获胜的消息时，都会感到高兴和激动，比平时多了一些精气神儿。即使球队成绩一直不怎么样，也可以给人们提供情绪宣泄的渠道。比如一直为人关注但胜率不高的国足，不仅成了人们日常生活的“调料”，而且给相声、脱口秀等各类综艺节目提供了丰富的“原材料”。

那么，我们这些年搞的职业足球究竟是什么？媒体把前些年的中超称为

“金元足球”①，这种说法形象，但不准确。一直以来，我们搞的都是“砸钱足球”。只是有时候砸得多，有时候砸得少，有时候想砸但资金不足。如今，“金元足球”虽然破灭了，但“砸钱足球”仍存在。因为球员的收入与有没有球迷看球、俱乐部能不能赚钱等，还是没有强关联。球员们还是保持固有观念，认为俱乐部有没有钱是投资人或经理人的事，和自己没有关系。也就是说，中超运营的内在逻辑在“金元足球”消失后没有任何变化。

所谓“砸钱足球”就是不看市场收入，一味地花钱买成绩。直白地说，就是“面子足球”。按这种路子搞足球，带来的毛病可就多了，最直观的就是足球运动的相对水平没有最低只有更低。

底层逻辑不改，就相对水平而言，肯定是越来越低。需求过旺，动能不足，给人们带来的反差太大，就会让生存环境变得越来越恶劣，圈内人根本顾不上发展，只能勉强应付，一不小心就把自己的老本儿也搭进去了。

简要总结一下“盈”与“赢”的关系。总体来说，“赢”是手段，“盈”是目的。输赢是比赛的主线，可以吸引观众，让观众花钱花得开心或闹心。但只有开心不行，只有闹心更不行，让观众的心情在开心与闹心间“坐过山车”才是比较理想的波动状态，如此才能够吸引眼球，把观众的注意力转化为俱乐部的财力。

对于一家职业足球俱乐部来说，“赢”可以增“盈”，“盈”能够为“赢”创造更好的条件，二者相辅相成、相互促进。

对联赛整体来说，如果职业联盟把制度设计好了，虽然表面上两支球队比赛结果是一输一赢或者平局，但本质上比赛双方可以实现共“盈”。共“盈”的前提是双方合作创造出高质量的比赛产品。

对国家队发展来说，如果职业联赛的每一场比赛，都不是简单地玩输赢游戏，而是追求把更高质量的比赛呈现给球迷，那么国家队比赛的质量就会逐步

---

① 指用金钱来招募球员，以追求在最短时间内提高球队的技术水平，并尽可能长期保持竞争水平和影响力。“金元足球”和“青训模式”是两种截然不同的发展模式。

提升。职业联赛的比赛质量上不去，即使成绩上有点变化，那也是时运使然。

观众看输赢，职业人抓盈亏。如此才能保证职业足球的良性发展。

何为“盈”

“盈”是一家职业足球俱乐部存在的意义、存在的理由，也是持续发展的前提条件。靠外部支持，“输血”过日子，活不好，也活不长。

一家职业足球俱乐部，做到什么样算是“盈”？笼统地说，只要整体产出大于投入就叫“盈”。狭义地说，俱乐部的财务收入大于支出叫“盈”。前一种“盈”，是将俱乐部创造的溢出价值计算在内的，包括了其创造的政治、经济、社会、文化价值等各个方面，是俱乐部综合价值的全面反映；后一种“盈”，是指俱乐部财务收支上的盈余，是俱乐部自身可持续发展能力的直接反映。

职业足球俱乐部创造的社会价值与为自身带来的经济收益相比，要高出若干倍。至于具体高出多少倍，取决于俱乐部所在地区的规模、人口密度、经济状况、生活习惯、当地政府对足球产业的认知水平以及俱乐部的运营能力。

足球是圆的，可以“盈”所有。职业足球可以在政治、经济、社会、文化、生活等人类活动全领域呈现其价值，可以在人的身体健康、心理健美、社交阳光、精神丰富等个人生活的各方面呈现其独特价值，可以在经济活动的诸多行业中起到刺激带动作用，可以增强个人归属感、团队凝聚力、民族认同感、家国向心力、国家影响力，还可以提高民族自信心、自豪感，等等。可以说，“盈”的面与“盈”的点，说不完，道不尽。

下面就简略地说一说职业足球的社会价值。

先说一个特别重要的方面，那就是可以塑造群体合作的意识自觉。而这个方面正是我们目前欠缺的。何以为证？看看体育领域，个人项目几乎都在快速进步，有的独步世界体坛，有的可以交替领跑，有的在持续缩短与领跑者的距离，但集体项目大多不行，人数越多的项目差距就越明显。越是直接给对手制造困难的项目，我们的优势就越大。比如乒乓球、羽毛球等。就连对身体、力量等要求很高的网球，我们也有了长足的进步。足球这样的传统团体项目，我们的情况却不容乐观。

群体合作的自觉意识短缺与我们长久以来的生产方式有关。我们创造了顶级的农耕文明，可进入工业社会的时间还很短。农耕是自给自足式的，工业生产是高度组织化的协调运作。不同的生产生活方式，塑造不同的思维习惯与行为习惯。想要补齐这个短板，需要依靠整个国家的现代化。而像足球运动这种需要团队成员高度协同的项目，对培养人们的合作精神与协同习惯，也是一个非常有益的补充。

足球运动是一个相互成就的群体活动。其精髓是通过分工合作，队员各展所长，“长短板”同心，实现“1 加 1 大于 2”的效果，也就是通过最大化地成就他人而最大化地成就自己。

学会踢足球就是接受竞合精神的实践教育。

有人可能会问，为什么我们没有从国足队员身上看到一丝一毫竞合精神的影子？我要说的是，他们没有几个人真正学会了踢足球。

可以说，咱们足球圈很多人并没有真正理解职业足球。纯竞技体育，“赢”是目的。职业体育，“盈”是目的。事实上，现在纯竞技体育比赛已经很少了，越来越多的体育比赛成了一场“秀”，也就是以“盈”为目的的竞演。

竞技体育的“竞技”两字换成“职业”之后，其内涵就由竞赛转变为竞演。

竞赛与竞演有何区别？在竞赛活动中，参赛双方互为对手，以战胜对手为目的，不考虑观众的观赛体验。而在竞演活动中，参与者面对的是观众，竞演双方通过“竞”来互相激发，共同为观众创造最佳的观赏体验。可以说，竞赛是专业活动，竞演是商业活动。

职业比赛是一种生产活动，职业足球比赛可以看作一种文艺产品的创作活动。再加上俱乐部的运营，就构成了完整的商业活动。参与比赛的双方都是劳动者，都是文艺产品的创作人员。他们在协同劳动、共同创作、合伙创造。职业比赛的赛场上，没有对手，只有“能手”。

职业足球的赛场上，没有对手，因此也没有输赢。但是，这里有盈亏。如果创造的产品、作品质量不高，没有人欣赏，没有人买单，就会亏损。长期亏损，就玩不下去了。

职业足球比赛的本质是合作，合作的目的是共“盈”。

职业足球能够带动诸多产业的发展，这是其溢出效应在经济活动中的体现。它有直接体现与间接体现两个方面。其直接体现主要是对交通、旅游、餐饮、饲料、旅店、商店、服装、媒体等服务行业的带动。比赛日就是球迷的消费日。其间接体现可以说是没有边界的，比如对都市消费圈形成的影响，对青少年生活时尚的引领，对消费热点的引导，对城市品牌传播等都有明显作用。只是这些价值还没有得到重视，因而也没有系统设计与有效开发。这些都是需要政府、俱乐部与社会各界共同开发的“盈”域。

职业足球运营本身就是一种经济活动，职业足球运营又是一种能够高效带动其他诸多经济活动的经济活动。职业体育，不管经营的是什么竞技项目，都属于文化娱乐产业，都属于带有强烈精神属性的经济活动，都需要遵循经济规律才能健康发展，都有多种层次的经济价值可以开发。

职业足球能够引领人们的生活方式，这种溢出效应有正反两个方面的影响。这种引领作用主要是通过球员的表现来实现的。像梅西、C 罗、姆巴佩等超级偶像，其一举一动都备受关注，对青少年的生活有着极大的影响。他们的一个行动、一句话，可能胜过家长一年的说教。这种影响可能有益于青少年的健康成长，也可能不利于青少年的健康成长。而这正是俱乐部要关注的一个“盈”点。

职业足球在强身健体、休闲娱乐、社会交往、提振精神，以及激发积极性、凝聚力、向心力等诸多方面的价值，都是需要关注与开发的“盈”域，由于这些方面的论述已经很多，在这里就不再赘述了。

接下来，咱们再用极简的段落聊聊职业足球俱乐部自身财务上的“盈”。

目前，职业足球俱乐部的收入主要来自以下几个部分：转播费、比赛日收入、广告费、经营球员收入、衍生产品收入等。

前两项是世界上各大职业俱乐部收入的大头。中超俱乐部在各项收入上都少得可怜，都是靠母公司“输血”来维持生存。可以说，每家中超俱乐部都是“危重患者”，随时都可能接到“病危通知书”。

世界上绝大多数职业足球俱乐部入不敷出，能“盈”的极少。原因在于世界范围内，职业足球俱乐部与职业联盟均在制度上没有创新、在理念上没有开拓、在思路上没有进化、在措施上没有迭代，在方法上亦不够丰富，已经完全落后于时代了。

除了观念陈旧、视野狭窄、理念落后、缺乏创新等问题外，国际足联与欧足联等组织，过度保护球员利益，使得俱乐部在与球员谈判时处于被动地位，造成球员身价、薪酬的不合理增长，极大地加重了俱乐部的财务负担，这是多数职业俱乐部亏损的一个重要原因。

国际足联只关注自身利益和球员利益，基本忽视俱乐部利益，很大程度上影响了职业俱乐部的健康发展。咱们足协对国内职业足球俱乐部的态度与作用也基本是一样的。

足协等足球管理组织与职业足球俱乐部的利益关联性较弱，是职业俱乐部走向“盈”的一个重大“路障”。这类组织做成了老大，也与政府、社会各界对职业足球可以“盈”一切的价值缺乏认识有关系。

概言之：“盈”是打开“赢”之门的“金钥匙”。我国社会主义市场经济的生动实践，充分证明了这把钥匙确实好用。只要不断拓展“盈面”，就必定会持续提升“赢面”。“赢实力”是由“盈实力”激发的，还是由“盈实力”决定的。如今，大家之所以既“盈”不了也“赢”不下，关键就在于看不到“盈面”。

如何“盈”

职业足球有可能“盈”吗？

如今，足球俱乐部的日子那是难过得很！有人说，世界上有几家职业足球俱乐部是盈利的？不是不想“盈”，而是没可能。不过，我还听过一位大企业家发出过不同的感叹：“遍地是钱，就是不会赚！”

赚钱有如挖金矿、打水井、开油田，前期资源不太容易发现，一旦发现了，后面的事就好办多了。看得见，又会干，再肯干，那就是“无尽财源滚滚来”。

要想“盈”，得先看看自己的“家底子”，盘点好自己的本钱，弄明白最宝贵的东西是什么。

职业足球俱乐部的价值

怎样判断一家职业足球俱乐部的价值？或者说，职业足球俱乐部的主要资产是什么？这个价值或者资产其实不在俱乐部的院子里，也不是什么固定的数字，而是活跃在社会生活中的球迷。

球迷的数量、忠诚度、消费意愿、支付能力等就是俱乐部的价值潜力。没有球迷，俱乐部分文不值。你只能说，这几块场地值多少钱，这些楼房值多少钱，这些设备值多少钱，而不能说这家俱乐部值多少钱。

职业球员的价值

职业球员具有多重属性。他们是主设备，能够生产比赛等精神产品；他们也是核心产品，可以在市场上直接销售，也可以通过各种方法变现他们的个人影响力；他们还是资产，可以增值，也可能贬值。

职业球员的价值，约等于他“粉丝”的价值。他“粉丝”的价值，是由“粉丝”数量、所在地区、忠诚度与消费能力等要素决定的。“粉丝”数量越多、所在地区越发达、忠诚度越高、消费能力越强，其潜在价值就越大。

职业球员，如果没有“粉丝”，就没有价值。

教练团队的价值

教练团队相当于公司里面管产品生产的，他们的价值就是不断推动技术进步，着力打造优质产品，以吸引更多的球迷，并带给球迷新鲜刺激的观赛体验。

教练团队在创造价值上的责任主要有以下三个方面：

第一，带领团队踢出高质量的比赛。这是教练团队的核心责任与核心价值。

第二，确保成熟球员保值增值。这是教练团队的基本职责，如果做不到，就是失责，就应该被问责。

第三，培养高水平的年轻球员。这是教练团队自身价值的最重要体现，也是在为俱乐部创造未来财富。

教练团队的直接价值，就是教练团队与所有球员所拥有的“粉丝”价值的总和。一位主教练，如果不能让自己的球队“涨粉”，就是没有给俱乐部带来增值，就应该辞职。如果自己不主动请辞，俱乐部就需要采取措施。

管理运营团队的价值

管理运营团队的价值主要体现在三个方面：服务教练和球员，扩大“粉丝”群体；将“粉丝”群体的潜在价值转化为俱乐部的财产；扩大职业足球的溢出效应，并将其最大化地转化为俱乐部的品牌资产。

实现多赢、共赢、可持续“盈”，是管理团队的责任，也是其价值体现。但不论是多赢还是多“盈”，其出发点与落脚点都是球迷。

弄清了“家底子”，再来看看怎么“过日子”，聊聊如何把日子过得越来越好。这部分我们将从运营品牌资产、创造球迷价值、开发比赛价值、经营球员价值、理念更新寻找新增长路径、制度迭代促进价值增长、渠道升级深挖增长潜力以及培育职业足球价值生态体系这八个方面来探讨。

运营品牌资产

何为品牌资产？品牌就是企业与顾客之间的某种特定关系，反映的是顾客对企业的理性认知、情感联系等与其他企业的区别。品牌专家凯文·莱恩·凯勒（Kevin Lane Keller）认为，品牌资产就是通过一系列长期积累的营销活动，在消费者心智中构建的品牌知识，并且由品牌知识推动的差异化行为和差异化反应。

通俗地说，品牌就是企业通过产品、服务、制度、价值观等，在顾客中建立的高依赖性的情感纽带，让顾客见到相关标识，就会感到亲切。品牌资产的核心就是在产品的功能性和实用价值之上产生增值，也就是由情感与价值观产生的价值。为了获得商品，哪怕付出再多，心里也舒坦，这就是品牌资产的价值。

职业足球俱乐部的品牌，就是俱乐部与球迷之间的情感关系。职业足球俱乐部的品牌资产，主要由两部分构成：一个是俱乐部与球迷之间的情感，情感越浓，品牌资产的价值就越高；另一个是球迷的数量和消费能力，球迷多且消费能力强，品牌资产的价值就大。

为什么要塑造品牌？品牌建设的目的就是通过做最好的自己，结交、吸引更多的朋友，实现相互成就、相互增值。或者说，就是通过明确自身定位，来与趣味相同的人建立情感认同。对于足球俱乐部来说，就是明晰究竟要建设一家什么样的俱乐部，然后把俱乐部的追求和理念传递给大众，从而吸引志同道合的朋友，把朋友变成“粉丝”。

品牌首先是指导自己的，然后才是便于结交朋友、吸引知己的。俱乐部的球迷多了，做事的意义就大，工作的价值就高，品牌资产就多。资产多了，就可以做更多、更好、更大的事。

怎样塑造品牌？许多品牌营销类的书中，都用“忠诚度”来衡量品牌价值，但我更喜欢用“情感浓度”来替代“忠诚度”。忠诚度潜藏着顾客对品牌的单向崇拜，不能客观地反映企业与顾客之间的互动关系。而情感浓度则蕴含着双向互动的含义，突出了企业对顾客的尊重。单向崇拜建立在不公平的关系之上，因而难以持续；双向互动要求处在关系中的双方都要付出情感与努力，因而更加牢固。

如何提高品牌与顾客间的情感浓度呢？办法虽然很多，但终归要围绕“三性”来下功夫，效果才会更显著。

一是显著性。歌词中唱的“只是因为在人群中多看了你一眼，再也没能忘掉你容颜”便是品牌显著性的表现。如何做到让人过目难忘？简单来说需要坚守两条原则，即把自己理明白，向别人说清楚。也就是说要清清楚楚、明明白白、千方百计地告诉别人你是一个什么样的人。对于俱乐部来说，首先要明确地告诉球迷，“我是谁”“我是什么样子”。这是关于俱乐部定位的大事，不能含糊。鲁能泰山在成立之初，就明确提出“建设百年俱乐部”的目标，然后又确立了“文化足球，百年鲁能”的理念。这就非常清晰地向球迷和社会各界传递了这样一些信息：我是齐鲁文化的传播者，我是鲁能精神的践行者，我是职业足球俱乐部建设的长期主义者。在确定自身定位后，必须将理念、价值观等符号化，让球迷一见到标识，甚至是颜色，就会联想到你，就会产生情感的小涟漪。

二是差异性。独特的才是难以替代的，难以替代的才是珍贵的。在职业足球的圈子里，都是搞足球的，怎么个独特法？正是因为都是搞足球的，才决定了差异化是必须的，否则是活不好的。虽然大家都看输赢，依然可以制造不同的输赢。都搞足球，不搞差异化，便只能“内卷”，结果就是谁也好不了。没有差异化，就不能互补，行业生态也好不了。

如何差异化？在俱乐部运营的各个方面、各个环节，都可以创作差异的“小作文”。

球队的技战术风格可以有差异。不同地区有不同特点，理应有不同风格的足球，有不同地域特色的踢法。参赛的球队有各种特色，联赛就更好看，好看才有市场价值，越好看市场价值就越高。总之，无论是为了“赢”，还是为了“盈”，职业联赛都需要技战术风格上的差异化、多样化。

俱乐部的定位可以有差异。任何一个产业都需要完整的产业链，大家分工协作，才能降低生产成本，产出优质的产品，各自才能发展得好。职业足球这个产业也不例外，不同俱乐部也要有不同的定位。比如，有的俱乐部目标是永远争第一，有的俱乐部致力于培养人才，有的俱乐部可以既要好成绩又兼顾出人才。都是要出人才，在出什么样的人才上还可以有差异。俱乐部亮出自己的定位后，球迷们便可以更客观更准确地判断俱乐部的存在价值和工作成效。总之，俱乐部要在争冠、保级与不上不下之外，挖掘新的叙事方式。

俱乐部的目标市场可以有差异。从地域上分，有的俱乐部可以深耕本地市场，有的俱乐部可以跨区域拓展市场。比如像“泰山”这样的品牌，是山东的，也是全国的，还是世界的，比较有利于跨地域开拓市场。欧洲五大联赛中，许多俱乐部有“昵称”，就是为了淡化地域色彩，更好地开拓国际市场。从球迷群体上可以做更多的细分，我们在后文将详细展开。

在经营策略、管理理念、服务方式、价值观等诸多方面都可以发掘差异化发展，这些不再赘述。

三是价值性。俱乐部追求差异化的目的在于提升其自身的价值，从而在激烈的市场竞争中更好地生存。以自然界的生物进化来说明这个道理就容易理解得多。自然界生物多样性产生的一个重要原因是生存。如果地球上生活的一直都是同一种生物，吃同样的食物，需要同样的生存环境，很快会出现吃不上、住不下的情况。物种进化产生差异化之后，大家可以吃不同的东西，住在不同的环境中，这就相当于把一个地方变成多重世界了。更重要的是，多样性的生物可以形成相互供养的关系，进而产生自循环的生态体系，每个物种都在这个生态体系中获得了价值与生存优势。因此，可以说差异即价值。

自然生成的珍珠固然美丽，但要用丝线串起来，才能成为首饰，实现整体的价值增值。对于一家俱乐部来说，其一切活动都可能生成“珍珠”，而串联起珍珠的丝线就是其独特的价值追求。

创造球迷价值

职业足球俱乐部是谁的俱乐部？不是投资人的，更不是经理人的，而是球迷的俱乐部。

彼得·德鲁克（Peter F. Drucker）[①] 说过，“企业存在的唯一目的就是创造顾客”。照此观点，职业足球俱乐部存在的唯一目的就是创造球迷。过去，人们说：“顾客就是上帝。”如今，数字化背景下，流量就是财富，注意力就是价值，而且任何人都可以对一家公司发表公开评论并影响其他人的观点，因此顾客价

① 彼得·德鲁克：现代管理学之父，著有《工业人的未来》《管理：任务、责任、实践》等。

值就是企业价值，顾客就是企业的“影子股东”。对于职业足球俱乐部而言，球迷既是俱乐部的主要资产，也是球队战斗力的重要组成部分，还是必要权益的“大股东”。所以，职业足球俱乐部的中心工作，就是运营球迷价值，目标就是实现球迷价值的保值增值。

球迷的价值主要体现在哪里呢？

球迷创造了职业比赛的意义。郭德纲和于谦说相声，有观众的时候才能叫相声，没有观众的时候那叫练声。没有观众的时候，不论他们说得多么动听、如何有趣，都没有体现出相声的意义。同理，没有球迷，职业比赛就失去了绝大部分意义。

球迷价值即俱乐部的价值。球迷赋予比赛意义的同时也赋予了俱乐部价值。球迷对俱乐部的价值主要有两种，一种是直接价值，另一种是间接价值。直接价值是球迷通过购买球票、俱乐部开发的衍生品等给俱乐部带来的收益；间接价值是球迷观看比赛、关注俱乐部、关注球员等形成的“注意力”，可以转化为俱乐部的广告收益。因此，球迷的多少、球迷的消费意愿与消费能力、球迷所处的消费环境等构成了一家职业足球俱乐部的主要价值。运营职业足球俱乐部，就是运营球迷。目前，几乎没有中超俱乐部把工作重心放在球迷身上，这也是中超“身患重病”的主要原因。

球迷价值的流失对俱乐部经营构成巨大风险。毫无疑问，在所有的体育项目中，足球的球迷是最多的，足球世界杯的影响也是最大的，但足球的投入产出比要比高尔夫、网球等项目低得多。为何？原因在于高尔夫、网球等项目的球迷虽然比足球球迷少，但球迷的消费意愿与消费能力高了很多。看看高尔夫球场、网球场上的广告，都是高档商品，大品牌、奢侈品居多，而足球场上的广告，大多是啤酒、饮料、运动服等日常消费品。前者吸引的是关键少数，后者吸引的是中低层的大多数。未来，在巩固已有球迷群体的基础上，发展高消费群体的观球意愿，让他们成为球迷，将关系到职业足球俱乐部的生死存亡。

当前，球迷价值的塑造正面临多方面的挑战。

新型零售商业模式的兴起正在逐渐瓦解俱乐部的球迷价值。直播带货、私域、社团采购、组团采购等新兴渠道，主要销售中低价值的日常用品，这类不断兴起的新销售模式在疯狂蚕食着电视广告、平面广告等的市场，也正在消解球迷对俱乐部的价值。球迷的消费意愿在别的渠道实现了，消费能力在别的平台消耗了，俱乐部的价值也就降低了。

虚拟世界转移了大量球迷的注意力。随着互联网的发展，虚拟与现实将共同构筑人类未来的生存空间。网络构筑的虚拟世界以其轻松、多元、信息传递快等特点迅速俘获大量用户的心。娱乐信息的传递变得简单高效，用户可以轻松获得大量信息，娱乐模式也愈加丰富，这导致观众对足球比赛及俱乐部的关注有所下降。另外，娱乐活动进入虚拟世界，很快就会形成燎原之势。虚拟现实技术的应用为普通人带来更丰富的体验。在虚拟世界中，人们可以不受天气、环境、自身条件等的限制，酣畅淋漓地投入比赛，享受运动的快乐。比起仅坐在观众席上呐喊，虚拟世界为普通人提供了“上场”的机会，这在现实世界中是难以获得的，这必定会导致球迷的流失以及部分球迷注意力的转移。

但是任何危机都有转化成机遇的可能。虚拟有虚拟的妙，现实有现实的好。要用现实的好把球迷吸引过来，就要求职业足球俱乐部做得更高、更妙、更好。

如何吸引更多球迷？

大多数人认为，球迷看比赛只看输赢，但现实果真如此吗？

作为一名“资深”球员，我曾多次听到过这样的质问：“输赢跟你有什么关系？输了也不罚你款，赢了也不给你发奖金，为什么还操心？”如果仅从这个角度看，球队输赢与球迷确实没有关系。但是，自己喜欢的球队输了，球迷会不开心；自己支持的球队赢了，球迷就心情愉悦。如此看来，球队的输赢与球迷就大有关系。

请注意，开心与不开心，都是体验，都是关系，都有价值。准确地说，没有不开心，开心就没有价值。毕竟如果一直开心，情绪没有起伏变化，人的体验就会差许多。如果情绪有起有落，甚至有完全超出预期的体验，那就会产生难忘的极致的体验。没有开心与不开心，那叫平静。球迷看球可不是为了平静。怎样才能不平静？有转折、有起伏才能让球迷的心随着球场局势的变化而跃动。

如果用写文章的方式分析职业足球的运营，那么足球比赛就是文章的主要情节，输赢是贯穿其中的线索。职业俱乐部要做的，就是围绕这条主线来谋篇布局、安排情节、塑造人物，难点在于如何将故事讲得生动。大多数感人的故事是悲剧性的，并不是输球就讲不出动人的故事。问题的关键在于如何讲述成败。

对于球迷来说，情绪体验是会上瘾的。而职业俱乐部需要做的，就是利用赛场上的成败输赢调动球迷的情绪。越是发誓再也不看了的球迷，就越是放不下，越是会继续看下去。尽管看国足比赛，欢乐的时候不太多，但发泄情绪的机会很多。看国足踢球生个气，骂一骂国足化解一下自己的负面情绪，似乎已经成了现代都市人放松的新方式。

职业足球俱乐部想要吸引更多球迷还要注意细分目标群体。通过对多维度的信息综合研究判断，比如年龄、性别、职业、地域、收入水平、消费偏好、消费渠道、个人爱好、休闲时间等，来具体用户画像。同时，俱乐部还要对自身的特点、实力、资源、人才储备等做出系统分析，明确自身的优势和短板，最终确定自己的目标群体。

当然，目标群体并不是固定不变的。随着俱乐部自身条件的变化，目标群体随时需要调整。俱乐部的实力越强，吸引的人就会越多，目标群体会越广泛。需要注意的是，针对不同的群体，俱乐部的“输赢故事”需要有不同的讲法。

俱乐部吸引球迷的另一个重点在于提高球迷的参与感，开发客户价值。球迷被称为球队的“第十二人”。既然是“自己人”，俱乐部在发展时就要考虑到球迷的体验，注重提高球迷的参与感和对俱乐部的认同感，增强球迷的“主人翁”意识。只有让球迷切身投入俱乐部的“输赢故事”中，让球迷成为故事的创作者与传播者，俱乐部在运营上才会取得突破。事实上，球迷一直在球队故事的创作和传播中发挥着重要作用。过去主要依靠口口相传，现在传播手段越来越丰富，传播能力也越来越强。未来，球迷创作与球迷传播将成为职业足球传播的主力媒介之一。俱乐部要做的，主要是加强沟通与协调，提供优质的素材与服务。

在开发顾客价值上，茅台是一个非常成功的案例。

茅台首先把卖酒变成了卖故事，这是营销战略的转型升级，对其他白酒类产品是一种降维式打击。营销过程中，茅台首先为自己量身定制了一个故事框架，然后让喝茅台的人成了故事中的人，成了故事的创作者。这样，每次茅台的顾客在举杯的时候就完成了一次商品的代言和推介，顾客都成了茅台酒的业务员、宣传员。

由此思考，对于俱乐部而言，增强球迷的体验感就成了一项重要的任务。而增强体验感的要点在于经营心理、引导预期和创造需求。

经营心理就是让心理在渴望、满足、失望等情绪中起伏波动。顾客始终满足不行，总是失望也不行。经营心理需要创造跌宕的故事情节，设置关键性的“冲突”。

引导预期对俱乐部增加球迷黏性十分重要。满足或者失望，与心理预期密切相关。预期越高，收获失望的概率就越大；预期越低，获得满足的可能性就越高。但是，预期太低，也会造成关注度下降与顾客流失。同一件事，你可以通过调整预期，让它变成故事，或者变成事故。比如，你忙活了一个赛季，最后勉强保级。这个事实，可以是成功保级的感人故事，也可以是差点降级的未遂事故。即使是降了级，也可以像关云长那样，虽说败走麦城，但仍可以靠义薄云天的气概，或者靠下巴上的美胡须，留下后世美名。

经营心理，必须引导预期，其出发点与落脚点还是要落实到创造需求上来。不增强消费意愿，不产生并增加消费行为，一切都是瞎忙活！

有些生意，满足的是硬需求；有些生意，满足的是纯心理需求。不论是哪种生意，都要落实到让顾客实现心理满足上来。职业俱乐部踢的是足球，玩的是心理，做的就是心理生意。

经营心理，主要手段就是预期管控。管控预期是有技巧的。看看今天消费市场上的大品牌，一般是不会把产品质量、功能、效果等说明白的。你说得太好了，会吊足顾客的胃口，容易造成失望或不满；你说得太低调，又吊不起顾客的胃口，出不了货。好的办法是：利用隐喻、色彩、图画、人物、影像等手段，激发顾客的想象。这样做至少有两大好处：不管顾客满意不满意，品牌方都没有直接责任；顾客自己想象出来的东西，自己更容易相信，很少有人愿意承认自己错了。

国足形成今天这种被动局面，一个非常重要的原因，就是没有管控好预期。根本没有出线的实力，却整天哭着喊着要出线，那不就是自找难堪吗？一时冲动也就罢了，但实践都反复证明了，还不改，那不就是自身的问题了吗？实力稳定不上升，预期坚挺不下调，这不是明知山有虎偏向虎山行，这就是硬往虎口里钻啊！怎么能不被咬得头破血流？

可能有人会说，咱也是出过线的，咱也曾有差一点就出线的时候，怎么就不能奔着出线去努力？要知道，调预期与真努力并不是矛盾对立的。公开地调预期，暗地里真努力，万一成了，就“盈”麻了；如果成不了，也是意料之中的事，就不至于被骂得那么惨。

经营心理需要克服“赢才是硬道理”的偏见。赢了就是一切，这样的认识很不专业，因为职业足球联赛经营的就是关于输赢的生意。什么意思？有人赢就有人输，没有输就没有赢，没有输赢就没有生意。赢有赢的故事，输有输的段子。故事与段子，都可以充盈钱袋子。

当然，输了球，球迷会不开心、不满意，还可能会骂人。要知道，这可不是坏事，这是可以偷着乐的好事！想想看，有多少体育项目，输赢几乎无人关注，他们想找人骂都找不着。是不是？

对于职业比赛来说，球迷满意与不满意都是价值，夸人与骂人都是“赞助”。让球迷在观赛的时候有满意与不满意，充分满足球迷的情绪价值，才是让球迷保值增值的秘籍。

开发球迷价值，数量是基础，质量是核心。没有数量，形不成声势；没有质量，出不来价值。对于球迷数量，要力求稳中有增。对于高质量球迷，要绞尽脑汁发展。所谓高质量球迷，就是消费意愿足、消费能力强的球迷，或者是自带“粉丝”，能够大量带动消费行为的球迷。试想，如果董宇辉能成为你家俱乐部的球迷，会带来怎样的效果？

吸引具有高消费能力的球迷的方法有很多，这里只强调一点，就是要制造差别，尤其是制造观赛待遇与观赛体验的差别。俱乐部为高消费球迷提供不同于其他普通观众的观赛服务，让他们在观赛过程中完成更有价值的社交活动。换句话说，就是围绕提升他们的身份感与价值感做文章。毕竟没有差别，就没有落差；没有落差，就没有动力；没有动力，就没有活力。

开发比赛价值

一个企业要想发展得好，需要有自己的核心产品。职业足球俱乐部的主要产品就是比赛。运营职业俱乐部，起码要把比赛经营好，也就是要把比赛卖给更多的球迷，卖出一个更合适的价钱。

比赛产品带给球迷的主要是心理体验。这类情感与心理体验型产品带有很强的主观色彩，这就需要做系列策划、精心安排与精细操作。至少要围绕“三点”来设计与操作。

赛前要制造“看点”。每一场比赛都需要寻找卖点，也就是找到刺激球迷观赛的“痒痒挠”。要把每一场比赛，当作一集电视连续剧，既抓得住观众的眼球，又要为观众观看下一集埋下诱饵。一部电影在公映前，要多渠道、多形式地预热。一场比赛在开赛前，也必须做好此类工作。

制造“看点”，可以但不限于着眼于以下五点。

第一，在双方球队的交战史上找冲突点。所有对历史的表达都可以为当下服务。俱乐部需要从历史中发掘每一场比赛的独特意义，让球迷把历史与当下联系起来，通过制造紧张的氛围，在开战之前酝酿风雨欲来之势，撩起球迷对冲突的联想和对比赛的期待。在赛前介绍比赛两队的冲突史对球员沉浸了解比赛背景，更好地理解获胜意义，获得更多的情绪价值也有很重要的意义。就像我们学习古诗词，了解作者的创作背景，才能进入作者所要表达的情感世界一样，球迷观看比赛前，了解一些历史是非常有益的。

第二，在双方教练的战术特点与性格特点中找兴趣点。写小说最重要的是塑造人物，人物立起来了，小说就成功了。经营职业比赛，塑造人物也是重点。赛前公众关注的重点人物，自然是球队主教练。大战前夕，媒体及球迷关注的焦点就是双方主帅将要如何斗法。虽然比赛前教练的战略战术是保密的，但一些相关解读和预测又恰好可以激发球迷的好奇心。

第三，在双方球员特点的对比中找兴奋点。足球比赛中，每个球员都有独特的性格，性格与性格相交，有的可以相融，有的会碰撞；每个球员都有自己的踢球风格，风格与风格之间，亦是相生相克。这些东西都会影响到比赛的走向，都可以成为赛前的议题。

第四，在双方球迷的爱恨情仇中找共情点。球迷始终是职业比赛的主角，最先出场，最后退场。球迷的表演，才是最有市场价值的东西。所以，得想办法把球迷的情感线拨动起来，调动更多的球迷演起来、嗨起来。虽然我们强调要当文明球迷，理智看输赢，但球迷的文明可不是像老朋友见面一样，相互拥抱、热情相待，而是像斗舞一样，嚣张而不粗暴，狂野却不蛮横，彪悍但不血腥。不同俱乐部的球迷之间，就是要有冲突。有冲突，才生合力；有张力，才出活力。

第五，在球队面临的情景中找关注点。一支球队在联赛中遇到的情景主要有三种：顺境、逆境与淡境。顺境时，要挖可能的转折点，重在制造适度焦虑；逆境时，要打“悲情牌”，重在激发共渡难关的情感；淡境时，要找兴奋点，重在唤起球迷的热情。要创作好足球比赛这类的精神产品，就要善于用好情景因素，让比赛在情景中更好地呈现。咱还可以参考当下那些火出圈的综艺节目，他们用的手段无非就是通过竞赛制造典型情景，搞悬念、整紧张，玩苦惨、上悲欢，把观众带入进去，就像自己在参赛似的。

总之，制造赛前看点就是要着眼于制造好奇、焦虑与期待，通过找素材、讲故事，把球迷的注意力更多地吸引到对球队和对比赛的关注上来。

现场要制造“燃点”。很多人说现场看球，根本看不到细节，经常弄不清裁判为什么出牌，甚至不知道球是怎么进的，远不如在线上看得清楚明白。如果是这样的话，大量球迷到现场看比赛图个什么呢？其实球迷图的就是一个氛围。

现在，中超赛场基本上没有什么氛围了，现场看球跟开会似的，体验感差得不行！为什么如今的球场成了会场?

客观原因是，有关部门为了避免风险，恨不得现场一个球迷都没有，为此搞了太多的管制措施，弄得现场一点热乎味儿都没有，搞得许多球迷失去了到现场看球的热情。俱乐部给了他们钱，本来是请他们来服务的，结果他们却成了“砸场子”的。球场确实是安稳了，球市却凉凉了。

主观原因是，俱乐部更关心输赢，不太关心盈亏。在主场经营方面基本上没动多少脑子。球场就是剧场，没有布景、道具、灯光、服装等来烘托气氛，如何出得了戏剧效果？没有鼓乐伴奏，没有观众叫好，演员怎么提得起精气神？卖个玉石首饰之类的硬通货，都得打个灯光、搞些衬托，何况咱俱乐部经营的就是精神产品，更需要环境来烘托气氛!

比赛就是演出，现场就是舞台，比赛现场就是由球场与看台组成的一个完整的大舞台。因此，职业俱乐部需要将认识与定位从看台转变到舞台上来，真正理解球场与看台都是表演区。现场的球迷，既是观众，也是演员。比赛与观赛都是演出，球员与球迷都是演员。职业俱乐部需要把对现场人员的认识由球员、观众、教练、裁判、球童、保安等转变到演员上来，意识到不论是球员还是观众都是同一部剧里的不同角色，只不过分工不同。球员的任务是在场上贡献奔跑的表演，现场的观众则主要负责营造激动人心的氛围。

职业俱乐部需要创造各种条件，让所有人员都参与到比赛中，行动起来，通过球员比赛情景的刺激，现场气氛的渲染等，调动起集体的热情，让每个人都演得尽兴、嗨得痛快。

大家玩得越过瘾，就越上瘾，下次就会再来。大家都玩得很爽，比赛的价值也就越高。

赛后要制造“焦点”。比赛结束了，关于比赛产品的加工与营销并没有结束，还有一个对现场演出进行深加工与再传播的问题。这与电影、电视剧等后面的“彩蛋”类似，其目的是尽最大可能让关于比赛的故事继续创作下去、传播开来。大体上可以本着“六个围绕”来写“小作文”。

围绕比赛本身进行再回顾。像评选最佳球员、公布最佳阵容、推出最佳教练，等等，都是在引导球迷对比赛进行再回顾。但是，多数俱乐部以及联赛组织者对这类工作不太重视，甚至完全不感兴趣，所以并没有取得应有的效果。要知道，这类活动的意义主要不在于激励、褒奖球员与教练，而在于提高球迷对比赛的关注度，吸引球迷的注意力。另外，回顾、回忆并不是比赛重播，而是对历史事件的再创作。这种再创作有可能是负面的，也有可能是正面的。因此，足球俱乐部需要用心加以引导。请注意，尽量不要公开搞表现最差球员评选之类的活动。因为这会让球迷在对过去比赛的回忆中进行负面的再创作。

围绕高光时刻进行再加工。任何一场比赛都有高潮、有亮点，对这些好素材不能轻易放过，而是要精心打磨、深度加工。这方面的事情，媒体做了不少，但俱乐部普遍参与不多，主要原因就是大多数俱乐部没有意识到这是对自家产品的再加工，可以让自家产品增值，并有机会获得超额利润。职业足球人，对待每一场比赛，都应该像对待玉石子料一样，精心挖掘其中最宝贵的部分，精雕细刻成最珍贵的东西，努力让更多人喜欢它。足球比赛中的高光时刻可能是行云流水般的配合、赏心悦目的进攻，也可能是精彩绝伦的任意球、石破天惊的射门，等等。哪怕只是瞬间，即使只是偶然，也要让它放光。

围绕焦点事件进行再渲染。赛前要制造看点，赛后要创造话题。在这个方面，多数中超足球俱乐部存在着“一喜三怕”，即喜欢听好听的，怕主动发声，怕批评，怕争论。喜欢听好听的，是人的本性，不是什么错误。但是，只有一种好听的声音，就没有传播力。即使把你夸成一朵花，却只有你一个人能听到，其实没多大意思。有不同的声音，有议论与争论，传播效果才会好。职业足球要的首先是关注度，其次才是“好声音”。再说了，没有关注度，何来“好声音”？如果咱既输在了球场上，又输在了表达上，不能赢也不会“盈”，那就输惨了。

围绕球迷感受进行再挖掘。看球也像喝酒，喝完了酒，倒头就睡，那就是既糟蹋了酒，还影响了自己的身体健康。好的习惯是，喝完之后，侃个大山，吹个小牛，释放一下情绪，去一去酒劲，然后再洗洗睡，如此既不辜负美酒，也不伤害肠胃，比较有利于精神健康与身体愉悦。比赛结束了，得想办法引导球迷聚在一起，到酒吧里面聚会，让大家把比赛的“酒劲”充分地释放出来。看完球要及时侃、及时吹、及时“吐槽”，才能出来地道的味道。即使是一场平淡的比赛，咱也可以品出茅台的感觉。

围绕重点球员进行再分析。每一场比赛结束后，球员都是球迷和媒体关注的重点。球迷议论球员，好像是一件很自然的事，似乎不需要俱乐部再做什么事。但是，这些议论对职业球员的影响是很大的，主要表现在三个方面：影响到球员的情绪状态，影响到球员的市场价值，影响到球员与球迷之间的关系。这三个方面都有可能让球员增值，也有可能让球员贬值。这就需要俱乐部巧妙地进行引导，让议论向着良性方向发展。

围绕比赛得失进行再讨论。赛后三天议论本场比赛的得失，下一场比赛的前三天讨论比赛的战略战术，这便是铁杆球迷的日常。这些议论都是对比赛的再加工、对赛事的再传播，是球迷为俱乐部义务创造价值的活动。有许多人经常说，“不要议论别人专业领域里的事”。用这话来警醒自己，固然有益处，可职业足球俱乐部的从业人员要是信了这话，可就是自寻绝路了。职业足球、电影电视等领域的作品，都是给非专业人士看的，而业内人员是很少看的。你不能只让人家花钱买票，不让人家抒发己见。要知道，赚大钱的职业，都是非专业人士可以随意“指点江山”的领域；非专业人士说不上话的职业，都赚不着什么大钱。没有非专业人士的参与和评论，就没有专业人士的名利双收。明白了这个道理之后，职业俱乐部就应该知道，自己应该参与进去，主动发起话题，让球迷围绕球赛的讨论越热烈越好。

总的来说，俱乐部必须有意识地把每场职业比赛都打造成作文题，而绝不能整成数学题。只有如此，才能让比赛的价值最大化。但现实并非如此。目前大多数俱乐部的管理者、教练、球员等都希望比赛是一道数学题，而且只有他们才知道正确答案。而这种观念，恰恰是不职业、不专业的表现。

数学题是在俱乐部内部做的，作文题是给媒体与球迷做的。

经营球员价值

职业球员具有双重属性，既是产品，又是产品生产者。当球员在转会的时候，就是以产品的形式在买卖；当球员在俱乐部工作的时候，就是在创造产品。

职业球员的价值可分为两个部分，即自身具有的价值和创造的产品所具有的价值。职业球员的价值经营也可分为两个方面，即俱乐部对球员价值的经营和球员价值的自我经营。

职业球员的价值是由市场决定的。简单地说，职业球员的“粉丝”价值就是该球员的自身价值。也就是说，经营职业球员的价值，根本要义是经营“粉丝”。如何经营“粉丝”？俱乐部要为职业球员塑造个人品牌，职业球员要自觉塑造个人品牌。如何塑造个人品牌？我在十多年前曾写过一本《个人品牌》的小册子，里面有比较系统的论述，在这里就不重复了，仅在此处做一些强调与补充。

能力、形象、价值观构成了个人品牌的“铁三角”。能力是内在的素质，形象是外在的气质，价值观是统领二者的灵魂。当下流行的所谓“人设”，便有价值观的意思。价值观能够统领能力与形象，“人设”就会让个人价值倍增；价值观不能统领能力与形象，就会“人设”崩塌、价值塌方。

一位职业球员，技战术水平高，踢球踢得好，在赛场上的作用大，这只是个人品牌的基础。一家企业，产品好，不一定卖得好。还是以白酒为例。在白酒行业，茅台与五粮液是公认的两大名牌。在20世纪八九十年代，五粮液一统天下，进入21世纪后，茅台又独领风骚。茅台还是那个茅台，五粮液还是那个五粮液，市场怎么就变了脸呢？主要原因就出在价值观上。或者说，茅台赢在“酒设”上。

能力在任何一个行业都是职场中人的价值基础，但也只是基础。像职业足球这样的行当，球员能力的基础性作用就更加突出，而仅仅是基础的事实也更加明显。如同茅台，它的品质是基础，但能不能卖出去、能卖多少钱，并不是完全由品质决定的。

能力是职业球员价值实现的基础，也可以理解为能力是立在最前面的那个“1”。你得让这个“1”屹立不倒。如何让这个“1”树得起、立得住、倒不了？念好“三字经”，基本可成。何谓“三字经”？“练、读、悟”是也。练习、读书、悟道，三者结合，才能走上快车道。能力是综合素质的体现，技战术只是一小部分。不会读书，不多读书，就阅读不了比赛。只有练与读，没有思与悟，干什么事都是事倍功半，再苦再累再勤奋也长不出大本事。

形象是职业球员价值实现的关键。形象的作用就是在“1”后面添“0”。形象越好，“粉丝”越多，球员价值就越高。踢球踢得好不好，决定了能否有球迷看见你，以及有多少球迷看见你，但决定不了有多少球迷会成为你的“粉丝”。看见，可能喜欢，可能讨厌，可能未曾见到。看见了有没有感觉与有怎样的感觉，主要取决于形象。

职业足球俱乐部的管理者与职业球员一定得深刻理解：职业比赛就是竞演，自己就是其中的演员。你的行为、言语、服装、发型等都得符合角色要求，符合角色的内在逻辑，这样才能塑造出有生命力的角色。

怎么确认自己扮演的是什么角色呢？主要是从以下两个方面来考量。一个是个人特点，另一个是目标市场。也就是基于个人特点，确定目标市场；根据目标市场，设计个人形象。这个个人形象，便是角色的定位与标识。

职业球员的个人特点大致由职业技能、业余才艺、外在形象、年龄身世、性格类型、知识结构六个方面组成。多才多艺对职业球员来说相当重要，因为这能够给球员的自身价值带来意想不到的“乘法效应”[①]。比如，如果一名球员被戏称为“一个被踢球耽误了的歌手”，那他的市场价值就可能倍增。

所谓目标市场，就是哪些类型的球迷可能会成为你的“粉丝”。球员和演员一样，都有特定的“粉丝”群体。比如靳东的“粉丝”多是“丈母娘”，吴京的“粉丝”大多是“少年狼”。职业球员需要依据自身特点，确定重点目标市场。这项工作不是球员自己能够完成的，需要俱乐部在专业人士的帮助下，做出专

① 指用很少的成本，换取更多的效益。

业的判断与决策。

目标市场确定了，还要制定合适的营销策略，也就是如何让可能的“粉丝”成为真正的“粉丝”。这项工作也需要专业人士的系统策划，还是一项系统性、长期性的任务，重点是要让球员的个人特点更鲜明，形成明晰独特的个人形象。没有人能够让所有人都喜欢，俱乐部要做的是让喜欢某位球员的人更喜欢他。在这个过程中，价值观发挥着关键作用。

价值观是价值增值的“法宝”。价值观可以左右“1”立得稳不稳、牢不牢，还能够决定“1”后面能增加或减少多少个“0”。近些年，娱乐圈多把价值观称作“人设”，多少有点“假设”的意思。为什么要“假设”呢？球员的“人设”必须能够让他的目标球迷接受和喜欢，球员需要服从“粉丝”的期望，而不能让“粉丝”失望。职业球员从事的是公共性极强的职业活动，必须服从于职业角色的要求。或者说，一名职业球员只有满足公众期待，获得更广泛的公众认可，才能有更高的市场价值。在树立“人设”的过程中，包含一些“假设”也没关系，关键是一旦“假设”了，球员就得按照这个“假设”的逻辑演下去。这就是职业素养、职业操守与职业道德。

大家都知道，价值观要正。人们也常说，“三观”相同，才能玩在一起。职业球员的价值观要正，才能立得住。但是，只有正还不够，价值观得是活的，不能像一块石碑那样立在那儿，得摇曳生姿，才能“风景这里独好”。

价值观可以基本上决定一位职业球员的“市盈率”。套用经济学上的一句话，就是“职业球员的‘市盈率’围绕其价值观而上下波动”。内在素质、外在形象与“人设”共同决定了一位职业球员的“市值”。

以上，重点聊了职业足球俱乐部与职业球员如何让球员保值增值的理念、原则与思路，下面再简略地介绍具体方法。

职业俱乐部可以把职业球员当作艺术品持续地精雕细刻。职业球员，首先是球员。球员得和球好好玩，得和球心连心。怎么才能和球心连心？得不断提高自己的能力，把球的无限可能性呈现出来。职业球员，得好好和球迷玩，得让球迷开心，得调动球迷自己“嗨皮”（happy）起来。职业球员其次是“艺人”，是俱乐部的艺术性资产，要实现保值增值，就得把对球员的精雕细刻作为日常工作。从球技到才艺，从场上表现到平时形象，每一个细节都得持续完善、不断提升。

职业俱乐部经营的主要是球员身上的无形资产，其承载实体就是“粉丝”。那么，职业俱乐部还需要借助“粉丝”将无形资产转化为俱乐部的实际收益。怎么转化？就是将“粉丝”们的生活需求与市场供给方对接起来，从中获得一定的收益。国际上，这方面具体的实现渠道与形式非常多，而且仍然在不断创新，只是中超俱乐部在这方面的创新比较少。

职业俱乐部可以把比赛时间作为资产管理。比赛时间是高价值资源，给一位球员出场时间，本质是俱乐部的投资行为，而且是风险投资。让谁打比赛，当然要由以主教练为首的教练团队做主，但俱乐部也需要对主教练提出一些原则性要求。比如，要不要兼顾眼前利益与长期利益，如何用好老队员的残值的同时挖掘年轻队员的潜力，以及怎样用好换人名额与什么情况下必须用满换人名额，等等。总之，不能把比赛资源白白浪费了。同时，也得让球员们明白，谁上场谁下场，得符合俱乐部整体资源价值开发的最优化。

职业球员就像上等原石，价值连城，但得经高手开发、雕琢。当年姚明在奥运会比赛前，说是打不进前八名就不刮胡子。正是这个励志的故事与形象，把球迷的目光吸引到了他的下巴上，于是这个下巴就成了剃须刀品牌竞争的宝地。职业球员身上的每一寸“土地”都有极高的开发价值，还有那腿上的“小草”，鼻孔的“芦苇”，以及头顶的“森林”，都可以兑换成人民币。优秀的职业球员，“寸身寸金”。

职业足球俱乐部可以经营球员的训练与生活。优秀的职业球员，无论是在比赛场上，还是在训练场上，或是在日常生活中，其一举一动，甚至一个玩笑，都可以成为商品，都能够变现。但是，职业球员平时创造的是各类“食材”，需要有大厨加工，才能变成“美味”，赢得顾客。职业足球俱乐部得好好培养“大厨”。

职业足球俱乐部可以建设高水平的“原材料”生产基地。年轻球员是职业足球俱乐部的“原材料”，青训基地是职业足球俱乐部的“原材料”生产基地。目前来看，中超俱乐部生产的“原材料”普遍质量不高。基础不牢，地动山摇。原材料不行，再好的大厨也做不出可口的饭菜。这个需要当作“卡脖子”问题来对待，拿出系统化的解决方案。青训不是喊口号搞运动能够搞好的，管理部门得制定切实管用的措施，让搞青训的人可以获得合理的回报。这需要有一个长期收益的分配机制。

职业足球俱乐部要瞄准高端市场来研发制造高质量产品。玩职业足球，也要贯彻内外“双循环”的发展要求。得把目光投向全球职业足球的高端市场，下决心把自己培养的球员送进高端市场。只要敢想、敢做、敢闯，定能有所收获。你连想都不敢想，那还不如别做。什么也不整，起码不浪费金钱、不耽误孩子。

理念更新寻找新增长路径

曹虎先生在《新增长路径》的后记中写道：“一位著名的犹太投资家曾经讲过：创造世界级的财富其实非常简单，只有三点。第一，你要发现一个秘密。第二，你要不声不响地把这个秘密做深、做强、做大。第三，你要让所有人看到这个秘密，使之成为行业标准。”换句话说，就是要找到新增长路径，把它修成财富大道，并使它成为一条标杆路。

有可能找到新增长路径吗？

世人都喜欢财富，但大多数人觉得财富是有限的，赚钱的路早已被人走过了。一个特别有趣的现象是，每当新型富豪从新增长路径上阔步走来，许多人就会后悔自己错过了一次机会。就在他们把肠子悔青又逐渐恢复的过程中，又一波新型富豪沿着更新的增长路径昂首而来，那许多人又进入新一轮悔青肠子的循环之中。然而他们并不清楚，财富都是被加密过的，需要有人解密之后，大家才能看到。

财富密码是被什么人发现的？企业家或者商人就是财富密码的破译者。世上只有极少数人能成为真正的科学家，也只有极少数人能成为真正的企业家或商人。没有优秀的企业家、没有杰出的商人，我们就破译不了财富密码。

职业足球俱乐部要找到新增长路径，就得组建主要由企业家、商人等组成的运营团队。“专业的人干专业的事”，这话没错。但有一个前提，你得清楚你要干的事属于什么专业。职业足球首先是生意，做的是与足球有关的生意。那么，由生意人来搞职业足球，就是专业的人干专业的事。当然，做的是足球生意，自然也不能少了足球专业的人才。足球专业的人才相当于企业的生产人员。一家企业的掌门人可以不懂生产，但不能不会做生意。比如华为，其掌门人任正非虽然不懂技术，但搞经营、做决策那是门儿清。华为是让专业的人干专业的事，中超是假装让专业的人干专业的事。其实，不专业也不是大问题，只要认识到自己不专业，然后虚心学习，抓紧补课，未来照样可期。但是，如果实际不专业，但认为自己很专业，那就坏了事了。

综上可知，职业足球俱乐部寻找新增长路径的前提是转变认知，让俱乐部回归到生意上来。可以说，职业足球俱乐部是以足球比赛及其相关产品为主营业务的商业组织，与歌舞团、说唱团一样，同属于文化娱乐产业。

清楚了职业足球是文化娱乐产业，那么也就应该知道职业球员都应该是“斜杠青年”。对于纯竞技足球来说，球员只要球技好就是合格的。但对职业球员来说，只有球技好是远远不够的，还必须才艺突出才行。职业球员是运动员加演员。对职业球员的素质要求是球艺加才艺。职业球员为什么要有才艺呢？因为有才艺才能赚大钱。主要体现在两个方面：可以帮助职业球员圈粉，可以提高职业球员的人气变现能力。一定有人会说，这纯属胡说！球都踢不明白，再去搞才艺，不是瞎胡闹吗？但反过来想，既然弄了这么多年，都没整明白、没踢好，学些才艺说不定会有意外收获，起码改行转型也方便。

开个玩笑。才艺与踢球，不仅不矛盾，还可以相互促进，关键是把握好度。

我们说踢球要掌握好节奏，足球评论员也常夸某个球员是球队的“节拍器”。节奏在音乐中体现得最为明显。学习声乐、戏曲等便可以提高球员对节奏的理解能力。高手在一起踢球，玩的就是脚的“交响乐”。不同位置的球员，便是不同乐器的乐手。所谓节拍器，就是乐队的指挥。

我们都知道，球员身体的协调性、柔韧性、平衡能力特别重要，教练也会为此安排一些专项训练。其实，无论是怎样的专项训练都没有练习舞蹈的效果好。通过舞蹈锻炼出来的协调性、柔韧性、平衡能力，是动态流畅有节奏的，更具实用性。更重要的是，专项训练仅仅是帮助球员提高踢球的能力，而舞蹈训练则至少是一举两得，既提高了踢球的能力，又学习了一门才艺。

音乐与舞蹈都有塑造人的力量。搞舞蹈与玩音乐的人，身上都有独特的魅力。而且，玩不同音乐、玩不同舞蹈的人，气质类型亦不相同。培养职业球员，也不能什么音乐都学，什么舞蹈都跳。探戈、街舞等大概是比较好的选择。探戈舞姿舒展挺拔、潇洒俊美、热情奔放、节奏明快，对塑造球员的身形气质大有助益。街舞花样繁多、动作复杂、节奏快、爆发力强，对身体的协调性、柔韧性与平衡性要求高，对提高球员的实战能力有着最直接的帮助。

作为职业球员，能说会道非常重要。专业球员，用脚说话，已经足够。职业球员，“用脚说话”是基础，张口说话是本分。职业球员得懂传播、会传播、用好传播。因为传播可以将你用脚说的话，让更多的人听得到、听得懂；如果传播得好，还会让人听得感动、激动、心动。反映在市场上，俱乐部与球员的钱包就会鼓起来。

职业球员学习才艺，既能在球场上提高赢的能力，又能在市场上增强“盈”的实力，还能为未来的职业转型提供助力，可以说是一举多得的大好事。

可见，职业球员要在提高球艺的基础上提高才艺，是一条新增长路径。

才艺能够让职业球员产生溢价增值，完全是得益于科学技术的进步。没有移动互联网，就没有当下如此丰富多样的传播平台与传播手段，没有这些传播平台与传播手段，职业球员的才华便不能让更多人知晓，其圈粉的能力就会大大降低，市场价值自然就很小。

科学技术会改变存在物的价值，原来价值连城的可能会变得一文不值，原来毫无价值的可能会变得千金难买。所以，寻找新增长路径，最主要的就是围绕着最新的科学技术去动脑筋、想办法。

董宇辉原本是教师，现在成了网络主播。他卖货不吆喝货好，却在聊文化。

那些“粉丝”听着文化，可着劲儿地下单买“地瓜”。这些看似无关行为的逻辑是怎么来的？当然是依靠全新的科学技术。科技不仅改变了存在者的价值，还改变了其价值的实现形式。原来根本不搭界的，可能会变得亲密“无界”，成为实现市场价值的好伙伴。这个也被称为“科技赋能”。

职业足球也不例外，职业足球的价值与价值实现形式的新密码正等待着有心人去发现、去破译。

制度迭代促进价值增长

生命的样貌是自然环境塑造的。所谓“种瓜得瓜、种豆得豆”，只有在特定的环境下才能成立。你到了大西北的沙漠里，种瓜一定得不到瓜，种豆也肯定得不到豆。你在山东种豆得豆和在广东种豆得豆，投入产出率也是不一样的。

生物受自然环境制约，人类活动除了受自然环境影响，还要受制度环境制约。好的制度可以让坏人变好，坏的制度能够让好人变坏。制度环境基本上决定了大多数人想干什么事、怎么干事、能不能干成事、能干成多大事。

中超俱乐部大多数没有“造血”功能，一旦没了“血源”，立马就会“休克”，“血浆”充足的时候，看着红光满面，实际都是虚火，不过是表面文章。热闹归热闹，竞技水平始终就是那样，一到办真事的时候就掉链子。什么问题？职业联赛的制度环境有问题。

最近看了一个消息，济南兴洲足球俱乐部决定迁至枣庄。马上就有媒体人质疑，搬迁的原因是不是济南养不起两家职业足球俱乐部。这种质疑当然有道理。一家职业足球俱乐部由原生城市搬迁至“异国他乡”，由省会城市搬迁到地级城市，这种逆向迁移，足以说明决策是多么迫不得已。但这个质疑中的“养”字是有大问题的。人类养什么，什么就会失去自我生存能力。比如，猪、狗、猫、鸡、鸭、鹅等，都被人类圈养得没有生存能力，只能任人宰割。

自足球职业化以来，职业足球俱乐部都是由母公司养着的，其财务状况如何，跟其自身的经营没有关系，跟球员们的技战术水平没有关系，跟比赛踢得好不好看没有关系，甚至跟有没有人看球也没有关系。在这样的环境下，俱乐部怎么可能会研究如何赚钱？球员哪里会有不断提高能力的内生动力？

生物器官，如果长期闲置不用，就会退化。就连我们身体的肌肉组织，如果不保持一定的使用或训练强度，肌肉量都会减少。这是细胞或者基因特别聪明的地方——只投入无产出的事，坚决不干。人，以及由人组成的各类组织，也遵循同样的生存逻辑。如果某件事的投入与产出没有太大关联，人们就不会继续投入。因此，任何一个城市都不能供养任何一家职业足球俱乐部，任何一家企业同样不能供养任何一家职业俱乐部。你供养着他，他就永远也长不大。

一个“养”字，把职业足球害得不轻。但是，任何一个城市都有责任培养职业足球俱乐部。这个责任来自哪里呢？来自市民。一座城市有大量的球迷，那么城市就有责任创造条件来满足球迷的需求。要落实好这个责任，就必须用培养取代供养。供养是给钱给物，培养是拿出有利于职业足球发展的政策、制度环境，创造有利于职业足球发展的人文环境，培育有利于职业足球发展的舆论环境。万物生长靠太阳。政策、制度等就是企业与个人生存发展的“太阳”。只要环境优越优美，阳光温暖充足，你不想让他们快速健康发展都难！

针对国内足球俱乐部的发展现状，我认为有两个层面的制度需要迭代升级。

首先，城市对属地职业足球俱乐部的关怀需要落实到政策制度上来。职业化初期，成绩比较好的俱乐部，都有地方主要领导的支持。如今，足球形象越来越差，乐意跟足球沾上关系的领导已经很少了，即使是分管体育的领导也不愿意去职业俱乐部看上一眼。过去很长一段时间，不少省市的领导者对职业足球俱乐部的发展十分重视。其表现形式，多带有强烈的个人色彩。比如，视察俱乐部、现场看球，直接安排企业接手职业俱乐部，或者赞助职业球队，等等。这些形式，的确管用有效，但又非常不稳定。因为如果换了个对职业足球没多少兴趣的领导，俱乐部的生存就会出现问题。

这几年，不少职业足球俱乐部因“失血”而面临倒闭，地方政府也做了大量工作，帮助部分俱乐部暂时解困，但有些俱乐部仍然因“抢救无效”而死亡。地方政府出手，拿出来的基本上都是些“急救措施”，较少有从政策制度环境上“抓药”的。总的来说就是可救急，难解困。

职业足球在我们这儿，还是一个新兴产业。虽然我们搞了三十多年的职业联赛，可从来没有真正把足球当作产业对待。任何一个新兴产业，在发展初期都需要政策扶持。像风电、光伏、电动汽车等，发展初期压根儿看不到盈利的希望，甚至也不知道它们能不能成为一个产业。但由于有了政策扶持，经过几十年的努力，这些产业今天已经成了资本追逐的热点，而且成为全球领跑者。

扶持职业足球俱乐部，地方政府还是有棋可下、有牌可打的。当前最紧迫且可行的是“两给一优惠”。

给职业足球俱乐部安个家。职业足球俱乐部需要一个家，一个与城市规模相匹配的专业球场。目前，绝大多数职业足球俱乐部没有自己的足球场，长期租用地方体育部门的场地。管理场地的部门大多没有服务意识，却有极强的要钱意识，给俱乐部加重了运营负担。这项费用虽然不是什么大钱，但对一些小俱乐部来说也是一项负担。但更为关键的是主场经营权。职业俱乐部没有球场，也就没有主场经营权，不能有计划地围绕赛事培养商圈，带动相关产业的发展。这对职业俱乐部的发展、对地方消费的拉动、对球迷娱乐生活的丰富等都是极为不利的。

可行的措施是将地方体育部门管理的足球场转交职业足球俱乐部来负责运营。可以不划转所有权，只移交使用权。这是一项只有地方体育部门短期利益受损，而其他各方均受益的政策措施。像北京、上海、广州等城市，如果职业俱乐部能够围绕自己的主场发展培育集休闲、娱乐、购物于一体的综合服务区，将会取得非常可观的收益。

给主场比赛松松绑。大型赛事，安全第一，但也不能为了安全，搞得现场没了球迷。现在的比赛管理要求过于苛刻，看球和开会差不多，完全没有现场氛围。另外，给客队球迷的票太少，限制又太多，非常不利于聚集人气、带动相关产业的发展。可以尝试将俱乐部支付的安保费改为主场门票收益分成的模式。到现场看球的球迷越多，门票收入越多，治安部门的分成也就越多。总之，得尽量让安保部门与俱乐部形成利益共同体。

给一些优惠政策。职业足球俱乐部缴纳的一些费用，可以适当给以减免或返还。在现阶段，还是要尽可能地减轻职业俱乐部的经济负担。

其次，足协的相关政策、制度等要向调动职业足球俱乐部更好地服务球迷等方面发力，在“盈”上做文章，做大文章，做好文章。几十年来，足协在“赢”上费了那么多力气、花了那么多精力、做了那么多工作，到目前仍然收效甚微，何不换一个思路试一试呢？可以考虑给各职业足球俱乐部多分些“自留地”。当务之急是进一步明晰联盟与各俱乐部之间的商务开发经营权。目前，各俱乐部无米下锅，十分着急。足协得抓住这个机会，给俱乐部多一些自我经营的空间，让他们把“自留地”种好。

哪些方面由联盟统一开发、统一经营最有利，哪些方面由俱乐部自主经营效果更好，需要在调研分析的基础上，做出制度上的调整。

可以考虑建立主场收益双方分成制度。客队的影响力对主场门票收入及广告收益等起着决定性的影响。同是泰山队主场，国安、海港来比赛与南通支云、长春亚泰来比赛，现场观赛的球迷数量会出现巨大的差别，给泰山队带来的门票收入也有很大的差别。这些差别是由客队造成的，所以分成是合理的、应该的。参赛双方分成制的另外一个积极作用，是可以促进双方合力打好比赛。一场比赛质量的高低，关键在于输的一方。输的一方踢得好、付出多，赢的一方就会付出更多。采用主场收入分成制，双方都有踢好比赛的内在动力，即使是大比分落后，为了赢得球迷，输的一方也会尽力踢好剩余比赛，“垃圾时间”就有望大大减少。

可以考虑完善球员转会规则。总的优化原则是“两个兼顾”，即兼顾职业俱乐部可持续发展能力和职业球员的个人利益；兼顾青训组织的合理回报与职业球员的有序流动。

近年来，多数职业足球俱乐部出现了欠薪问题，球员的薪酬待遇得不到保障，足协也出台了一些措施，保护球员的合法收益。但是，欠薪问题的根源，是球员的薪酬水平与俱乐部的创收能力严重脱节，大大超出了俱乐部的支付能力。所以，要想从根本上解决问题，就必须着力实现“两个匹配”，即球员的贡献与收入相匹配，球员的薪酬与俱乐部的创收能力相匹配。而实现“两个匹配”

需要在政策优化上下功夫。只有如此才能多赢共赢，只有多赢共赢才能长久地发展下去。

这几年，抓青训有了点起色。要想把这种好的势头长期保持下去，没有资金来源、没有合理的投入产出机制，恐怕是不行的。没有政策支持，光靠热情是不中用的。有了规则，没有落实也是白搭。俱乐部之间动心思、搞小动作，挖墙脚、讨便宜，管理部门视而不见、装聋作哑，青训的生态就被搞坏了，最终受害的还是中国足球。

可以考虑建立统一的球员转会市场。目前职业球员转会市场乱象丛生，危害极大。其中一个特别重要的原因就是，没有部门对这个市场进行管理。动辄几千万元甚至是过亿元的交易，基本上是由极个别人暗箱操作。目前这种毫无章法的操作方式，不仅损害了俱乐部的利益，也损害了球员利益。虽说球员交易是俱乐部的商业机密，但再机密的事也得有制度、有规矩、有监督、有据可查。球员转会只有由“包间交易”转向市场交易，才能多方受益。

可以考虑建立完善经纪人管理制度。经纪人是职业足球产业链上的一个特别重要的链条，不纳入行业管理，必然会掉链子。让经纪人操控市场，结果只有一个：只有经纪人一方获益，其他相关各方均是受害者。对足球经纪人加强行业管理绝不是可有可无的事情，起码要建立准入审核登记制度与诚信监督制度。

可以考虑建立青少年足球发展基金。这个基金主要做两件事：资助优秀青少年足球教练和优秀青少年球员出国学习培训，扶持相关机构举办青少年足球教练培训班。

搞好青少年足球，教练特别关键。师傅不明弟子浊。青少年足球教练业务能力太低，是影响青少年足球发展的一个重要原因。教练水平上不去，有多少孩子踢球，就会毁掉多少孩子。青少年足球教练基本决定了足球发展的“天花板”的高度。无论是为了当下还是着眼长远，都需要把加快培养青少年教练作为重点。

对足协而言，青少年足球教练是种子，青少年球员是花朵，国家队是果实。

你把功夫下在“种子”上，就会收到事半功倍的效果。过去，足协不关心“种子”，只关注国家队这个“果实”，当然只能得到苦果。现在又开始大讲培养“花朵”，还是不太重视“种子”，能得到什么呢？可以肯定的是，基本上都是“谎花”。

教练和球员不是一个行当，球踢得好的人不一定能够当一个合格的教练。球员是作用于球的，需要的是技术；教练是作用于人的，使用的是艺术。教练员是领导者，对他们的培训，主要内容应该是如何当领导。对领导者而言，价值观、胸怀、热情、认知能力、思维方式等才是至关重要的。这些东西正是我们的短板。

可以考虑实施三支队伍同步建设、协调推进的工作思路。在产业经济体系中，科学家、商人、工程技术人员，三者缺一不可，其中商人居于关键环节。没有商人，科学家很难获得研究经费，也不太容易将科研成果转化为现实生产力，工程技术人员也很难高效地将科学成果与市场需求对接起来。没有科学家与工程技术人员，商人的商业头脑便无处落实。没有工程技术人员，科学家的科学发现也就失去了其使用价值。

搞职业足球，也需要三支队伍，即：教练科研工作者队伍、经营管理者队伍与运动员队伍。在这三支队伍中，经营管理者队伍是关键中的关键、重点中的重点。想想看，两军交战，关键靠什么赢？不是士兵，不是武器，而是领导者。或者说，有优秀的领导，才会有优秀的士兵，才会有优良的武器。如果没有优秀的领导，好的士兵会走掉，好的武器会丢掉。咱们的职业足球，不仅缺少优秀的领导者，更缺少优秀的经营者。没有赚钱高手，如何培养出踢球的高手？不会赚钱，怎么好意思称作职业足球？

总之，管理部门要做的，不是具体事务，不是工作措施，而是培育与维护行业生态、科学制定产业政策、大力推动基础建设。

管理部门越不放心，事情干得就越闹心；越不放手，事情就越棘手。相信群众、发动群众、依靠群众，抓住了、用好了这个法宝，没有什么事搞不定、搞不好。

职业足球俱乐部的内部制度环境也存在问题，可以考虑从“三新”入手解决。

建立利益分配的新制度。将现行以输赢为价值标准的利益分配制度，转变为以盈亏为基础兼顾输赢的利益分配制度。利益分配机制是最重要、最现实的导向，分配机制往哪里导航，相关人员就向什么方向努力。计划经济的时候，企业整天抓质量，领导天天讲质量，可企业的产品质量就是上不去，几十年下来还是老样子。我至今还记得“解放牌”汽车油乎乎、经常打不着火的样子。那个情景和今天的足球是一样的。因为当时的物资都是调配的，消费者没有选择权；职工的工资也是固定的，跟产品质量没有直接关联。如今，企业的产品质量越来越高，就连“A货”的质量也比过去的正牌好了不知多少倍。其主要原因就是有了市场经济。质量差，或者性价比不高，就没有人买。没有人买，企业就赚不到钱。企业赚不到钱，职工就拿不到薪水。职业足球的要义也就在这儿。比赛质量越高，经营运作得越好，看球的人就越多，俱乐部的收益就越好，从业人员的收入也就越高。没有这样的机制，就不可能有比赛质量的稳步提高。

简言之，要想提高足球运动水平，就得提高职业联赛的水平，要想提高职业联赛的水平，就得让职业俱乐部的所有从业者的利益，尤其是球员和主教练的利益与市场挂钩。这就需要通过利益分配机制，把教练和球员们的心思引导到提高比赛质量上，而不仅是输赢上。只有提高比赛质量，才能双“盈”。如果只关注输赢，则可能双亏。

建立调兵遣将的新思路。可以考虑明确主教练在排兵布阵与换人调整上，以技战术需要为主，同时兼顾俱乐部整体与长远利益的最优化。把技战术需要放在第一位，才能保证比赛质量，也是对球迷负责。同时，也要利用一切可能，兼顾俱乐部的整体与长远利益。比如，可以考虑球员在不同地区的影响力，调整出场球员，如此既可以实现球员轮换，又可以扩大市场。换人调整不仅是技战术需要，也是市场需要，还是球队保值增值的需要。

建立品牌营销新机构。职业俱乐部是做足球生意的，品牌建设、品牌营销是职业俱乐部所有从业者皆有责任的头等大事，需要形成责任体系。设立品牌营销新机构，研究、策划、组织、协调、落实品牌建设与营销业务。尤其是数字化背景下，球员个人品牌的策划、运营、管理等显得尤为重要。当下，个人品牌呈现出“一高一大”的特点，即价值高，风险大。新技术加大了个人品牌塑造与维护的风险，瞬间塌房与一夜暴富的故事都是如今生活的日常。

渠道升级深挖增长潜力

生产企业得有销售渠道，才能把产品变现，投入再生产。当前，咱们的职业俱乐部基本上是只管比赛，不太在乎销售，但好日子是拼出来的，不是要出来的。当前，渠道升级的重点是“两个深挖，一个开拓”。

深挖主场增长潜力。有位朋友，要拍一部足球主题的电影，名字就叫《主场》。我觉得蛮有意思。主场是职业俱乐部的生产基地，也是营销中心。经营好主场，整个营销工作就成功了一半。

主场不仅是比赛场，还是一台超级综艺活动的现场，也是开放式的大型社交平台。俱乐部要按照这样的思路去营造现场氛围、调动球迷情绪、提供现场服务。一位歌手可以在球场上带着几万人嗨，靠的是现场布景、灯光、色彩、音响、服装等营造出来的氛围，歌手要做的就是利用好这些“装备”。职业足球和唱歌跳舞一样，就是给大家刺激。

现场球迷不仅是看球的，更不是旁观者，而是参加综艺节目的嘉宾，是足球舞会的参与者。在这台特大型综艺演出中，现场球迷才是主演。球员的主要责任是制造气氛、调整节奏旋律。球员就像点木柴的，把木柴点燃后，不时地煽风，将温度烘上来，让木柴们自我燃烧。进行之中的比赛，就好比时徐时急吹向木柴的风。

职业俱乐部要重新理解现场球迷，球迷也要重新理解自己到现场的目的。咱得想想，到现场看球，到底是图什么？不管咱是看门道，还是看热闹，或者就是爱球队、爱球员，归根结底还是要让自己的时间更丰满一点，让小日子更有滋味一些。如果大家不一起嗨，花这个冤枉钱，受这个罪干什么？再因为支持的球队输了球，生上一肚子闲气，就更不值得了。比赛现场，就是给大家提供了一起嗨的理由，创造了一起嗨的条件。如今，在城市里，除了足球比赛现场，哪里还有如此自由放纵的空间?

深挖球迷潜力。俱乐部要认真挖掘骨干球迷的潜力。骨干需要培养。一要培养情感。要像家人一样相亲相爱，就得多走动、多交流、多关爱。情感是需要投入的。在财力、物力、精力上都应该舍得投入，当然这些投入都需要有策略地进行。二要培养领导力。骨干球迷要具有凝聚力、感染力，得会带着大家玩，让大家玩得开心。三要培养制造话题的能力。制造话题也就是超前引导，这对大家的观赛兴趣、观赛体验与赛后情绪等都有着极大的影响。俱乐部应该把骨干球迷培养成话题的制造者、议论的引导者、情绪的带动者。

开拓线上价值增长网络体系。严格来说，线上营销不能称为渠道，应该叫线上渠道网络。线上营销对职业俱乐部来说是一个新课题，可以做大文章。当前，首先需要有五个“重新认识”。

一是重新认识转播权的规模经营。新的传播技术，带来的一个显著特征就是去中心化。这给职业联赛转播权的经营带来了挑战和机遇。主要的挑战是，去中心化后，转播权如何经营，没有成功经验可借鉴。重大的机遇是，传播渠道、手段的增加，必定会大大提高比赛产品的传播与增值能力。

现在的球迷群体正在加速分化，大家都看球，却有着完全不同的兴奋点，说着不同的话题。一家媒体独享转播权的模式已经完全不能适应球迷需求。同一场比赛，有多路信号，有不同风格的解说员。基于此种情况，职业足球俱乐部可以向抖音、快手、小红书等平台学习，逐步探索出符合足球比赛特点的新营销模式。总的趋势是，多渠道、多样化、个性化。

二是重新认识屏幕前的球迷。如今屏幕前的球迷，早已不再是被动看球、听球，而是参与讨论，聊球、聊一切。这个变化意味着观赛球迷变成了潜在的消费者。那么，转播方就不局限于打广告，也可以直播带货。一场比赛，前前后后两个多小时，球迷可干的事非常多，商业机会也很多，但怎么把这些时间利用好，还得摸索。

三是重新认识俱乐部的品牌价值实现方式。职业足球俱乐部主营足球比赛，兼营相关产品，依靠的是俱乐部的品牌。但是在经营开发相关产品上，基本都是小打小闹，没有什么拿得出手的东西。主要原因是俱乐部的思路太过狭窄。俱乐部的品牌是无形资产，用好了是资产，不会用便是废物。俱乐部可以鼓励社会各界，特别是球迷，利用俱乐部的品牌，开发球迷产品。球迷参与进来，就可能带来意想不到的收获。当然，合同约束是必须的。可以先摸索起来，慢慢完善，逐渐规范。

四是重新认识比赛解说员。解说员存在的价值，与其说是讲解比赛，不如说是给球迷解闷儿或提供陪伴。因此，解说员也需要有自己的特色和风格，以此来吸引特定的观众。解说员可以解说足球，也可以推销些别的东西。当然，这个推销是软推销，这就对解说员的综合素养提出了更高的要求。

五是重新认识媒体。媒体是比赛产品推介的主力渠道。由于媒体的地位特殊，足球圈和足球媒体一直处于一种博弈关系之中。造成这种局面的原因有很多，其中最重要的原因是双方的利益点不同。媒体看重的是经济上的好处，俱乐部要的是“表扬稿”。在职业化早期，足球比较强势的阶段，也曾出现过足协或某个俱乐部封杀某个媒体或某个记者的情况。随着国足成绩不佳，足协的公信力丧失，主动权就逐渐转移到媒体手里。相较于共“盈”，共赢的难度系数要高许多。如果足球俱乐部看淡赢，看重“盈”，那么俱乐部与媒体就有了比较牢固的利益结合点，就可以共同做一些更有价值的东西。

现在，依然有人将媒体分为传统媒体与新媒体。其实，传统媒体早已“鸟枪换炮”，与新媒体没有本质上的差别。对职业足球俱乐部而言，最重要的是意识到自己的产品要通过媒体来推介，也需要通过媒体来变现。我在前面说过，职业足球俱乐部是经营球迷的。在这里我要强调，职业足球俱乐部主要是通过媒体来经营球迷的。

说到这里，媒体可能就找到了向俱乐部要好处的理由。所以咱还得讲讲另一方面。虽然俱乐部需要依靠媒体来推介自己的产品，但媒体也要借助足球信息来推销自己的产品，双方是相互依赖、相互利用的关系。其实，双方合作的关键领域是俱乐部制造比赛等初级产品，媒体进行包装、深加工、再创作，并开发衍生产品，以实现价值增值与价值再造。

职业足球俱乐部要重新认识媒体，除了要重新认识与媒体的合作基础、媒体价值、媒体价值实现方式等，还要重新认识媒体本身。在信息技术高度发达的今天，媒体已然是一个开放式的存在，也就要求职业俱乐部以开放的态度来认识理解当下的媒体形态，探索新的合作与运作模式。

职业足球俱乐部需要建立新闻发言人制度。到目前为止，不会说、不愿说、不敢说，是足球圈的普遍现象，大家基本上是被媒体舆论牵着鼻子走，人家还嫌你走的姿态太丑。为什么会如此？因为球迷有需求，俱乐部不供给，媒体就只好瞎忽悠。俱乐部为什么不作为？首先是没有“盈”的意识与动力，其次是不知道怎么说才好，然后是怕担风险。但是，俱乐部要想摆脱被动，走上由“盈”到“赢”的光明道路，就必须改变目前的状况。变被动为主动的第一个措施就是建立新闻发言人制度，把话语权掌握在自己手里。

新闻发言人制度，不是指要找一位新闻发言人，定期或不定期地召开新闻发布会，而是指要有全员的思想共识、健全的组织与制度体系、完善的传播渠道与手段、优秀的专业团队、有效的落实与评估机制。职业足球俱乐部要学会自己制造话题、创作故事，并让球迷成为话题中人、故事中人。

这就得在大平台上做大文章。专业的大平台是职业俱乐部营销的重要渠道。比如，互联网类平台、电视台、报社等。比赛产品的推介，主要靠互联网平台和电视台。目前，电视台转播中超的兴趣下降，互联网平台趁机压低转播费，而转播收益又是职业俱乐部收入的主要来源之一，这就给俱乐部的生存带来了更大压力。俱乐部财务状况恶化，人心浮动，引援无力，比赛质量就下降，转播的收视率就会降低。陷入这种恶性循环，便是双输。要打破这个被动局面，需要俱乐部与媒体深度合作，至少要完成“三个转变”，即将简单的比赛实况转播转变为连续剧，还要有“彩蛋”与花絮；把体育比赛转播的理念转变为综艺性竞技演出的转播理念；将现场球迷由观众转变为竞技演出的表演者。文字与图片报道，也需要通过俱乐部与媒体的合作，实现“三个转变”，即由碎片化的新闻报道向连续性事件的情节描述转变；由就事论事的比赛评论向有目的地设置议题转变；由以追求短期效应为主向建设良好足球生态转变。

大平台有大平台的优势，小作坊有小作坊的强项。现在，几乎人人都有微信，不少人在有意识地经营自己的朋友圈，许多人喜欢每天在群里“晒”。这类私域流量在营销中的势力正日益增长。有营销专家说，如今已经进入营销 5.0 时代，也叫作“顾客资本主义”时代。换句话说，对企业而言，顾客就是企业的资本。对顾客而言，消费过程也可以成为赚钱的过程。对普通人而言，“晒”个图片、发个感慨、秀秀自己的小礼物，等等，甚至转发个视频、段子，都有可能成为赚钱的事情。

这些变化与职业足球俱乐部的营销有什么关系呢？它意味着人人都可以对赛事进行多种形式的再创作、再传播，可以对俱乐部产品进行再加工、再提炼、再创造，从而实现价值增值。这就起码带来了两个问题：一是版权如何转让，二是价值如何分享。如何让联赛的赛事及相关产品，转化出更高的价值。在去中心化的背景下，版权所有方如何与相关者建立起版权共享、利益分享的新模式，形成新的市场生态，对联赛价值增值与变现，提高俱乐部的生存能力，扩大联赛市场的利益群体等各方面都有着不可估量的意义。

培育职业足球价值生态体系

生活足球是大海，职业足球是商船，竞技足球是战舰。大海越深越辽阔，商船载货量就越大，能够到达的地方就越多。

世界足球大致上可分为三种：商业足球、艺术足球、战斗足球。三种足球都建立在生活足球的基础上。

西欧最先创造了商业足球。商业足球让欧洲占据了世界足球产业链的顶端。南美的艺术足球，创造了无数足球天才，让南美成为商业足球的主要供应商。斯拉夫的战斗足球与南美等地的艺术足球配合，成为足球产业的重要供应商。其他地区只能为足球产业贡献“边角料”和“零配件”。

世界杯就是世界足球产业的博览会，参会的都是链长和主要供应商。进入不了这个产业链条，是没有资格参会的，只能偶尔收到一张“嘉宾入场券”。使用“嘉宾券”这个把戏，主要是为了增加收益。

放眼世界足球不难发现，生活足球是基础，商业足球才是王道。有了这两样东西，青少年足球、职业联赛、国家队的发展进步就成了自然而然的事情。而我们的问题，恰恰是既没有生活足球，也没有名副其实的商业足球。因此，我们就像陷入沼泽地，越努力，就陷得越深，越叫人看得痛心。

商业足球为何能够促进足球运动水平的不断提高？我在前面已经回答过了。在这里要补充说明的是，我们还需要认识到，商业足球是做大蛋糕的游戏。纯竞技足球，就是分胜负，属于当事双方分蛋糕、抢蛋糕的游戏。商业足球，关注的是盈利，属于各方合作做大蛋糕的游戏。分蛋糕的游戏，容易急功近利，抢蛋糕的游戏易生阴谋诡计，而做大蛋糕的游戏才可能玩出新意。

怎样才能让咱们的足球成为生活足球？如何才能发展好咱们的商业足球？

让咱们的足球成为生活足球并不难。这件事与发展阶段、地理环境、文化观念有关。急不得，也急不来。

现代足球是工业化的产物，而我们进入工业化的时间还很短，还没有创造出玩足球的客观环境，对现代足球的理解也就比较肤浅。同时，受传统文化的影响，我们不太容易接受足球类的强对抗运动项目，这就导致足球运动虽然动静挺大，但玩足球的人其实很少。

解决以上问题，主要靠发展。

目前可以做些什么呢？重点是搞好足球运动基础设施建设，尽量多建场地。只要大伙有闲有钱，社会又能提供场所，让更多人喜欢上足球就是水到渠成的事儿。

我们要发展好商业足球还是很难的。即便是搞职业足球的人，也要强调足球的公益性。我们对足球的关注，主要来自对面子的关注，即希望出现几十个足球人才，给我们弄个面子回来。但我们要清楚，如果没有里子，面子终究是得不到、保不住的。我们自己跟自己玩的时候，大家彼此心照不宣，看破不说破，久而久之，就成了惯性思维，把往脸上“刷油漆”当成了强身健体。

这种东西改起来非常困难。

还有一个暂时的低度困难，就是这些年咱们把足球给折腾臭了，把职业联赛的形象给弄坏了，没有人愿意主动与足球沾边了，资本纷纷撤离足球。这是一个比较浅层次的困难。

说了这么多困难，难道就没有办法吗？当然有。我们常说不破不立，那就从“破”开始。可以先从“四破”入手。

一是破圈。对职业足球的认识要突破足球产业的范畴。未来，搞人工智能的会成为各个产业的“龙头”老大，足球产业也将会成为风头强劲的“龙头”式产业之一。有专家预测，未来五年，目前已有工作的百分之四十到百分之五十，将被人工智能取代。十年之后，会达到百分之八十左右。虽然科技发展能够创造新产业与新岗位，但人工智能发展的逻辑就是取代一般人类劳动，所以人类终将不再从事以谋生为目的的劳动。

人将不再为生存而忙忙碌碌，运动健身、涵养身心、体验生活等产业就有了更广阔的发展前景。像足球这类具有群体性、娱乐性、对抗性、创造性、观赏性的运动项目，必定会成为大多数人首选的日常健身娱乐方式。足球游戏本身就是“群戏”，又特别适合“围观”，再加上绿色草地的自然性，这种天然优势是其他运动项目无法相比的。

现在人们普遍关注，究竟有哪些事情是不会被人工智能替代的。答案其实简单，只有个人体验是别人，包括人工智能，都无法替代的。落实到产业领域，主要就是体育和文艺。未来，大部分人的大部分时间会流向体育和文艺，包括线上和线下两种形式。

过去，我们在足球领域面对的主要矛盾，是足球运动成绩与球迷的期待过分悬殊的矛盾。无非是大家想要面子，没有人有能力满足。未来，玩足球是人们消磨时间的重要方式，是人们休闲生活的重要内容，而职业足球又是经济领域的“龙头”产业，也可以说职业足球将成为新兴的“实体经济”。

二是破局。职业足球必须打破靠“讨饭”“唱堂会”过日子的局面，旗帜鲜明地把赚钱养家放在首要位置。职业足球要实现健康发展，就得自身有“造血”

功能。如果自己都养不活自己，又何谈利他？职业足球做到利己利人，就不能只在足球身上打转转，一定要把眼光放到千里之外、投向行业之外。

足球运动是一项通过成就别人来成就自己的游戏，职业足球能够通过成就其他产业而成就足球产业。但是，这个目标仅凭职业足球俱乐部与足协无法做到，需要政府发挥组织协调的作用。至少可以立足“两个围绕”去做文章。

围绕足球场打造城市健身休闲时尚生活引领区。

足球场建设要纳入城市整体规划，如此才能获得最优的投入产出比，得到最大的溢出效应。要充分认识到，足球场不只是为球队建的，更不是专门用来比赛的，而是为大众的健身娱乐生活服务的。足球场馆要火起来，就得建成健身休闲娱乐的综合服务生态体系，形成聚焦效应。足球场作为休闲娱乐的核心区，一定要有密度有质量，才能有吸引力、凝聚力。密度主要体现在“双多”上，即服务品种多，服务场所多。质量主要体现在“双高”上，即专业水准高、服务水平高。

足球场是一个开放的平台，大家都可以在这个平台上做事情，可以做各种各样的事情。我们不能被“足球”这个概念把思路给盖住了，把一个具有天然凝聚力的平台给浪费掉了。

让足球场“外溢”出来。足球场这个核心区的密度大了、质量高了，就会像太阳一样，哺育万物生长，这也就是我们常说的辐射带动作用。要让足球场的功能效用充分地释放出来，就需要围绕足球场进行业态与生态的布局。围绕球迷需求，打造线上线下健身娱乐集群。这需要大视野、大思路、大手笔。

让足球场“孵化”起来。华侨城、中关村等都有孵化功能，主要是孵化科技产品、创新型企业。足球场也要向孵化中心的方向发展。孵化什么呢？孵化新生活方式，孵化潮身材、潮运动、潮服饰、潮饮食、潮风尚等。总之，就是要成为现代生活方式的创新之地、时尚流行的生发之所。

职业足球俱乐部不能光玩足球，还得会玩时尚，会引领现代生活。一是要有机构负责、有人干。二是要学会集结社会人才的智慧。三是要用好人工智能。尤其是第三条，能不能做好，就是能不能保命的问题。谁不与人工智能相知相亲，谁就脱离了时代。

让足球场“周转”起来。目前，各个足球场的利用率都非常低，这是一个极大的浪费。提高足球场利用率，本身就会增加收益，更重要的是可以提升人气，带动周边相关商家收益的增加。如此就能够相互促进、共同增长、彼此受益，实现多赢共盈。

围绕联赛打造球迷狂欢节。

联赛是一个舞台，比赛日就是舞台开放的时间。不仅球员，也不仅是球迷，是所有的有心人。所有人都有可能借助这个舞台做平时做不了、做不成、做不好的事情。但是，要让更多的人通过这个舞台受益，就得有所组织、有所策划，把条件创造得更好，把气氛烘托出来。气氛烘起来了，就会有“涌现”，一旦“涌现”，那局面就会让人惊叹。

怎样烘托气氛？就是大家一起来。起码那些与赛事直接相关的旅游、餐饮、旅店、商场、文艺、传媒、交通等部门与公司得行动起来。在比赛日到来之时，大家都得一齐出来讲自己的故事。比如，推出自己的特色产品，拿出自己的优惠措施，亮出自己的服务项目，让消费者感受到方便、便宜与热情。总之，得让球迷感受到节日的氛围，体会到此时此刻的特别，体验到生活的丰富，使大家的情绪饱满起来，精神昂奋起来，让大家过了此日，又盼望着下一日。下一个比赛日，哥们儿还来！

三是破壁。破壁就是开放。开放的头脑，开放的视野，开放的胸怀，开放的举措，开放的行动。任何封闭体都有生命周期，都无法摆脱因熵增而灭亡的命运，只有开放才能打破这个固有规律，只有开放才能保障可持续发展。

走出去学习是开放，引进外援外教是开放，学习他人的先进经验是开放。不过这些都是浅层次的开放。深层次的开放是我们的头脑。我们最大的壁垒是自己，是深植于我们头脑中的傲慢与偏见、自私和短视。大家都是井底之蛙，又都觉得自己比别人明白、比别人厉害。如果自己内心的壁垒打破了，即使不请外援外教，即使不走出国门，也能够把他人的先进经验学到手学到位，因为今天只要打开手机就能看到全世界。

真开放就要真把头低下来。足球人要把头低下来，向球迷学习，听取球迷的意见与建议。群众的力量是无限的，群众的智慧是无穷的。世上的事都不是绝对的。外行不能评价内行吗？要知道，任何一行都是外行先干出来，然后才有了这一行，才有了这一行里的内行人。内行有内行的视角，外行有外行的视角，不同的视角可以互补。各行各业的球迷看足球行业，就像是众人从四面八方看山，才有可能接近全貌。

球迷对足球的热爱其实是很多足球业内人士身上没有的。人往往这山看那山高，有什么就不稀罕什么，干什么就讨厌什么。我经常看群里球迷们的讨论，对他们的热情与“专业”水平非常佩服。他们对球员特点的分析特别细致，对排兵布阵的设想非常有针对性，有些球迷对足球的理解也十分深刻。有许多见解，一点也不比专业人员差，或者说更加独到。

现如今，信息交流的渠道如此丰富、便捷，俱乐部需要把球迷的智慧集结起来、利用起来。这对球队与俱乐部的建设有好处，对足球市场的繁荣有好处，对改善足球的舆论环境也有好处。球迷参与进来，有了成绩，他们有自豪感，出了问题，他们有责任感。参与进来，大家是战友；各干各的，彼此是路人。可见，让球迷参与进来，用好球迷的智慧，是一件一举多得的大好事。

足球人需要敞开怀抱，与媒体人相亲相爱。媒体自己也需要“破壁”，自我开放。媒体人的开放，当下的重点是要把头抬起来，别老盯着脚底下那点鸡零狗碎。目前媒体的做法，弄不出什么名堂，也赚不到大钱，更没有未来，结果就是足球人与媒体人都成了输家。今天的足球媒体特别需要与足球圈一起卧薪尝胆、共谋长远。要看赢，更要看“盈”，关键是着眼于共“盈”。世上有独家报道，却没有独家发财。发财的事，一出就是一茬、一片、一伙。

媒体不要老是盯着别人的脚，需要换换玩法啦！

四是破冰。破冰就是在冬天里感受到阳气上升，在严寒中感知到春的气息。“金元足球”过后，咱们的职业足球进入“冰川纪”，投资人纷纷撤手，球员薪酬暴跌，俱乐部举步维艰。此时，正是投资足球的好机会。汉唐中医学院的院长倪海厦先生说，要发大财，做到四个字就能成，那就是“背道而驰”，这是世界上亘古不变的经济法则。人弃我取，人争我予，肯定发财。

有不少人认为，职业足球就是烧钱的，赚不了钱。搞职业足球能赚钱吗？答案是肯定的。但也需要意识到，世界上赚钱的行当，都是从不赚钱开始的。比如唱曲、说相声、演小品，等等，最开始都是不赚钱的，但现在能让一些人成名、成家、成大款。在网络化、数字化条件下，越是过去不起眼的行当，赚钱的可能性就越大。

职业足球就是生意足球，生意足球就得赚钱。世界上没有不赚钱的生意，只有不会赚钱的生意人。

你自己都认为这个行当不赚钱，谁还给你投钱？所以，只有打破思想认识上的坚冰，才能有职业足球的“春江水暖”。

第二章

美的足球

中国足球的另一种规则

忘记了是什么机缘，我认识了你——中国足球及其职业联赛，这为我枯燥的“工业生活”添加了些许色彩，些许波澜，些许滋味。那时，看《足球之夜》里“画说”足球、“书评”足球，看不厌的。所以，先要说，谢谢你，中国足球！

后来，由于工作关系，离你近了，你的利害与我切身相关，于是思虑多了，焦虑就多了，纷扰也多了，反倒品不出原来的滋味了。再后来，你的生活乱了，形象暗了，丑闻多了，朋友少了。有时，朋友向我打听你的生活，询问你为什么不能够天天向上，为什么职业化后反而越来越不职业了。我都一一作答，朋友们将信将疑，唏嘘感叹：中国改革开放四十余年，不进反退的行当，恐怕只有足球了！

我开始认真回顾，仔细梳理，从不同的角度、不同的层面替你找了许多原因。可是，我现在并不想和你交流那些东西。因为那些内容都是实用的、技术层面的。如今，关注实用的人太多了，懂技术的人也不少，多我一个没有意义。我只想和你交流一点“无用”的东西，那是关于你的“形而上”的生活。

中国的球迷朋友们，喜欢认同足球的祖籍为山东淄博。不管这是不是公认的史实，但当年临淄的蹴鞠盛况是有迹可循、有据可查的。《史记·苏秦列传》就有记载，苏秦游说齐宣王时看到蹴鞠已经是临淄百姓普遍性的娱乐活动。

自打20世纪后半段，中国足球“出口转内销”，重回中国经济社会生活后，你就背负了太多太重的实用主义。先是“功利足球”，接着是披着“职业足球”外衣的“杂毛足球”，这些变化弄得你越来越不伦不类，甚至成了人们嘲讽、戏谑的对象。太过功利的足球比赛，失去了足球本真的意义，丢掉了游戏的乐趣，扼杀了球员的奇思妙想，泯灭了参与者的冒险精神，也没有把握住职业化的要义。你与人们的生活完全脱离。看得出，你也很享受实用主义赋予你的那些期待和关注，当然还有散发着各种怪异味道的鲜花与金钱。你像一位美丽的姑娘，在众人的追捧中，渐渐迷失了自己。你天生丽质，使自身和你的追求者，全都失落于欲望之中，忘记了你的本质之美，忽略你与生活的意义。你的心灵暗淡了，空了，脏了，终于连别人的虚荣心都不能满足了。你苦恼着，挣扎着，可你还是摆脱不了浮华的生活状态。或者说，你已经在这种生活状态中难以自拔。

“无用”无价

我知道，你现在被媒体、专家们诊断为“恐韩症”“恐日症”“出线恐惧症”，等等，被世人看作百病缠身的“病秧子”。这个时候和你谈美的足球、艺术足球，估计不只你没有兴趣，许多人都会嗤之以鼻。

你如今朝思暮想的，就是一个字“赢”。赢球是硬道理。赢了好“出线”，赢了好让球迷满意，赢了好让更多的人喜欢。只要赢了球，球迷就臭美，媒体就赞美。至于赢得美不美，又有什么关系呢？

这些都是事实。可是，你不应该忽略另一个事实，那就是越是远离实用性的美的东西，艺术性的东西，人们越喜爱，价值也越高。

拿一个人来说，职务的晋升与素质的提高，究竟哪一个更重要呢？目光短浅的人，看到的是实用的职务，眼睛永远盯紧了上升的台阶，心中计较的是“一城一池”的得失。目标远大的人，看重的是真善美的艺术人生，重视的是自我潜能的开发，珍视的是心灵的自由与生命的安顿。看重职务的人，等于给自己套上了一个枷锁，任由他人操纵自己的命运，控制自己的喜怒哀乐。忙碌一生，无法体会到人生的美好。而追求自我提升的人，会越来越自主，越来越充实，越来越自由，终将最大化地成就自我，并惠及他人。在一个相对公平的环境中，职务等外在的实用性的东西不过是个人综合素质提升的副产品。那些在实用主义者看来无用的东西，恰恰决定了一个人的高度，决定了一个人是“大人”还是“小人”，决定了一个人是受尊敬的人还是被鄙视的人。

同样具有实用价值的东西，给人的美感不同，价值就完全不同。艺术品，大部分没有什么实用性，它们的价值却远远高于实用性的东西。这就是很多艺术家笔下的马、驴、鱼虾的市场价格远远高于现实中活生生的同类的原因。这就是美之无用之用，或者说，“无用”无价。

巴萨自克鲁伊夫时代就追求全攻全守的“艺术足球”，2008—2009赛季开始，瓜帅[1]更是掀起了一股“巴萨艺术”的风潮，精妙绝伦的配合、灵性十足的跑位、行云流水般的进攻、如梦似幻的个人技术，把足球比赛提升到艺术创作的新境界。《马卡报》惊呼：“这支球队就是一件艺术品。”就连弗格森也不得不承认：“巴萨有梦幻般的控球，他们始终坚持进攻理念，这种永不改变的精神，更值得脱帽致敬。”几十年的坚持与坚守，让巴萨不仅登上了世界足球之巅，也引领着世界足球的发展方向，并且拥有着世界上最大的球迷群体。

如果你一味地追求功利主义的“赢球”，千方百计地围绕赢球做文章，看似实际、实用、实惠，其实等于给自己套上了镣铐与枷锁，只能被别人牵引、操纵，无法掌控自己的命运，也永远不可能上升到你可以达到的高度。当你对足球有了更深刻的理解，用精神的“纯净水”洗去了身上功利的灰尘，自然就会进入美感足球的境界。而成功、胜利等就会作为一种副产品，与你形影不离了。如果你不懂得足球的美，没有对美感足球的追求，不能够创造艺术足球，那么你再怎么努力，至多也只能是一粒米、一块顽石，不可能摆脱尴尬窘迫的状况，更不可能最大化地成就自己。追求实用主义的人，一辈子都是低值易耗品，追求美、创造美的人，则天天都能够拥有太阳、月亮和星辰。

即使退回到实用性上说，美是可以制胜的。甚至可以说，在排除了偶然性之后，美是制胜的唯一法则。也可以说，偶然性本身就蕴含着美。人之身体的运用，比赛阵型的流动，只有符合美的规律，才是最合理的、最有效的。我们常说的比赛节奏，其实就是美的律动。你静下心来想一想，是不是这个道理呢？

---

① 何塞普·瓜迪奥拉，前西班牙职业足球运动员，现足球教练。

美在高处

美在远处、高处，所以并非人人都可以轻易地拥有它。也正因为如此，谁能够创造美、拥有美，谁就能够拥有更宽阔的视野与更宽广的天地，谁就能够创造绿茵传奇与留下足球历史的印记。

路多了，易走错。文明庞大繁杂，假文明就有了生存空间。人类文明中重要的体现是：人在认识自身和万物的联系与区别上的进步及其实践成果的丰富。其中的核心是人对美的认识与实践上的发展和进步。人类创造美的能力与实践、审美观点与情趣，应该是检验一个群体文明程度的主要尺度。懂得美，追求美，让人与一般动物区别开来。以何为美，也让人与人区别开来，人群与人群区别开来。美是人之灵魂的“食粮”，是引领人类向上的精灵。

美是令人向往的。但追求美、创造美则需要境界与能力。有的人是艺术人生，有的人是衣食人生，根本区别在于境界不同。人人都可以画画，但并非人人都能够成为画家，这源于能力不同。“宝剑锋从磨砺出，梅花香自苦寒来”。境界需要修炼，能力需要锻炼。阿根廷人梅西患有荷尔蒙缺乏症，影响了骨骼发育，13 岁时身高只有一米四。如果他没有不怕困难、无畏逆境的精神，就不会成为世界足球先生、世界足坛的传奇小子。

体育是人类文明实践的成果，也是通往文明的渠道。体育的本质是造就人。造就人美的体魄、美的心智、美的心灵。也可以说，美的本质是让人成为真正的人。使人健康地存在，有价值地存在，有魅力地存在。只有美，才能让人的生命呈现出斑斓的色彩与蓬勃的活力。

应该说，你有一个好的出身，因为你是体育这个大家族中的佼佼者，你比其他体育项目更能集中地反映人的品格、智慧与技能。人们需要通过你来“宣勇气，亮巧智”，展现美的神态、神圣与神韵。有人说，体育的种类很多，塑造美的渠道并非一条，为什么一定要足球？因为你是唯一以人的下肢控制运动对象为主的体育项目，是最需要团队合作的智慧与能力紧密结合的集体项目。脚，是人的根；合作，是现代社会生活所必需的。足球之中蕴含了市场经济所要求的核心智慧。所以，大家对你有着更多的期望，更高的要求。你应该也能够担起这个责任。而你一旦勇敢地挑起了这个担子，你的形象就会高大起来，你就会拥有更多的追求者，你将会与你的追求者一同过上更高妙、更有趣味的生活。

人们喜欢西甲更胜意甲，喜欢巴西足球更胜德国足球，皆因前者比后者蕴藏着更多的美，前者比后者给人更多的愉悦。在这个世界上，只有美是最具生命力的。企业家、政治家、经济学家，如果他们不能跃升到美的层级，都是短命的。在历史的天空中闪烁着的，除了美，还是美。

美感的人生属于那些仰望天空并不懈攀登的人。美感足球属于那些梦想与足球一同飞翔并脚踏实地的人。我多么希望你志存高远，自信自强，找回原本属于你的那些最珍贵的东西——美!

美是创造力的源泉

我曾多次看到踢球的朋友，有时会进入这样的状态：怎么踢怎么有，怎么传怎么是，而且越踢越自如，越有创造性，简直神了！他们自己都不知道球是怎么踢出来的。

圈子里把这种情况叫“出状态”了，或超水平发挥。从美学的角度看，这是运动员在无意中进入了对待足球的美感态度之后，呈现出一种自然的状态，是进入了一种愉悦的有趣味的创造的意境，心身完全驰骋在自由的王国里。他们于无意中创造了美的足球，这种美感反过来又进一步激发了他们的创造热情，使他们及观赏者进入了浑然忘我的状态，越踢越自主自如，越踢越好玩好看。

什么是对待足球的美感态度呢？就是切断了踢球之外的一切联系，进入一种纯粹踢球状态。也就是说，心里没有了输赢、比分、奖金等杂念，没有了自我表现的欲望，没有了各种各样的担心顾虑，而只有踢球这个意象本身。

所谓“用志不分，乃凝于神”，美感的态度就是凝神的境界。其特征就是物我两忘。心中只有一个意象，于是足球和运动员就打成一片、合二为一了。物我两忘的结果是物我合一。“我”和足球没有分离，“我”和队友没有分离，“我”和对手没有分离，就会进入超自然的状态。这时候，平时有的东西，自会顺理成章地呈现，成功率极高；平时没有练成的技术，不经意间就出来了，创造性极强。这时候创作出来的作品，才可能是上品，才称得上是艺术。

“无所为而为”

圈子里的哥们儿偶尔进入怎么踢怎么有的状态，进入了美感经验的足球比赛之中，往往并不清楚是怎么回事。

事实上，哥们儿进入这样的状态，大多源于一个机缘，一次激发。比如偶然踢出了一脚好球，不经意间打出了一个精彩的配合。总之，是出乎意料的精彩，让这个哥们儿一下子从各种算计各种设想各种担忧的足球比赛之中跃升到纯然的足球创造之中。忘记了输赢，以及与输赢相关的利害得失，也忘记了自我，脑子里只有足球比赛这个孤立的意象，整个人的精力都放到了比赛之中。就像一个人看到美丽的景色，一下子坠入这诗情画意之中，完全忘了身在何处，忘记了自己从哪里来要到哪里去，陶醉于一种直觉的形象之中，也就是沉醉于审美的趣味之中，不能自已。

人和动物一样，首先要生存，实用当然是第一要务。职业球员以踢球赚钱，许多人会想着踢球与自己的利害关系。他们在比赛的时候，难免会患得患失，心中运行着许多杂念，不能专注于比赛本身，水平就难以充分发挥。梅西在接受《每日体育报》的专访时，谈到自己那个“马拉多纳式”的进球时说：“我当时并没有想到怎样进球，首先想的是往前冲，躲过了后卫的防守后，我就找到了一个突破的空间。事后我才意识到这个进球和马拉多纳的进球有点像，但我认为那是个不同的进球。”

那么，一名职业球员有没有可能在不被偶然因素激发的情况下抛弃杂念，进入专注的、审美的、艺术的比赛状态呢？方法是有的。球员专注比赛，才有上佳表现，也就是因他们“无所为”才有了“为”。在“无所为而为”的玩索中，才能让一个人的潜能盛放，盛放为苍茫夜空中闪亮的星星，才能尽显一个人的创造性才华之美。所以，要成为超一流的球员，需要于技战术能力的提升之外，提升自我的修养，于输赢利害之外有更超脱的趣味。

踢球的四种境界

一个实用性的物件，有人能从中看到美，也有人能从中感受神性；一件观赏性的艺术品，有人却只能看到其有用，也有人只能感受其无用。同样是踢球，每个人踢出来的是不同的足球。同样是看球，每个人看到的也是不同的足球。

不同皆源于人心

人心是一面镜子。不过有的是哈哈镜，有的是放大镜，有的是显微镜，有的是平面镜。不同的镜子，会把同一个事物弄成不同的模样。一个球员，或一个看客，用什么心去踢球，用什么心去看球，他们创造的足球，或看到的足球，自然差异甚多。大体上说，对待足球有四种境界：自然境界、功利境界、道德境界、艺术境界。

一个人踢球，只是顺着他的喜好或只是随着伙伴儿一起玩，并没有想到踢球于自己的意义，就像小孩子自娱自乐，或是看到别人的玩具，自己也想要一个来玩。没有什么计划、目标，不曾想到意义与价值。那么，他的足球境界就是自然境界。

一个人踢球，有着强烈的功利目的，比如赚钱、出名、成功，等等。他可能很刻苦、很勤奋、很自觉，但其动机是为了获取自己的利益。他的付出对他来说，有着明确的功利意义。那么他的足球境界，就是功利境界。

一个人踢球，意识到自己的责任，认识到自己是组织的一员，是祖国的一分子，他要为集体的利益、祖国的荣誉而尽自己的责任。他懂得自己只有融入集体才能彰显其存在的价值，清楚成就他人、奉献集体才能最终成就自我。他在踢球时的行为表现都符合集体的利益，那么他的足球境界就是道德境界。

一个人踢球，觉察到足球于游戏、功利、集体、家国之外，还有更高的价值，认识到足球比赛是双方共同的创造性的精神生活，有着超越了个人、集体、家国之上的艺术价值。他为了创造更富美感的足球而练球、比赛、付出各种努力，那么他的足球境界就是艺术境界。

这四种足球境界之中，自然境界、功利境界是当下大多数踢球人的境界；道德境界、艺术境界，是少数踢球人的境界。第一种境界是自然的产物；第二种境界是社会的产物；第三种境界是社会与文化共同作用的产物；第四种境界是精神的创造，是灵性的觉悟与圆满。

足球境界

处于第一种足球境界的人，可能会逐渐进入第二、三、四种境界，也可能无意识之间当下进入疑似第四种境界的化境。如果一个人没有个人利益、集体荣誉、国家责任等的羁绊，不去计较一时一事的得失，只把精力用在踢球上，反倒能够专注，走得也更远。第二种与第三种足球境界是一种实用主义的足球态度，处于这两种境界的人，都有利害之心。用实用的态度踢球，心中的计较就多。反映到比赛上来，就会出现许多问题。一是患得患失，平时训练的东西不容易发挥出来。有些球员被教练称为“训练型球员”，他们在训练中有很好的表现，到了比赛中就大打折扣，越是重大比赛就越掉链子。问题主要是他们把得失看得过重。二是易急易怒，稍有不顺，就会急躁甚至暴怒，犯下致命错误。个人修养越差，这种错误就越多。整个足球圈子的水平越低，这种现象就越普遍。三是制造垃圾比赛。对对手用各种损招，领先时拖延时间，败局已定时应付比赛，诸如此类的情景会充满整个比赛过程。四是使用卑劣的手段，假球、赌球、黑哨等层出不穷。如果整个团队以实用的态度去比赛，则会制造暴力的比赛产品，可能有胜利，但就是不会有精彩。处于第四种足球境界的人，有了一种超脱的潇洒，充满了创造的激情，在踢球时则可能进入一种“无所为而无所不为”的状态，更可能有超水平的发挥。

那么，这种境界是不是高不可攀呢？冯友兰先生认为：“并不需要做不同于平常的事。他不可能表演奇迹，也不需要表演奇迹。他做的都只是平常人所做的事，但是由于有高度的觉解，他所做的事对于他就有不同的意义。”一个从事足球的人，能否进入艺术足球的境界，关键在于他对人生及足球的觉解程度。

何为美感足球

“美”这个字，人人常说，似乎人人都明白。若是问何为美，真要回答，多数人又会觉得不甚明了。关于美的探讨，哲学家、艺术家、美学大师们争论了几千年，美在人们心中依然是千人千面。

有人认为美是事物的一种属性，艺术美也是一种自然美，人不过是被动的鉴赏者。美是存在于物中的，不以人的思想为转移。有人认为美是一种概念或理想，物表现了这种概念或理想，才使人觉得美。美是因人而异的，因为人对美的概念或理想不同。美学大师朱光潜先生较好地把这两者给统一起来了。他的观点是，美不仅在物，也不只在心，更在心与物的关系上面。美就是情趣意象化或意象情趣化时心中所觉察到的“恰好”的快感。

何为“美的足球”呢？借用朱光潜先生的美学理论，美的足球就是足球运动员在足球情趣的意象化时或球迷在足球意象的情趣化时所觉察到的“恰好”的快感。通俗一点说，就是踢球者在把对足球的情趣转化为传切配合、跑动穿插、突破射门、卡位抢断等的技术动作时，感觉到的默契、“舒服”“恰好”“有了”时的那种快感；就是足球比赛的观赏者在欣赏足球比赛时体验到“舒服”“精彩”“高超”“奇妙”“美妙”“过瘾”时的快感。

美感的足球是于玩耍乐趣之中的直觉创造，是足球之花在有乐趣的创造中美丽绽放。玩乐的心态、富有情趣的创造能够将成人运动员瞬间变成充满童趣的踢球者，把比赛变成快乐有趣的游戏。这时候，球员成了与足球合二为一的欢快跳跃的足球舞者，他们尽情地嬉耍，浑然不觉自己是在比赛，没有动机，没有裁判，忘却了时间，忘记了观众。足球比赛就这样在不知不觉中变成了美的、赏心悦目的。

教练经常要求球员专注于比赛、忘记输赢的算计、丢掉功利的包袱。这实质上就是对美感足球的追求。但事实上，球员经常达不到教练的要求。问题的原因是教练没有创造美感足球的自觉，平素没有这方面的积淀。美感足球是一个潜移默化、日积月累的过程，不是赛前提提要求就能成的。偶尔，我们会看到某一支球队今天打疯了、神了，观众看得过瘾，球员踢得舒心，这其实就是球员甩掉了想赢怕输的杂念，进入了专注的比赛状态。球员的跑动与姿态完全是足球情趣的意象化，呈现出来的自然是美感足球。

美的创造是表现情趣于意象，情趣是内核，意象是情趣的自然外显。没有情趣不行，情趣的表达经过了若干算计、刻意加工也不行。儿童在草地上游戏，或是在水池中玩耍，人们会很自然地驻足注目，心生愉悦，获得美感享受。儿童清纯，没有成人那么多想法与种种的顾虑，一举一动都是内心情趣的自然显现。可以说他们创造的意象是情趣的直觉表现，也就是美感的自然流露，也就更能激发他人的审美情趣。而有些经过专业培训的“艺术儿童”，由于心里被填充了太多成人的想法与招式，他们的表演虽然可以让人感受到一定的“功力”，却感觉不到儿童的童趣，享受不到审美的愉悦。成人容易在儿童身上收获审美体验，还源于成人在儿童面前会自然放松戒备，解除羁绊，返归自然，进入直觉的状态。

人要摆脱现实的名利、不计较得失是难的。名利是常人奋斗的动力之一。名利心重的人，起初为名利所驱而拼搏、成长、成就功业，之后又为名利所累而所局限甚至走向自己所期望的反面。这样的人可能有功名，也可能有恶名，单单不会有美名，当然也不会有美感的人生。生活的大师必定是摆脱了名利束缚的，富有情趣的。一流的思想家、艺术家一定是生活大师，因为远离了生活情趣的思考与创造，必然是无益又无趣的。足球大师也是如此。

身体运动之美

庄子说：“精神生于道，形本生于精，而万物以形相生。”身体，是一种生命之力的载体。身体美是生命之力的呈现与感受。人的身体是有血有肉有气有神的实体，也是有感官、有情感、有欲望的个体。身体美，既是人向往的目标，又是人欣赏的对象。身体美就在普通生活之中。加德纳认为，熟练地创造性地运用身体是人的智能之一。身体美就在智慧的生活之中。

足球运动作为人的文化娱乐生活，它既是人创造美的活动，也是人审美的对象。体育不仅是强身健体，更是身心的整合，是教育之一。身体美也不仅是形体问题，更是心灵美之重要组成部分。身体的问题是与人心的问题密不可分的。在人的自我理解、相互理解、宇宙理解与终极理解中，身体都是不可或缺的维度。身体向来是人们思考的载体与对象。中国传统文化讲究"形、气、心"一体三相，全息相通，人们对身心关系的探索一刻也没有停止。如今，人们大多认识到，身心关系不是心对身的绝对主宰，亦非单向度的统摄，而是身心共同体双向并起的转化。

一首诗，要有文字，有格式，有韵律。格式的美感与韵律的美感，都必须依靠文字来实现。如果把足球运动比作一首诗，身体好比文字，阵型好比格式，而比赛节奏就是韵律。足球运动之美，是以身体运动之美为载体的。

足球运动员，不一定要有舞蹈家那样的外形，但好的身材能够大幅提升足球运动的审美价值则是毫无疑问的。或许你会说，身体与足球运动之美，核心不是静态的身体之美，而是动态的美。没错。身体与足球运动之美，是身体的美感创造，体现在身体的姿态与足球运行的姿态之中。这时候，身体之美则成为其中的组成部分，成为一个重要的构成要素。许多摄影艺术家，都以足球运动员为创作对象，创造出震撼人心的艺术佳作。

"冰王子"博格坎普踢球如冰上舞蹈，是舒展之美；"巴神"踢球如雄狮猎食，是野性之美；因扎吉踢球如灵猫捕鼠，是灵韵之美。他们都是能够自然地运用自己身体特点创造足球运动之美的高手。一名足球运动家，在他触球、传球、射门的一刹那，会凭直觉知道停得好不好，传得恰当不恰当，射得准不准。如果他感觉很好、恰当、准了，他其实就处于美感足球的创造之中。这个时候，他们姿态一定是舒展的、自如的、灵巧的，也一定是美的。这种美的姿态是以技术动作的合理性、正确性为基础的。运动家的一个动作要流畅而艺术地过渡到另一个动作，要把训练的成果美妙地表现出来。如果一群运动家同时处于直觉的美感创造之中，他们动作的幅度、力度、节奏必然以一连串美的姿态呈现出来，他们必定深感身心俱爽，他们的身体就成了舒斯特曼所说的"活生生的、敏锐的、动态的、具有感知能力的身体”，他们就处于“快乐足球”的体验之中。

你或许还会问，美的“身体化”与比赛的胜负有关系吗？对美感的追求是不是要以牺牲胜利为代价呢？这的确是一个不能回避的问题。美感的身体从何而来？美感的身体除了天赐的“质料”之外，难道不是来自科学的持续的训练吗？美感的运动姿态又从何而来？难道不也是来自科学的技术与战术训练吗？是的，它们全部来自球员对技术、战术的熟练掌握与合理运用。而这一切不都是走向胜利的基本保证吗？

如果你的球员是足球运动艺术家，你必定是职业足球的大赢家。你不仅会拥有更多的胜利，还会得到更多“粉丝”的拥护与赞美。况且，美的“身体化”，既是身体的解放与发展，也是心灵的拓展与升华，这才是我们参与足球运动的出发点与落脚点。

足球规则与礼仪之美

规则美是运动员美的基础，也是运动美的基础。而礼仪正是为了让所有参与者与观赏者对这项运动及规则产生尊重与敬畏。

悲剧《李尔王》第四幕第一场中，肯特伯爵对一个名叫奥斯瓦尔多的小混混说：“也不能被人踢吧，你这个下贱的踢足球的！”在今天的中国，“你哥才是踢球的，你全家都是踢球的！”也一度成为很“潮”的带着贬义的搞笑语言。

在西方，足球曾经是卑贱、粗野的代名词。并不像今天这样让政客青睐，叫商人垂涎，令万众着迷。1314 年，爱德华二世颁布王室诏书，以上帝的名义，斥责足球活动是贫贱和暴力的，并禁止足球运动。爱德华三世视足球为“愚蠢而无用的”的玩意。亨利四世与亨利六世分别在 1410 年和 1447 年签署过禁止足球的法令。野蛮的东西必然遭到更野蛮的打击。

那时的足球活动没有什么规则，更谈不上什么礼仪，和打群架没有什么区别，弄出人命是常有的事。但这种游戏又特别刺激，特别有吸引力，虽屡屡遭禁，却每每“春风吹又生”。为了使得这个人们又爱又恨的游戏益于人却不至于害人，也为了改变“下贱的踢球人”的形象，人们创造了足球规则，增加了足球礼仪。渐渐地，足球的面貌焕然一新。

有无礼仪是人与禽兽的区别所在，有无礼仪之美是粗鲁或虚伪的人与文明或真诚的人之间的差别所在。讲理与讲礼，有情与有礼，是互为表里的。不讲理的人，大多无礼。彬彬有礼的人，一般都讲道理。无情无趣的人，不会生活出礼仪之美，不会使人心生好感。刘备的美在重情，关羽的美在重义，而张飞的美在重真。所以，我们在“读”到他们的行为时，便会心生认同与快感。

礼仪是心的需要，也是心的创造。心因感受礼仪之美而愉悦，因创造礼仪之美而生长。礼仪是心与心相互温暖的管道。异地他乡，听到一声问候，一股暖流就涌上心头。朋友相遇，互不搭理，心就会像受了风寒一样很不舒服。一支球队，真诚地向观众致礼，则会得到热烈的回应。这时候，无论输赢，都会有贴心贴肺的感动升腾而起。

礼仪让生活变得有序，生活因有序而祥和。而礼仪之美，不仅使生活有序，还使生活令人愉悦。你看，从衣食住行，到社会活动，再到政治外交，假如没有礼仪，都会变得无所适从、无从进行。单说吃饭，如果没有依长幼、主客落座的礼仪，没有对相互饮食习惯的尊重，吃饭岂不是成了吃气？礼仪之美，不只在于形式，也不只在于个人的修养与情趣，而在于相互之间的情感、情趣与表达形式的“恰当”而生的快感。职场上毫无感情、没有真意的客套，只是一种礼貌的行为，算不上礼仪之美。有时，那些虚伪的客气，反而会使人心生厌恶。

荀子说：“礼者，人道之极也。”意思是，礼仪乃人文道德的根本。清初思想家、教育家颜元说：“国尚礼则国昌，家尚礼则家大，身尚礼则身修，心尚礼则心泰。”礼仪是一个民族文明程度、道德水平、社会风尚的重要标志，也是一个人文化修养、能力素质、精神面貌的基本体现，是生活化了的文化生活。有礼是自尊自强的表现。足球礼仪，是足球内涵的重要组成部分。可以说，足球因尚礼而兴盛。足球礼仪的实质是足球运动参与者对自我与他人的尊重。足球礼仪既代表了一个国家、一个地区足球运动发展的成熟程度，也代表了足球运动参与者的素质水平。

足球的礼仪之美，生于心，表于形。心中有对自己的尊重，有对观众的爱，有对足球的情，再以恰当的形式表现出来，才能有礼仪之美。当球员内在情操与外在形式达到了和谐统一，礼仪便有了温度和表情，也便有了美感。球员机械地拽着儿童的小手出场，心里却根本没有这个儿童的存在，相互之间没有丝毫互动，这种干瘪的形式是没有美可言的。替补球员上场，敷衍了事地举一举手，这样心不在焉的所谓礼仪，只会损害礼仪的美。礼从情出，美由心生。而礼仪的形式则必须是庄严与神圣的。

规则是铁面无私、冷酷无情的。当球员有了对规则的尊重，且把对规则的尊重转化为对裁判、对手的尊重，以及对自我的尊重，规则就有了颜色，有了情感。遵守规则是基本的职业要求。若球员理解规则是对人的爱与尊重，并表现为行动，规则便成为足球运动美的一部分。当球员铲倒了对手，真诚地表示歉意，伸出了友爱之手，足球规则之美就瞬间绽放，引出喝彩与掌声。这便是美感的创造、共鸣与传递。

礼仪使文化变成行动，使潜力变成能力，使精神生根落地。球员创造规则、礼仪之美的过程，是自身素质、潜力转化为足球生产力的过程，也是自身品牌形象的塑造过程。礼仪之美如同花卉的绿叶，可以把足球之花衬托得更加美丽动人，可以为球员健美的身体注入高雅的气质。球员的品牌形象，影响着足球形象，影响着足球及球员的市场价值、社会价值与文化意义。对于职业足球来说，它的规则与礼仪之美，既是实用的，也是伦理的，又是富有美感的。

技战术之美

有一款名为“战术大师”的游戏，又名“战场”或“作战专家”，其中的主角，总是能逢凶化吉。尽管敌人众多，但在他魔幻的战术下敌人都能一一被消灭。战术是人智慧的结晶，它的魅力在于巧中取胜、险中取胜。技战术之美，美在智慧与技巧的融合。

自然、社会，以及人自身有着五彩缤纷的美，由于心之情趣的千差万别，造就了美学派别的多如牛毛，又都可以自圆其说。在若干派别中，从 19 世纪德国唯心哲学发展起来的一个派别比较具代表性。其始祖是康德，门徒有席勒、黑格尔、叔本华、尼采等大家。意大利的克罗齐是这一派别的集大成者。这一派别的美学观点有一个核心，即“艺术即抒情的直觉”，或者说“美即抒情的直觉”。

这不免让人心生疑问。每个正常人都有情，都有想象，都会心生意象，但并不是每个人都是艺术家。把情感、想象表现在作品中，且能让他人因接触这个作品而生情，而产生想象，这是艺术家独有的功夫。画家可以把情感、想象变成可感的线条、色彩、构图。音乐家可以把情感、想象变成可听的音调、节奏。诗人可以把情感、想象变成可品的文字与韵律。而足球艺术家则要把情感、想象变成阵型、技术运作与战术体系。

虽然说，美即抒情的直觉。但这种“直觉的情”，其一并非人人都有，或者说人人不同；其二也不是人人都能够艺术地表达内心之情。前者与艺术修养的深浅有关，后者与艺术技巧的高低有关。同样的景致，艺术家能够触景生情，一般人则可能无动于衷；同样的场面，艺术家会激情澎湃，平常人可能四顾茫然。这就是艺术修养的差异。同样的情感，诗人若要表达为图画，则可能手不从心；而画家若要诉之于文字，则可能深感力不能及。这就是艺术技巧的差别。

我们说，美即抒情的直觉，美感足球就是足球运动员在足球情趣的意象化时或观众在足球意象的情趣化时所觉察到的“恰好”的快感。并不是说美感足球只是内生的情趣，也不是说可以不要艰苦的训练与有意志力的足球理论的学习。达·芬奇如果不坚持枯燥地画圆，不可能把他的情感转化为震撼人心的艺术作品。贝克汉姆如果不是每次集体训练结束后，都自觉加练 50 个任意球，也不能踢出漂亮的“香蕉球”。

美感足球是由球员的“足球心”通过技战术创造出来的，如同画家的审美情趣凭借娴熟的技法展现出来。只是那些技法已经烂熟于心，在表达情趣之时，已经无须思考技法的运用，仅仅是笔随心走。这就是炉火纯青的境界。球员有了对生活的深刻理解，有了对足球的透彻理解，内心才能生长足球的乐趣，才能有想象力，然后，再凭借自己的技术能力与战术素养相结合而呈现出来。身随心动，球随心走，人球合一，随心所欲又恰如其分，这就是足球艺术家的境界。每个人所领略到的足球境界，体察到的足球乐趣，都是由他学习与思考的水平所决定的。每个人呈现出来的足球水平，既是他技术水平的写照，也是他性格和经验的反映。

足球技术之美，根植于练，生成于心，呈现于比赛之中。足球技术之美在于足球与球员“形、意、神”的和谐统一。“形”是球员的技术动作。动作衔接流畅，一气呵成，就有了美感。“意”是意识，意识超前，富有创造，也是一种美。“神”是精神，精神饱满，神采飞扬，同样是一种美。“形”，以技术水平为基础。没有娴熟细腻的技术，必然不能从心所欲，就会“球”不达意。“意”，就是以足球意识为保障。没有超前意识与创造能力，则会“术”无用武之地，或是技术流于机械。“神”，就是精神状态与精神境界，是统领。没有好的精神状态，没有高的足球境界，技术与意识都很难得到整合、彰显与升华。一个球员“形、意、神”俱佳，才能够融技术、力量、速度、节奏、激情等足球艺术要素等于一身，并转化到足球创作之中。他才可能接得巧妙，传得奇妙，控得自如，突得有效，守得到位，攻得精彩，踢出富有美感的艺术足球。

足球的战术之美建立在球员个体素质的基础之上，包含在战术设计的谋略之中，体现于比赛的整个过程。足球的战术之美是智慧之美、协作之美、变化之美、节奏之美、意境之美。

这“五美”是一个团队的“智、灵、魂”在足球比赛中的凝结。“智”是足球智慧与比赛谋略，“灵”是阵型的灵动与战术的调适，“魂”是团队的共同追求与协作精神。其中，“智”是前提。好的战术设计是智慧的花朵。没有智慧含量的比赛安排，只有“战”，没有“术”，当然也不可能有美感的战术。“灵”是保障。战术实施是制约与反制约的过程，是赛前战术智慧的再创造、再发展。没有灵动灵活，阵型就成了僵尸。没有调适变化，战术将会很快失去原有的效力。“魂”是根本。战术的灵魂是团队精神。战术需要团队整体来创造，也靠团队整体来实施。团队成员志趣相投、心有灵犀、众志成城是一支球队技战术水平完美发挥的根本所在。

常有人指责中国足球运动员阅读比赛的能力不强。这个阅读比赛的能力从哪里来呢？多数人的想法是多打比赛，多打高水平的比赛。这个观点并不全面。比赛固然可以帮助球员积累经验，但不是提升球员足球艺术修养的主要渠道。足球比赛如人生，足球场即人生舞台。球员必须融入社会生活，积累生活的经验，还得学会观察与认识社会生活的方法与习惯。这就需要多方面的学习。文学、历史、科学等知识是必要的，心理学与足球理论是必须的。不会做人，没有足球理论修养，是踢不出好玩好看的足球的。

常有教练抱怨球员执行技战术的能力不够。为什么不够呢？一般都认为球员的纪律性不够强。这的确是问题之一，但并不是问题的要害。教练掌握着球员的前途与“钱途”，正常情况下，球员没有胆量也没有必要与教练作对。多数情况下，球员不执行教练的技战术安排只是表象，实质上是没有能力执行或不理解这种技战术安排。教练只教会了一种技战术，甚至还没有讲清楚一种技战术运用的原理与逻辑、长处与短处，球员是不可能在瞬息万变的球场上坚决地执行教练的“死”的技战术的。这个道理如同学生解数学题，老师需要让学生熟记多种数学公式，且让学生理解其中的原理，学生才能灵活地运用，破解各种各样的方程式。只会死记硬背的学生是解不了“新题”的。

利物浦的主帅贝尼特斯被称为战术大师。时至今日，人们提起他，依然会说起 2005 年 5 月 25 日伊斯坦布尔之夜利物浦的神奇逆转。他在黑板上三下五除二比画一番之后，就让“红军”在随后的比赛里脱胎换骨，在 15 分钟内神奇地扭转战局，并从此将贝尼特斯送上战术大师的殿堂。

大师的技战术也是从平常中积累而来的。贝尼特斯从小就喜欢研究阵型。6 岁生日时，母亲送给他一副足球格子棋，他便在上面摆出各个球星的位置，陶醉于自己的战术设计之中。在 26 岁因伤退役之后，贝尼特斯走上教练岗位，热衷研读萨基，自费去意大利学习了一年，近距离观察卡佩罗。走上教练岗位后，他沉醉在每天十几个小时的工作中，即使独处也是在房间里研究比赛录像。到利物浦之后，他还让妻子收集“红军”史料，每天晚上给他讲俱乐部的历史典故。他妻子说，有一回半夜被吵醒，发现这个“疯子”梦游的时候居然也是在给球员发指令，指挥球队比赛。贝尼特斯对球员向来“冷血”，他更相信他的笔记本电脑，从执教皇马B队开始，他都会在每周的比赛前扔给球员们一堆看不完的数据统计分析，告诉他们怎么去克制对手。

许多球员在踢球时都有脚不从心的体会，出现这种情况的原因很简单，就是没有掌握技巧。技巧从哪里来？一是刻苦，二是方法。刻苦是前提，方法是关键。“宝剑锋从磨砺出”，平常的动作，练熟了就是特长，甚至是绝招。方法从哪里来？一是教练教，所谓名师出高徒，师傅不明弟子浊。二是自己用心，用心才能真正掌握方法，并且悟出新的方法。用心是“青出于蓝而胜于蓝”的途径。用脑子练与用身体练那是天与地的差别。

台上一分钟，台下十年功。真正的艺术家无一不有着扎实的基本功、深刻的生活体验与深厚的艺术修养。他们的道路也必然是有志于成为足球艺术家的球员必须走的道路。

冲突与和谐之美

不知你是否知道足球人贝利的一句话：“我们的足球队员是力图把比赛作为戏剧来表演的。”贝利预测胜负的“乌鸦嘴”道出了足球运动的精髓，更是职业足球运动的命门。

人类的历史就是制造冲突又致力于解决冲突的历史。社会如果没有冲突，人类生活就成了一杯“白开水”。社会如果充满你死我活的冲突，人类就没有了生活。如何从矛盾中获取平衡的智慧，找到“有味”又“无畏”的游戏方式？有人创造出了一个崭新的游戏方式：规则是民众的意志，政府担任裁判，社会提供舞台，人人自由组合、公平竞争。这个游戏鼓励竞争，保留了冲突的跌宕起伏，同时明确了竞争的边界与底线，避免了对抗的你死我活。于是，人类追逐财富的游戏，终于可以不再依靠战争这个玩了上万年的老版本。从此，人类的对抗所激发出的创造力，则表现出了比以往更多的建设性，人类的冲突所制造的不安也不至于无限制地升级到直接危及生存。这是人类走出战争思维，摆脱了零和游戏方式的历史性进步，是人类生活智慧的一次飞跃。

小足球，大社会。职业足球为什么勃兴于欧洲？职业足球这出戏，演绎的正是市场经济条件下的社会生活。规则之内的合理竞争，对抗之中有合作的智慧；法制基础上的有限冲突，冲突之中有共赢的和谐。

足球比赛中的参赛双方既有竞争又有合作，既有矛盾又有统一。追求胜利，他们起冲突；追求获利，他们生和谐。职业足球比赛，全力对抗不过是外在形式，其实质是在合力创造比赛“产品”。这个“产品”的质量越高，愿意购买的人就越多，他们共同的利益也越大。如果比赛双方只看到冲突，看不见统一，只知道对抗，不懂得合作，就不可能创造出优质的“产品”，也就不可能实现利益的最大化。就把足球比赛倒退回了零和的战争游戏。战争是制造悲剧的，因此也就不能充分演绎人类的生活智慧，不可能完整地诠释足球比赛之美。

戏剧能够引人入胜，一靠冲突，二靠人们化解冲突的强烈愿望。没有冲突，戏是唱不下去的；没有人们对和谐的执着追求，戏是没人听下去的。足球比赛，参赛双方都想取胜，至少是不愿输，冲突就发生了，故事就开始了。能不能把故事“讲”得曲折动人，让球迷们“听”得如痴如醉，取决于球员们“讲”故事的水平。而球员们“讲”故事的水平，又取决于他们对足球内涵的理解。球员有了高超的球技及好的身体素质，而后把足球比赛中双方的对抗转化为合作创造的乐趣，这个时候所表现出来的比赛场景就是艺术足球，或者说是美的足球。

一名演员，只有真正领会了剧本，理解了角色内涵，才会有上佳的表演，才会有打动人心的艺术作品的诞生。同样，一名球员也只有真正理解了足球的内涵，才可以在足球这一人生大戏中担当主角，才会有精彩的演出与美感的创造。

不管球迷如何看重胜负，球员们都应该清醒地认识到，自己是足球比赛这出戏剧的演员，你要入戏。

势的变幻之美

足球比赛，比的是什么呢？你可能会说，比的是实力。实力的确是取胜的重要因素。但从美感足球的视角看，足球比赛比的则是“势”，起决定作用的是那个看不见、摸不着的“势”。

古人讲“天时、地利、人和”，足球比赛就是天时、地利、人和的总和。实力、士气、人气、地气、运气等构成了一个团队之势的强弱与正邪。实力主要是团队的技战术水平与竞技状态，是硬实力。士气主要是团队的凝聚力、精神状态，是软实力。人气主要是团队受到外在激励的程度，是人和。地气是团队与比赛环境的适应程度，是地利。运气是团队运用时空变化改变处境的智慧，是应变能力，可理解为天时。足球比赛的时间长，场地大，为一个团队在某些区域、某些时段改变势的强弱提供了广阔的空间和充分的时间，也让足球比赛具备了其他体育竞技项目所无法比拟的魅力。可惜，当下的足球人大多不能充分地认识和开发它。

势弱是不会胜强的。通常人们所说的以弱胜强，都是指单纯实力上的对比，而不是势的对比。足球比赛的场地大，为更多比赛谋略的运用提供了广阔的空间，使得偶然性有更多的机会变成必然性，也就有了比其他比赛项目更多的“爆冷”。2012 年欧冠决赛，切尔西能夺冠，正是他们认识到自己与拜仁在实力、人气、地利上的差距，致力于通过球员在不同时空中运动变化，谋取势力上的均衡及局部与个别时段上的强势，最终在场面被动的形势下，夺取了决定性的胜利。

气势磅礴，胸怀坦荡，那是浩然正气；气势汹汹，目空一切，那是污浊邪气。有些团队，遇强则强，遇弱更弱。一是源于缺乏浩然之气。正气充盈，百病难侵；浊气缠身，百病来找。二是源于不懂得自觉运用时间与势之间的流转变化。以弱逞强，自取其辱；恃强斗狠，自废其功。

实力来自天赋与科学、刻苦、系统的训练，当然也可以花钱直接购买，比如引进内外援。士气主要来自长期的团队文化的熏陶、孕育，不可复制。人气则来自主客观两个方面，一个是球队呈现出的实力与士气，另一个是球迷所处的地域文化。地气也来自两个方面，一个是主客场及不同客场的变化，另一个是球队心理与生理的适应能力。运气则主要来自团队的智慧，也可以说是技战术的运筹设计、阅读比赛的能力与临场应变能力。

运气，看似偶然，实则育于必然之中。天时，客观存在，与谁有利，实不在天，而在人。能否顺天应变，顺势而为，决定了天时利于谁，运气拥抱谁。强大拜仁占尽天时、地利、人和，却让切尔西完成了惊天大逆转，匪夷所思地捧起了“大耳朵杯”。这正是因为切尔西能正确地对待天时，放弃某些空间、某些时段上的优势，换取另一些空间、另一些时段上的优势。天时、运气也就自然地转换了立场，站到了切尔西这一边。拜仁的巨星们射失点球，正是因为他们过分看重天时（对手阵容不整，实力下降）、地利、人和，主观认为自己必须胜、一定能胜，导致心态失衡（天时、运气尽失）。

人气或者说人和，能够在较大程度上改变一支球队势的强弱。绝大多数球队主场的胜率大大高于客场，就是极好的例证。人气，很大程度上与地域联系在一起。总体上来说，球迷喜爱本土球队。但有一个问题是被忽视了的。一支球队人气的强弱不仅与球迷的人数有关，还与球迷的文化素养、审美情趣有关。如果一支球队的球迷有喝倒彩的嗜好，会造成这支球队的“气质”缺失，其表现就是常常患得患失，较少有酣畅淋漓的大胜，却会有一泻千里的惨败。有什么样的球迷，则有什么样的足球。离开了具有审美情趣的球迷，则难有美感的足球。

超越之美

我们快乐或是痛苦地活着，我们勤奋或是慵懒地活着，我们有过超越吗？我们又为什么要超越呢？

斯宾塞认为，艺术和游戏一样，都是人精力过剩的表现。它是生命力过分充沛的标志。人需要发泄过剩的精力，也需要精神有所寄托。这种寄托可以是工作，也可以是艺术或游戏。

人类有各种各样的活动，物质生产活动，文化创造活动。为什么要“折腾”那么多活动呢？人类活动的根源，正是需要。人的需要有三个主要的方面，即生存需要、享乐需要和发展需要。生存是基本需要。这个需要解决之后，享乐的需要就走上前台，发展的需要也变得迫切起来。反过来，自我的发展又为生存需要、享乐需要的满足提供了更多更好的条件。自由而全面地发展自己是人的最根本之需要。因为，人有了觉解，有了自我意识，也就有了有别于其他动物的新问题。这个问题即他如何才能生活成为人。首先，人作为自然人得把自己与一般动物区别开来。其次，人作为社会人还必须把自己与其他人区别开来。而这两个区别既不能从一般动物那里得到确认，也不能仅仅凭借自我确认，而只能从他人那里得到确认。如何才能使自己的两个区别获得认可呢？那就是创造。人类活动的实质，则是创造。创造是社会人的本质属性。如章韶华先生所言，需要——创造，既是人的最高本质，又是人类最平常的生活。

人类文明的历史，就是不断创造的历史。人类通过创造实现了对一般动物的超越，也实现了人类历史的延续与发展。人通过创造实现对前人的超越，实现对他人的超越，也实现了对自己的超越。人类对真、善、美的追求，是对自我的超越，也是自我自由全面发展的方向；是动力，也是目的。对真、善、美的不断接近，让人有了自尊、自豪与自信的生活，或者说确立了人生的价值与意义。没有创造，我们仅仅是生着；没有超越，我们仅仅是活着；是创造，让我们生活着；是超越，让我们活生生的、光鲜的。

足球运动作为人类一种最有影响力的文化活动，通过创造实现超越则是它的本质属性。足球运动的历史就是不断创造与超越的历史。正是永不停顿的创造，让足球成为世界通用语言，成为迄今为止最具影响力的人类活动。竞技体育的精神之美，核心就是超越之美。

这种美体现在对前人的超越上。足球运动的发展成果，是一代代人不断超越的结晶。由此成就了世界足球的繁花似锦，美不胜收。足球运动的创新永无止境。大到技战术体系的设计，小到一个技术运作的改进，都需要通过创新使之更先进、更合理、更有效、更富美感。

这种美也体现在对同时代人的超越上。同时代的人与自我，不仅是一面立体的镜子，还是一本活生生的书。其中的营养最丰富、最合理、最新鲜，也最容易吸收转化。同一时代的球员，你追我赶，不断地自我完善，足球园地里就会有更多的品种与更美的花朵。

这种美体现在对自我的超越上。足球运动的美学价值之一就在于促进人的自我完善、持续提升与不断超越。人性的弱点之一是容易“自以为是”。人的“自以为是”以两种相反的方式呈现出来：一个是自我满足，自认为已经足够好；另一个是自我否定，自以为已经没有发展的潜力。足球运动的对抗性与群体性，可以使得球员在相互较量与相互合作中，突破自我认识的局限，发现不足或激发潜能，实现自我的超越。对抗既是压力也是激发，合作则可以相互带动与感染，都可能让一个人实现自我超越。

这种美更体现在对胜负的超越上。“更快、更高、更强”，竞技体育的精神之美，核心就是超越之美。足球运动是游戏，更是艺术；足球比赛必然求胜利，但比胜负更重要的是自我和团队在比赛中的全面成长与自由发展，是对自我的超越、对历史的超越、对现实的超越。美感足球与简单地执行与机械地服从是水火不相容的。他钟情的是心无挂碍地自由创造，是团队潜能的相互激发、如泉喷涌。人类发明的一切活动，只有服务于人的发展才是有生命力的。反之，则必将被扫进历史的“垃圾堆”。倘若球员成了足球运动的工具，足球则成了支配人的主宰，也就失去了发展的意义。倘若球员成了背负着功利、胜负的机器，那他们就不可能让自己的天赋与技能于足球运动中开放出最绚丽的花朵。

超越了胜负，摆脱了功利束缚的球员或团队，才可能达到“从心所欲不逾矩”的境界，让自己的生命于有限的足球生涯中更动人、迷人、感人地绽放，让团队的价值于集体的创造之中放射出崇高、美丽、神圣的光芒。

失败之美

不以成败论英雄，这是司马迁的历史观与人生观。谁都想赢得胜利，失败则不可避免。有些失败是耻辱的，而有些失败则是美丽的。不是所有的失败都美，有美感的失败才能成就美。这种美是一种崇高的美，一种凄凉的美，一种悲壮的美！如项羽乌江一刎，让世人千古咏颂，永世不忘。

想想看，为什么取得杰出成就的作家大多是悲剧作家？人们为什么喜欢悲剧？失败、痛苦，甚至悲惨命运难道可以转化为快乐吗？思考与研究这些问题，对于有胜利必有失败相伴、有喜悦必有痛苦随行的足球比赛来说，是十分必要的、相当有意义的。

悲剧理论认为，所谓悲剧性就是指人们对死亡、苦难和压力的抗争本性。悲剧主人翁具有强烈的自我保护和维护独立人格的欲望，面对困难、困境显示出强烈的不可遏制的抗争动机，并能按自己的意志去付诸行动，即使命运使他陷入苦难、苦海或毁灭的境况之中，他也决不退让、退缩，坚决反击、反抗，“虽九死其犹未悔”。

悲剧中引起人们共鸣与快感的，不是死亡、失败与灾难，而是反抗。没有对灾难的反抗，就没有悲剧。足球比赛具备了悲剧性的基本条件。双方对胜利的追求，互为对方制造了压迫、威胁与困难，一方的胜利则必为另一方的灾难。一方先进球，则必定是另一方的挫折与失利；一方控制了场上局面，占据了主动，对另一方就是磨难与困境。如果被动一方在实力落后或比分落后，甚至在败局已定的情况下，仍然保持永不放弃的求胜欲望、展现出旺盛的生命力，发挥出自我与团队的最大潜能，也就是说显示出超常的抗争意识和坚毅的行动意志，使比赛过程变得让人既紧张、焦虑、恐惧，又满怀期望，就往往会伴随着因洋溢的生命与紧张的活动而起的莫名其妙的快感。被动的一方虽然最终并没有挣脱失败的命运，却与对手一道创造了一幕伟大的悲剧。身体的力量失败了，精神力量却获得了胜利。

职业足球比赛，双方致力于创造的是一种精神产品，胜负只是一个自然的结局，只是这种精神产品的外在表现或一个构成要素。从这个意义上说，弱势的一方表现出了超强的抗争精神，呈现出无所畏惧的英雄气概，虽输掉了比赛，却创作出了崇高与悲壮的美感，创造出了足球艺术的经典。这是比赛双方的胜利，是整个比赛的成功。每个人心中都有一颗神性的火种，它拒绝我们自甘失败，点燃我们冒险的激情。而抗争的勇气，冒险的精神，坚强的意志，就是一种崇高的英雄气概，它能够唤起人们的惊奇感和赞美心，引发人们对不幸结局的怜悯与同情，勾出人们被不祥命运束缚的悲凉情调。如晚霞一般十分壮丽又有几分伤感。

胜利者也可创造崇高感，但那不是悲剧的崇高感。使悲剧的崇高感区别于其他形式的崇高感的独特性是什么呢？无论情节多么可怕的悲剧，其中总隐含着一种柔情，总有一点使人们心动的东西，让人们对结局的灾难感到惋惜，并同时产生一种令人鼓舞、让人振奋的力量。悲剧总有一种英雄主义的壮丽色彩。

足球比赛中饱含着爱与恨的奇妙情感，以及悲与欢的不寻常的混合状态。一场足球比赛就是一幕戏剧，演绎的是人生中面临的多种可能性，却并不是现实生活。痛感和快感都不是恒定的，它们都随着我们的兴趣和态度不断改变。如果我们追求美感足球，我们的比赛就是没有失败者的，它成就所有的参与者。而功利足球只有获利者，没有胜利者。它成就不了任何人。比赛就要有胜负。足球比赛当然不能少了失败。失败与失败是不同的。有些失败是丑陋的，是让人诟病的；有些失败是美感的，是让人铭记的。正如震撼人心的艺术杰作基本是悲剧一样，能给人留下深刻记忆与美好回忆的比赛，大多具有悲剧性。

荷兰足球带来了世界足球的风格之殇。性感华丽、浪漫奔放却又一次次与梦想擦肩而过。世界上有许多世界冠军，却只有一个“无冕之王”，那就是荷兰。荷兰足球的悲剧之美，一如项羽的乌江之刎，让后人咏叹、吟唱。足球的礼赞，并不仅是英雄与胜者的奖杯和鲜花，失利者激情的创造、信仰的执着、悲伤的泪水更能够让人持久回味。荷兰足球之美正是在于其给球迷留下一个个充满遗憾的美好时段。当年华似水流过，光荣尘封于历史，人们记忆的“水龙头”开启之后，率先走出来的总是荷兰足球那些令人刻骨铭心的历历往事。范巴斯滕、里杰卡尔德和古利特三剑客时代的全攻全守，博格坎普、克鲁伊维特以及德波尔兄弟等黄金一代的攻势足球，范巴斯滕带领的那支横扫意法的疯狂荷兰。克鲁伊夫在接受欧足联官方网站采访时谈到荷兰足球：“荷兰队在 20 世纪 70 年代改变了那种意大利式防守风格的传统。球迷应该能够从中获得快乐，享受一段梦幻般的时光。我代表了那个时代，它证明有吸引力的足球是有趣和成功的。令我更高兴的是范巴斯滕、里杰卡尔德这样的教练会把攻势足球坚持下去！”

时尚之美

贝克汉姆一直引领着足球界的时尚，从他的言谈举止、衣着发型，到日常生活、踢球风格都引起了人们的关注。他对国家的真情，对足球的热情，对家庭的温情，使他成为世界球迷的偶像。“小贝风”席卷全球，使得越来越多的人在享受足球乐趣的同时，也体会到时尚的魅力，感受着足球产业高速发展给社会带来的新鲜感。

时尚作为足球的思考语言，足球作为时尚的传播载体，两者有着共通的艺术形式。它们都是视觉艺术，都需要理性与激情的“混搭”，都需要浪漫与现实的“交配”，都需要数学、物理学等学理的支撑。

足球与时尚结下情缘，起于 1990 年的“意大利之夏”。那一年，“足球宝贝”闪亮登场；那一年，足球转播收视率创下历史纪录；那一年，美女靓装交相辉映的开幕式永成经典；那一年，世界杯开幕式主题曲《意大利之夏》风靡全球。从那一年起，世界杯成为世界上最壮观最炫目的时尚 T 台；从那一年起，足球全方位地散发出了更加迷人的无穷魅力。

从此以后，世界经济步入全球化发展的黄金时期，世界流行文化掀起全球化的滚滚浪潮。足球运动在这股浪潮中可谓功不可没。足球以它世界通用语言的独特优势，与时尚、现代传播技术紧密结合，为世界经济文化，尤其是时尚文化的传播立下了汗马功劳。如今，足球早已不再是一个游戏、一项运动，它的外延正迅速扩大，成为大众的狂欢、时尚的舞台、潮流的引领、风气的前沿、经济的推手、文化的阵地、社会的桥梁和政治的助手。

足球已经成了时尚创作的源头活水及时尚戏水弄潮的不二选择。阿玛尼、D&G、LV、GUCCI、范思哲等品牌纷纷推出以足球为主题元素的时尚产品。而国际米兰的官方服装设计师比克博格则是一位狂热球迷，对他来说，足球永远是第一创作源泉。绿荫精神俨然成了时尚的崭新主题与“气象预报”。

足球运动员是新的时尚风向标，他们不同于电影明星，因为他们所演绎的是强壮的体魄和严明的纪律。时尚拥抱过的绿茵场才最具魅力，和时尚站在一起的球星才更加灿烂。

文化致胜致美

足球比赛是胜负结果重要还是创造的精神价值重要？现实似乎是“一胜遮百丑”。人们更愿意把赞美轻易地献给肮脏丑陋的胜利，而对美中不足的失利，更多的人习惯随意地“踏上一只脚”。胜者为王败者为寇，功利至上的足球比赛，坠入了残酷的权力斗争的逻辑之中。

但是，若要把目光转移到世界杯或欧洲杯的赛场上，当中国球迷与功利拉开了一段距离之后，人们更喜欢的是巴西、西班牙、阿根廷及荷兰足球，还有略带阴柔之美的葡萄牙足球。因为他们创造的足球更有内涵、更富美感。即使他们失败了，带给人们的也是一种美丽的忧伤。

不少人敢亮自己外在的丑，鲜有人敢亮自己内在的丑。以貌丑自嘲的人，其实大多意在衬托其内在的美。外在美，扰动人心；内在美，感动人心。外在的美，给人带来的是感官的愉悦，直观、快速，却难持久；内在的美，给人带来的是心灵的震撼，温暖、馨香，润心润肺。外在美与内在美的统一，则让人身心交融，通体舒畅，心驰神往。

“万古长空，一朝风月。”一场比赛的胜利或是一项赛事的冠军，不过是“一朝风月”。而经典比赛所创造出来的精神，则是“万古长空”，激励后人，光耀千秋。足球比赛是一种游戏，它靠胜负激发人们的斗志，调动人们的兴趣。足球比赛更是人的文化创造，演绎出来的是一种精神产品，反映出来的是人的知识、技能与品格。没有文化的军队是愚蠢的军队，没有文化的球队是践踏人类文明成果的球队。它可能取得一时的比赛胜果，但不可能从一个胜利走向另一个胜利，更不可能创造凝聚力量、鼓舞人心的精神产品。没有精神内涵与文化气质的比赛，是不可能征服人心的。

一场足球比赛的内涵，可以分为三个层次。一是球员直接呈现出来的体能、动作等硬实力，相当于一个人的身体。二是由教练、球员共同创造的技战术安排与调整等实力，相当于一个人的血肉及软组织。三是球员、教练所表现出来的智慧、意志、作风、形象等软实力，相当于一个人的大脑和灵魂。而第三个层面，是足球内涵的核心，居于统治地位，起着决定性作用。

一场高水平的足球比赛，不仅是人的运动、人的身体对抗，更有着人的神情、人的温度、人的风度与人的气度。穆里尼奥说，球队文化是基础。40 年前，一个教练只要有一盎司的智慧加一盎司的文化就足以掌控他的球员。但今天球员们更有文化，更聪明，要求更高了。现在如果一个教练只懂得足球，那他就是一个糟糕的教练。

瓜帅在接到重振巴萨的任务之时，就是从改造巴萨的文化入手的。他了解巴萨，深知巴萨糟糕的表现，不是因为实力，而是因为太厉害。他说："要记住，一个谦卑的人是不会失败的。这好比一筐苹果里面，有一个已经腐烂的苹果。如果不及时处理掉，就会危害整筐。"他先是亮出了球队的价值观：谦卑、团结、永不满足。之后又明确了自己的足球观：整体的"艺术足球"。于是，一个大牌被瓜帅打发走了，一个全新的巴萨"梦三王朝"建立了。巴萨成为世界艺术足球的引领者。

一个教练是如此，一名球员又何尝不是如此呢？文化让人知道更大的空间、更长的时间；文化让人掌握更多的智慧、更宽的路径。没有文化的阳光雨露，就没有足球的绿茵。足球只有根植于文化的土壤，才可能美丽绽放。

"不即不离"的距离之美

距离产生美。技战术成功的秘密在于距离的微妙调整。这样的话未必人人都理解，更不可能人人都相信。可事实就是，我们不能创造美及美感足球，皆源于我们丧失了与足球的距离感。

在摄影创作时，必须找到恰当的距离，才能摄出好的艺术作品。近一点或远一点，都会丢掉最美。当你欣赏一个人的时候，也需要一个适当的距离，太远了，你的情感装置启动不了，太近了，你的情感装置会进入饱和状态，都不利于美感体验的产生。所以说，恰当的距离产生美、创造美。

真正的艺术家，不是“愤青”，也不是俗夫，而是有入世情怀的闲云野鹤。“愤青”离生活太远，俗夫与生活过近。大艺术家身上的烟火气少，仿佛有超凡脱俗的气质。他们能够把事物摆在某种距离去观照，善于把自己调整到一种“不即不离”的状态。一方面能够从现实生活中跳出来，为灵性建立“空间站”；另一方面又不能脱尽生活，不让灵性失去关照对象。距离太远了，结果就是无法体验，不可理解；距离太近了，又不免让实用的动机束缚了美感。

大多数人会凝滞于物，逃不掉名缰利锁，自然是形为物役，灵性尽失。把利害看得太紧要、太切身，我和物之间就没了距离，美感与创造美的功能就被排挤掉了。

我们似乎不应该忘记，足球是一种娱乐活动，足球比赛是一项竞技运动，高水平的足球比赛也是一种艺术创造，观赏高水平的足球比赛也是一种美感体验。

中国的改革开放，让足球在这个有着 14 亿人口的国家获得了新生。那么多人开始关注你、喜欢你，希望你给他们带来快乐。遗憾的是，你庞大的“粉丝”群体中，却很少有人懂得欣赏你的美。你也和他们一样，把“胜负”“出线”看得太急迫、太切身，始终拉不开距离，因此你基本失去了创造美感足球的意识与能力。也因此，假、黑、赌、腐等丑恶的东西总是容易接近你、结交你，时不时地搅乱你的舞步。

比赛当然不能不求胜利。胜负与足球比赛而言，属于基本动力，而对美感足球的追求才是更优质的动力。如果拿运载火箭作比喻的话，求胜利就是一级火箭，求美感则是二、三级火箭。没有一级，火箭升不了空，只有一级，火箭跃不上更高的天空。

要创造美感的足球或是体验足球的美感，要让丑陋的中国足球化蛹为蝶，就需要与功利的、单纯胜负的足球拉开恰当的“距离”。“不即不离”是美感足球的一个理想状态。不知道你愿不愿意树立这样的理想。

创造公共文化精品

世间最大最美的是爱。人类文化的最终目标是弘扬爱。爱的实践离不开对真、善、美的追求与行动。

足球运动的起点与终点都是文化。足球比赛尤其是职业足球比赛，就是一种公共文化作品的激情创造。文化足球才能让中国足球走出给大众添黑、添丑、添烦、添乱、添堵的困境。文化足球才能让足球与足球人成为可爱的、美感的、有品位的，令人尊重与向往的。

何谓文化

“文化是一种包含精神价值和生活方式的生态共同体。它通过积累和引导，创建集体人格。”这是余秋雨先生的回答。这个回答比较精练，也比较贴近人的生活。

踢球是人们的一种生活方式，如何踢球，怎样参与足球比赛是人们精神价值观念的体现。足球比赛是最宏大的文化创作，也是最开放的文化课堂。足球比赛的根本任务是在足球参与者不断自我超越与集体超越的过程中，创造文化精品，培养一个城市、一个民族、一个国家的集体人格与审美习惯，成为提升大众生命品质与生活品位的载体与园地。足球担当起了这样的使命，就是足球的胜利。足球通过自己独特的语言方式，引导了健全的集体人格与精神价值的塑造，就是足球的成功。

要创造中国足球的鸿篇巨制，打造中国足球文化的经典工程，需要紧紧围绕文化的最终目标——普及爱与塑造集体人格来谋划与运作。就是要用足球语言，诠释中国人对真、善、美的热爱。用团队精神与足球风格，展现中国人的国民性格与价值追求。其背后的基础是，在中国足球运动中用足球语言书写真、善、美，传播真、善、美，提升大众的审美情趣，引领社会的潮流风尚。

一场足球比赛就是一部完整的文化作品。这部作品应在关于胜负的曲折情节中，通过每一个参与者创作能力、创造实践与技术特点、精神特质的生动演绎，讲述一个团队的精神追求与创造智慧，展现鲜明的人格特质。或者说，要通过足球语言诠释一个团队对足球比赛的理解与追求，对时代精神的理解与追求，对生命价值的理解与追求。让观赏者能够通过观赏比赛来丰富生命体验，收获生活感悟。

足球的“真善美”

用足球语言书写“真”，核心是以诚实的态度来比赛。“真”是最易又最难的。说它易，是因为“真”是自己能够把握的。说它难，是因为“真”是最需要勇气的。“真”是一个球员、一个团队人格品质的集中反映。

用足球语言书写“善”，核心是用友善之心来比赛。重点是落实“六个尊重”，即尊重自我、尊重伙伴、尊重对手、尊重球迷、尊重创造、尊重规则与礼仪。“善”是一个团队精神境界的集中体现。

用足球语言书写“美”，核心是以超越的追求来比赛。以创造美感的足球比赛产品为使命，于技术上超越，于战术上超越，于协作精神上超越。超越自我，超越历史，超越当下。中国文化中存在太多保守与封闭，几乎没有扩张与占领，如果没有对超越的执着，我们就只能重复挨打、失败与无奈。“美”是一个团队创作能力与精神价值的结晶。

一支职业球队，要于训练与比赛中，于日常管理与文化建设中，培育与诠释自己的“成功观”“胜负观”，建设自己的足球文化，塑造自己的品牌形象。让自己的俱乐部、球队与球员，成为有技术、有个性、有品位、有灵魂的生命体。

中国职业足球俱乐部、球队、球员有品行、有能力、有气度、有胸怀，中国足球才有前途。中国足球只有于中国文化的熏陶与创造中才能成长、成就，成长成中华龙，成就出中国范！

古老的中国足球

记不清是哪位法国诗人说过：只有平庸的心灵，才产生平庸的痛苦。足球带给国人的所有痛苦都是平庸的痛苦。因为我们的足球没有一颗高贵的心灵。足球是游戏，要胜负；足球更是艺术，要美感；足球是人类文化活动，要服务于人的发展。其核心是丰富人的精神家园。

中国足球所有问题的总病根，就是视足球为功利的面子的奴仆。人成了中国足球发展的工具，足球的屡战屡败则成了中国人平庸的烦恼。

足球运动是球员、教练等团队成员的本质力量通过足球实现“对象化”的实践活动。什么是团队的本质力量？它是团队成员的体力和脑力置于社会关系中的总和，是个人蕴含的力量团队化、社会化后所产生的综合力量。什么是“对象化”，就是自身本质的力量，不断从自身外化，不断向对象（足球比赛）转移，最终在对象中凝结。足球运动就是把教练、球员等参与者的智慧、能力充分地愉悦地转移到足球比赛这个产品上来。这个团队的本质力量通过足球“对象化”的过程创造了美，显现了美。反过来，这个过程又充实提升了团队成员的本质力量，促进了人之文化价值的再造与人格的升华。

拯救中国足球首先要做的就是“救人”。所谓“救人”就是在中国足球领域开展一场深刻的“拨乱反正”，把长期被颠倒了的“足球与人”的关系颠倒过来，让足球真正成为服务于人的全面自由发展的工具。通过建设足球运动场所，提供足球运动服务，培育足球文化，来锻炼人、教育人、发展人，让绿茵场成了养育人们心身美、心智美、心灵美的“百花园”与“三味书屋”。

要拯救中国足球，就要把人的自由全面发展落实到足球改革发展的实践之中。真正以此为指导思想来谋划足球改革大计，构建足球发展规划，改造足球发展体制，完善足球发展机制，培育足球市场体系，健全足球发展规则，营造足球发展环境，提高中国足球的组织力、学习力、创造力。而不是像过去和现在这样，以“出线”为根本任务，总是临时抱佛脚地来操纵中国足球。

中国人从来就不缺智慧。只要给中国足球一个人文空间，让足球服务于人的自由全面发展，中国足球一定能够像洛兹在《小宇宙论》中所描述的那样："把我们的生命与刚刚绽开的嫩芽的生命等同起来，在我们的灵魂里感到轻柔地悬在半空中的枝条那种喜悦。"

中国是古老足球的发源地，中国人有能力建设强盛的中国足球，有责任为世界足球运动做出新的贡献。勤劳智慧的中国人应该有这样的自信与自觉。加油，我古老的中国！加油，我古老的中国足球！

第三章 舞者梅西

第二个马拉多纳

1987 年 6 月 24 日，“小跳蚤”梅西喜降人间。这一天，也是足坛巨星里克尔梅的 9 岁生日。

1997 年 10 月 25 日下午，阿根廷上空的天，愁眉苦脸，一副债务危机的样子。此时，阿根廷首都布宜诺斯艾利斯的纪念碑体育场，人声鼎沸。7 万名球迷正在观看博卡青年队与河床队的比赛。几乎没有人会想到，足球天才、一代球王、阿根廷足球领袖级人物马拉多纳会被一个 19 岁的青年里克尔梅替换下场，更没有人想到这一刻是一代球王告别绿茵赛场的历史节点。就在这场比赛后，马拉多纳第八次宣布自己退役，这是他二十多年的足球生涯中第八次，也是最后一次宣布终结自己的球员生涯。

这个下午的阴云，在阿根廷足球的天空徘徊了十年，时浓时淡，似晴还阴，阳光始终不肯灿烂，笑容总是若隐若现。

长江后浪推前浪，并非一浪更比一浪强。马拉多纳这一“浪”，实在太高了！与他同时期的“众浪”涌不出头，“后浪”也过不了他的肩膀。哗哗的浪声，汇成了阿根廷人无奈叹息的涛声。阿根廷人觉得马拉多纳把所有阿根廷人的足球天赋都占光了，阿根廷时代过去了，不会再有第二个马拉多纳了。

阿根廷人很郁闷。但郁闷归郁闷，阿根廷人对足球的热情依旧。梅西热爱足球，他的父亲并没有因为阿根廷国家的战绩欠佳，而让儿子放弃足球。阿根廷因此有了国家历史上第一位世界足球先生。

国家级的天才需要父母的优秀基因，世界级的天才还需要民族的优秀基因。

梅西居住在阿根廷的罗萨里奥。在这里，足球是孩子们最钟爱的玩具。踢球是孩子们最喜欢的游戏，梅西当然也不例外。5 岁的时候，梅西身上就冒出了足球天赋的嫩芽。7 岁时，梅西就踢进了纽维尔老男孩俱乐部，成了其中的佼佼者，并且深受阿根廷老牌劲旅河床队的青睐，他们三番五次想把梅西招入自己的俱乐部中。在赞美声中，小梅西与足球一起快乐地成长着。

与同龄人相比，梅西显得矮小瘦弱。由于家境贫寒，一直以来，大家都觉得梅西的身体懒得生长，是因为营养不良，待遇不好而闹情绪。等到年龄再大一些，自然就会长高。这样的例子并不少见。可是，到了 11 岁时，梅西的身高还是停留在一米四。梅西的身高这么长时间地“按兵不动”，球队有些着急了，于是安排梅西到医院进行检查。一周后，梅西在父亲的陪同下，到医院领取检查结果。

医生看着瘦弱的梅西，心情沉重地拿出了检查报告。医生诊断的结论是：在梅西 10 岁时，身体已经停止了生长。因为他患有缺乏生长激素的侏儒症。这意味着一米四的身高，将是梅西终生的峰值。也意味着，梅西成为职业球员的梦想不可能变成现实。梅西碰上了童年第一个晴天霹雳。

上帝是公平的，也是残忍的。他老人家并不天天都播撒微笑。老人家给了梅西足球天赋，却扣留了梅西的“生长激素”。

父爱与希望

那一天，豪尔赫和梅西走出医院。父子俩并排走在阿根廷寒冷的大街上，面无表情，步履沉重。

医生给这对父子留下了一丝希望：“梅西的侏儒症也许可以医治，方法是定期注射生长激素。”

豪尔赫喜出望外，急切地问：“注射生长激素需要多少钱呢？”

“每月大约 1000 美元。”

医生的回答让豪尔赫再次全身冰凉，冰得肠胃都开始痉挛，凉得心痛。每月 1000 美元的治疗费，对这个家庭来说是一笔无法承受的巨额开支。

溺水的人，哪怕抓到一根稻草，都会当作救命的舢板，绝不放手。此时，豪尔赫想到了俱乐部，他对梅西说：“你放心，只要球队愿意出三分之二的费用，剩下的爸爸会解决的。”

然而，纽维尔老男孩俱乐部不肯为梅西“大出血”。这是一家财力并不雄厚的俱乐部，他们没有意愿或是没有能力陪同梅西一道去赌明天。

在梅西成名之后，纽维尔老男孩俱乐部还曾经拒绝为梅西出具国际转会证明，致使梅西有一段时间在巴萨无法参与正式比赛。他们说俱乐部曾为梅西提供医疗费用，认为俱乐部对梅西的成长有贡献，抱怨梅西父子不辞而别，对俱乐部没有丝毫感激之情。而豪尔赫说，是经济危机和纽维尔老男孩俱乐部的袖手旁观，让他不得不带着儿子离开阿根廷，投奔巴塞罗那。当然，这是后话。

豪尔赫看着瘦小的梅西，心如刀割。他知道儿子的病源于营养不良，觉得自己这个父亲没有尽到应尽的责任。他一边自责，一边下定了决心，即使千难万难，也要全力治好梅西的病，哪怕只有一丝希望，也要想方设法圆梅西的足球梦。

豪尔赫求亲戚、找朋友，四处借钱。不幸的是，当时正是阿根廷深陷经济危机，他们在阿根廷的亲戚朋友原本就少，有限的资助对梅西的高额医疗费来说不过是杯水车薪。

面对四处奔波无果的父亲，小梅西含着眼泪咬着牙说：“爸爸，别再求人了。我，不踢球了！”

豪尔赫故作轻松地说：“没关系，总会有办法的。你会是最出色的，你会让爸爸骄傲的！”

离开梅西，豪尔赫流泪了，一滴一滴，滴落在地上，也滴落在心里，又苦又咸，心一阵阵地疼痛。“如果不找到新的钱路，梅西这辈子就毁了。”

钱可以左右人的命运。没钱的时候，钱是人的命；钱多的时候，钱要人的命。

豪门巴萨

天无绝人之路。命运之神在给了梅西当头一棒后，又给了梅西一线光明。

图尔尼尼，一个长年在南美为巴萨物色小球员的球探为梅西的足球生涯带来了转机。靠着他的职业信誉，以及上上下下的反复游说，巴萨接受了“在梅西身上赌一把”的想法。

赌一把，对于豪门巴萨来说或许算不了什么大事，但对豪尔赫来说就不同了。豪尔赫清楚，去巴萨是拯救梅西的唯一希望。可是梅西去巴萨不单要学习踢球，还需要治病。如果让梅西一个人去西班牙，成功的可能性就小了很多。如果他陪同梅西去西班牙，就得放弃在阿根廷的生意，远离家乡与家庭。如此一来，一旦梅西的西班牙之行失败，这个原本贫困的家庭将雪上加霜。

豪尔赫犹豫不定，便问梅西有什么想法。梅西沉默许久，缓慢却坚定地蹦出四个字：“我想踢球！”但他不想让父亲为难，随后又说：“爸爸，我听你的。”

2000 年 9 月，梅西终于等到了巴萨俱乐部邀请他前去试训的通知。父子俩登上了前往西班牙的飞机。在漫长的空中飞行中，豪尔赫忧心忡忡。小梅西理解父亲的心情，懂事地对他说：“爸爸，你放心吧！我一定会赢的。你不是说在乙级队踢球也可以赚钱吗？”豪尔赫微笑着点点头。一路上，豪尔赫在心里不停地祈祷。

巴萨俱乐部在 Rallye 酒店订了一个房间，安顿下远道而来的梅西父子，让他们等待俱乐部对梅西的考察。俱乐部先是对梅西进行了一系列的测试，但触球的机会并不多。过了两周，他们才让梅西打了一场比赛。时任巴萨技术主管的卡洛斯・雷克萨奇回忆说：“我们安排他打了一场比赛。我去了现场，刚刚不到 3 分钟，我就发现一个瘦弱的孩子踢得特别棒，速度比其他人要快一大截。不过只有足球天赋还不够，我们得确定梅西没有精神问题，确保不会他的家人一走，他就开始酗酒。”

2000 年 10 月的一个晚上，梅西父子被请到了巴萨总部附近的一家酒吧，忐忑不安地等待着雷克萨奇对梅西的“宣判”。豪尔赫神情紧张，手不停地敲击着桌子。如果儿子不能立即加入巴萨青训营，他和儿子就只能灰溜溜地返回阿根廷，更让他担心的是儿子能不能经受住这样的打击。终于雷克萨奇来了，告诉他们巴萨决定留下梅西。豪尔赫长长地舒了一口气。

梅西终于与巴萨签下了第一份工作合同，一份到 2012 年的长期合同。一个阿根廷的足球天才，就这样成了巴萨的财富，成了巴萨的骄傲，成了巴萨青训营的一个标志。

豪尔赫稍稍安下心来。但他的心病依然未除，那就是梅西到底能不能长高。他几乎每天都会量一量梅西的身高。每量一次，心里都会多一分沉重。在豪尔赫心里，世界上唯一不变的，就是梅西的身高。

巴萨可以挖掘梅西的足球天赋，但巴萨并没有神通来提升梅西的身高。梅西究竟能不能长高，无论是豪尔赫，还是巴萨俱乐部，都没有把握。在巴萨，人人都对梅西的球技赞不绝口，又经常有人充满怜惜与担心地说："这孩子不会成为侏儒吧？"

温暖的亲情

对儿子疾病的担忧，以及现实生活的压力，每时每刻都折磨着豪尔赫。他却要在梅西面前表现出乐观与坚强。他对梅西说："不用理会别人说什么，你一定会长高。爸爸坚信不疑。"由于梅西是未满 18 岁的外国人，不能代表巴萨打正式比赛，微薄的收入无法改善梅西的伙食，甚至不能维持基本的生活。豪尔赫只能靠打工赚钱。为了多赚钱改善梅西的生活，他找了三份工作。为阿根廷餐馆送牛肉，替人到菜市场挑海鲜，给搬家公司当小工。这些脏活、累活让曾经的小生意人豪尔赫的身心饱受折磨。

2008 年，豪尔赫在接受记者采访时说："我在做这些工作时，内心是煎熬的。不过，我依然很幸福。我觉得不是所有成功的儿子都会有一位为他分担、分忧的父亲，但是一位为儿子做出了巨大付出的父亲一定会换来什么。就算儿子没有成功，他也会有幸福的感受。即使这样，我们还是要感谢上帝，感谢所有昔日扶了我们一把的人。没有他们，我们可能还在徘徊。"

梅西有一位好父亲，还有一位好大哥。为了帮助梅西实现足球梦想，大哥罗德里格不仅放弃了学业，也放弃了自己的足球梦想，来到西班牙与父亲、弟弟一道共渡难关。在西班牙找一份工作并不容易。这个小伙子走上街头，发小广告，穿梭于大街小巷，替人送货，尽可能地多赚一点钱，给梅西补充营养。

豪尔赫与罗德里格天天都在祈祷：梅西，你要长高，你会长高的！

罗德里格也喜欢足球，但他觉得弟弟更有天赋，更需要帮助。他懂得作为大哥应有的责任。豪尔赫一家用行动证明：父亲是可以依靠的，大哥也是靠得住的，兄弟是可以相互依靠的，亲情是可以孕育奇迹的。梅西在亲情的温暖里，即将如旭日东升。

绝望与希望

世上最残忍的折磨不是绝望，而是于绝望中看到一丝希望；在希望中经受绝望。绝望与希望来回拉锯，使豪尔赫与梅西的心满是伤疤。

父亲的辛劳与哥哥的付出并没有感动上帝。梅西的生长激素缺乏症依然没有得到根本改善。这样的状况让梅西一家人再次陷入绝望。

梅西清楚自己身上的担子有多重。在巴萨拉玛西亚足球学校，梅西总是第一个到训练场，最后一个离开。每一脚球，他都会认真处理，每一个动作他都会反复练习。训练结束了，他到健身房里加练，努力让自己的身体强壮起来。梅西的球技飞快地增长，可他的身高却丝毫没有携手并进的意思。

这时，又一个人的出现给豪尔赫一家带来了信心。这个人就是神医伊格纳西奥。他对豪尔赫说："你儿子的发育不会有任何问题，但你必须为他补充营养。"

豪尔赫走进商店，看着琳琅满目的牛排、奶酪、火腿，止不住地摇头叹息。他不停地计算着可以支配的那点收入，养家的，为梅西支付医疗费的，怎么也算不出给梅西买一份"大餐"的余额。

只要有足够的营养，梅西就能长高。只要梅西长高，成功就会到来，生活就会改变。未来似乎触手可及，可对豪尔赫来说却是那么遥远。伊格纳西奥为豪尔赫做了一张香气诱人的"大饼"，而此时的豪尔赫却只能望饼充饥。

豪尔赫并不甘心。他要抓住这张"饼"，与梅西和家人共享美味。

豪尔赫逢人便打听有没有热量高、营养好又便宜的食品。他听人说豆类的营养丰富，但加工起来比较麻烦。豪尔赫不怕有麻烦，就怕没办法。他千方百计买来便宜的大豆，变着花样做给梅西吃。

“人为财死，鸟为食亡。”鸟因“缺衣少食”而自由飞翔，人因丰衣足食而体虚神亡。鸟语更多的时候比人声更欢畅。幸与不幸，是可以相互转化的。梅西的不幸，却成就了梅西一家人凝聚力量、激发潜能的“有幸”。

绿茵“小跳蚤”

梅西的聪慧、刻苦、懂事，打动了拉玛西亚的教练们。他们开始关心起这个聪慧懂事的小男孩。安东尼奥、鲁克、圣地亚哥等纷纷给梅西开“小灶”，教他足球技术，给他讲授足球知识，还常常把他带到家里去吃烧牛肉等美食，为他补充营养。

孤独的梅西这时也有了好朋友。清秀的小男生法布雷加斯对时常脸红的梅西由好奇到产生好感，与梅西结下亲如兄弟的友情。他主动和梅西聊天，带他一起玩电子游戏。之后，又教他如何同其他孩子融合到一起，让他尝试和大家交流。梅西不再孤独。

法布雷加斯也是一位天才球员。2003 年小法由巴萨转会阿森纳。16 岁零 177 天时，他代表阿森纳一队踢了正式比赛。16 岁零 212 天时，他成为俱乐部历史上最年轻的进球者；17 岁零 103 天，他又刷新了代表俱乐部出战英超的最低龄纪录。

2011 年，小法能够重回巴萨，梅西起了重要作用。好朋友，在一起，纵有红颜不能替，有钱还需有知己。当钱不是关键的时候，感情就成了关键。古龙曾说：“朋友就是朋友，绝没有任何事能代替，绝没有任何东西能形容——就是世界上所有的玫瑰，再加上世界上所有的花朵，也不能比拟友情的芬芳与美丽。”

从 2001 年开始，梅西有了时来运转的苗头。

2001—2002 赛季，梅西先是升入青年 A 队。在国王杯青年组决赛阶段中，打了 11 场比赛，攻入 18 球。2001 年 11 月开始，他同时在青年 A 队和巴萨 C

队参加比赛。当时，巴萨 C 队已经打了 14 场比赛，仅积 9 分，濒临降级。自从梅西加入后，巴萨 C 队的面貌立马焕然一新。10 场比赛，梅西贡献了 5 个进球，帮助球队完成保级目标。

2002—2003 赛季，梅西已经是八九点钟的太阳，初绽光芒。在这一年，梅西的身高增长到了 1.62 米，体重达到 55 公斤。虽然与 1.91 米的皮克相差悬殊，并且仍然是同龄球员中最矮的、最轻的，但这足以让梅西坚定飞翔的信念。梅西参加了两项锦标赛，参加了 30 场比赛进了 36 球。三次上演帽子戏法，一次独中四元。梅西被选入巴萨 B 队。至此，梅西创造了一个前无古人的奇迹：他在一年多的时间内，连升四级，从青年 B 队、青年 A 队，到巴萨 C 队和巴萨 B 队。距离自己的梦想——巴萨一队只有一步之遥。

梅西在青少年比赛中的优异表现，吸引了一个人的目光。这个人就是大名鼎鼎的弗兰克·里杰卡尔德。里杰卡尔德，一个足球领域的旷世英才。他是著名的“荷兰三剑客”之一，与古利特、范巴斯滕一起为 AC 米兰和荷兰国家队夺取众多锦标，收获无上荣耀。2000 年作为主教练带领东道主荷兰打进欧锦赛四强。2003 年，里杰卡尔德入主巴塞罗那，带领球队后来居上夺得亚军，随后两年巴萨成为西甲两连冠。2006 年，带领球队夺取欧洲冠军杯，登上欧罗巴之巅。

梅西的身体也在持续增长。到 2003 年，梅西有了 1.70 米的身高，一举摘掉了“侏儒”的帽子。

梅西像初升的太阳，冉冉升起，让人充满期待，也让人担忧。一个“小跳蚤”，在绿茵场到底能蹦跶多高？

一次机会

时光来到 2004 年 10 月 16 日。梅西 17 岁在奥林匹克体育场，也是西班牙人队的主场，巴萨将与西班牙人队进行同城“德比”。梅西首次进入比赛大名单。

一向不修边幅的豪尔赫穿上了崭新的西装，系上了一条蓝色领带，渴望能够给梅西带来好运。罗德里格招来了一大帮朋友，他们热切地期待着梅西在西甲联赛的首次亮相，祈祷上帝赐予梅西一个机会。比赛开始了，时间一分一秒地过去，80分钟了，里杰卡尔德似乎还没有换上梅西的意思，豪尔赫恨不得让时钟停下来。他再也沉不住气了，打电话给《每日体育》的一名记者，对方安慰他再耐心等待，梅西会有上场机会的。又过了漫长的3分钟，属于梅西的舞台大幕拉开了。里杰卡尔德用梅西换下了葡萄牙球星德科。这一刻，豪尔赫哭了，罗德里格哭了，父子俩流下了酸楚与喜悦交织的泪水。这是一个让豪尔赫一家终生难忘的日子，一个足坛巨星开始升空的日子。梅西的出场时间虽然很短，也让他难有耀眼的表现，却是他足球生涯的一个重要标志，一个崭新的起点，一次最给力的激励。

远离家乡的梅西，重新听到了故乡的召唤。2004年6月29日，梅西第一次代表阿根廷青年队出战与巴拉圭的比赛，球队以8比0的比分战胜对手。南美青年锦标赛，梅西首发出战秘鲁。他在这项赛事中攻入5球，是二号射手。2005年荷兰世青赛，梅西成为绝对主力。1/4决赛，阿根廷对阵上届世青赛亚军西班牙。梅西贡献了一个进球和一次助攻，球队以3比1的比分战胜对手。半决赛的对手是世界劲旅巴西。梅西梅开二度，淘汰对手。决赛对阵尼日利亚，梅西制造了一个点球并罚进点球，带领球队登上冠军的领奖台。梅西赢得最佳球员和最佳射手两项大奖，在意大利体育报纸《全体育》组织的“金童奖”评选中，梅西以压倒性的优势击败鲁尼当选2005年度的欧洲最佳新秀，由此步入国际足坛的一线球星的行列。

梅西在世界足坛崭露头角，但在巴萨，他的光芒依然被一颗正午的太阳遮蔽着。罗纳尔迪尼奥在巴萨如日中天。2004年，梅西只是偶尔被征调到一队。巴萨因罗纳尔迪尼奥的加盟开始崛起。2004—2005赛季，罗纳尔迪尼奥率领巴萨横扫西甲，拿到冠军奖杯。2005—2006赛季，巴萨更加势不可当，蝉联西甲冠军。并且在欧冠决赛中战胜阿森纳夺冠。

里杰卡尔德时期的巴萨是属于罗纳尔迪尼奥的巴萨。梅西在里杰卡尔德眼里，还是一个需要关爱、需要照顾的“玻璃人”。

永不落的友爱

万物生长靠太阳，友爱就是永不落的太阳，给人温暖、给人能量。麦子在灌浆的时期，有没有明媚的阳光，收获大不一样。人在“灌浆”的时期，也是同样。罗纳尔迪尼奥的光芒曾经给了处于“灌浆”期的梅西以成长的智慧与力量。

罗纳尔迪尼奥，人称“小罗”，1980 年 3 月 21 日出生于巴西阿雷格里港，擅打中场及前锋。2004—2005 赛季，是罗纳尔迪尼奥大丰收的一个赛季。国际职业足球运动员协会年度世界最佳十一人、欧洲足联年度最佳阵容、欧洲足联俱乐部足球奖最佳前锋、金球奖、世界足球先生等众多国际足坛顶级荣誉纷纷落入囊中。他两次当选世界足球先生，多次入选世界最佳 11 人。各种各样的顶级荣誉，一一欢蹦乱跳地和小罗拥抱。

2003 年 7 月 19 日，罗纳尔迪尼奥以 2700 万欧元转会费转入巴塞罗那俱乐部，并开启了巴萨的“小罗”时代。

一次，罗纳尔迪尼奥到小体育场观看巴萨 B 队的训练比赛，对小个子梅西的精彩表现很是欣赏。梅西走出赛场时，罗纳尔迪尼奥对他说：“嘿，你真不赖！”面对巨星的热情鼓励，梅西只是报以羞涩的微笑。他想走近小罗，腿却不听使唤。他想与小罗说话，又不知说什么。

有时候，见到一个人，便感觉到总有一天会与他发生某种联系，这或许就是人们说的缘分。罗纳尔迪尼奥一见到梅西，就有了这样的感觉。

不久之后，两人在到票务所为朋友购买球票时再次相遇。依然是罗纳尔迪尼奥先向梅西打招呼：“嘿，是你啊！你就是那个足球小天才吧？我记得我足球生涯第一个值得一提的成就是我 6 岁时在一场比赛中进了 23 个球。”

梅西被逗乐了，终于鼓起了勇气，他说：“是吗？我小时候有场比赛把颧骨撞碎了，还进了两个球呢。”

罗纳尔迪尼奥也乐了，他拍着梅西的肩膀说：“我知道那场比赛，你小子有种。”

他们之间的距离一下子就拉近了，友谊的种子吧嗒一声钻进了各自的心田，噌噌地生长。

“他是我的小弟弟。”罗纳尔迪尼奥经常这样向他的朋友们介绍梅西。罗纳尔迪尼奥像亲哥哥一样关爱梅西，他爱惜这位懂事的天才少年，知道孤独而敏感的梅西需要友谊与信任。

身体的疾病，远离家乡与玩伴，对前途与命运的担忧与恐惧，使得梅西比一般的青少年更加敏感与孤独。他对未来充满渴望，比任何人都需要他人的认可与信任；但又极度封闭、极其坚韧。他在人际交往中很难主动迈出第一步。受到关注对梅西的精神世界来说，比“生长激素”更为重要。而领袖级的罗纳尔迪尼奥对他的关注与友爱，则能够让他增加自信，给他带来内心的快乐以及对未来的美妙幻想。

一个当时世界顶尖的球员，却对自己这样一个刚升入一队的小孩子以兄弟相称；一个巴西人，却对自己这样一个阿根廷小矮人充分信任，并且毫无保留地把足球技巧传授给自己。这让梅西十分感动，也增添了信心。那时，梅西怎么也没有想到，自己会那么快地取代大哥哥罗纳尔迪尼奥在球队的中心位置。

非常故事

非常之人，有非常之举，成非常之事。梅西与小罗都是非常之人。他们有不同的非常之举，演绎着不同的非常故事。

小罗不断追求成功又不断放弃，梅西则坚守自己的信念并持续努力。小罗的运行轨迹是一个正弦波，上弦波是他的足球故事，下弦波是他的生活故事。到目前为止，梅西的运行轨迹更像一个楼梯，他在不停地扩展着这个楼梯向上的台阶。

小罗也是足球的舞者，一个能够将艺术足球和实用足球完美结合在一起的大师。小罗的足球，证明了实用与美并不必然冲突。比赛中的罗纳尔迪尼奥，始终带着自信的微笑，不经意间将独特视野、如神妙传、魔术般的带球突破，以及“花式”射门等艺术化地交替呈现。小罗的经典比赛就是一台综艺晚会，让球迷迷醉。他像一位艺术家在舞台上轻松自如，总能感染着自己的队友，使他们能够在相对轻松自由的氛围中肆意地释放才华，弑杀对手于无形。他标志性的过人动作“牛尾巴”，堪称惊艳华丽。这个用脚踝来回拨球的动作，如手控球一般自如，充分展现了他对球的掌控能力和自身的协调性。这个跳着桑巴舞的足球精灵，“牛尾巴”是他的“招牌菜”，而踩单车、挑球过人等技术也是样样拿手。足球像跟随他的一轮圆月，似有还无，对手不知怎样才能断下。而他的变向过人，让对手防不胜防，让人眼花缭乱。

小罗像一个侠客，带刀走天涯，哪里有不平哪里就有他。当年巴萨被皇马压制，他和巴萨拿下皇马，然后收刀而去；意大利电话门事件后，米兰元气大伤，他来到圣西罗，同“红黑军团”重整山河，当米兰云开日出，他又收拾行囊再启程。冥冥之中，他似乎总是在扮演着拯救者的角色，于艰难中体现自身的价值，愿意共患难，多于同享乐。或许挑战与刺激才能激发他的才华，苦与乐的交替才是他的生活享受。或许挽大厦于将倾，才是对他来说有意思、有风景的一种人生道路。

2008 年，曾经风华绝代、如梦似幻的巴萨“梦二王朝”终于彻底坍塌。巴萨跌入了低谷，每到这样的时候，就是清算教练与球员的时候。小罗的私生活也就必然地成了球队的“公共事务”，屡屡受到指责。终于，说再见的时刻到了。小罗那魔幻的舞步，天马行空的传球，石破天惊的射门都化为如烟往事；德科那销魂的折射，永不停止的奔跑自此只能成为晚风的记忆。此刻，梅西只能眼睁睁地看着最亲密的兄长们一个个远去，看着自己的恩师黯然下课，看着自己最骄傲的球队从神坛跌落尘埃，一段神话无奈地画上了苍凉悲伤的句号。

花无百日红，水满则溢，月圆则亏，一支球队的发展与这些自然规律一样不可避免吗？有了思想、有了觉解的人，有办法让自己、让团队破解这个难题吗？

乘势起飞

小罗迷失的两年，恰恰成了梅西起飞的两年。在经历了 2006 年的挫折之后，伤愈复出的梅西重新起航。

梅西开始了一连串惊人的表演。2007 年 3 月 11 日，梅西在西甲赛场上秀出第一个帽子戏法。在巴萨的主场，少一人的巴萨靠着梅西以 3 比 3 的比分逼平皇马。2006—2007 赛季，梅西在 26 场比赛中攻入 14 球。

2007 年美洲杯，梅西表现出色。他们一路杀入半决赛，最后惜败巴西。也正是因为这项赛事，阿根廷人对梅西有了更多期望，也自此埋下了失望的种子。

2007—2008 赛季，梅西凭借其优异的表现，荣获金球奖第三名和世界足球先生第二名。这一年，梅西只有 20 岁。这样的年龄，大多数职业球员还鲜有踢上职业比赛的机会。

2007 年 4 月 18 日，巴萨在国王杯半决赛首轮迎战赫塔菲。比赛来到第 28 分钟，巴萨的德科后场断球交给哈维，哈维斜传给中线左路的梅西。梅西在得球的瞬间灵巧地躲过纳乔的铲断，左脚一拨，晃过扑过来阻截的帕雷德斯，突然加速将其甩在身后，带球直扑对方禁区前沿。面对铲抢的中卫贝伦格尔，梅西一个果断变向，化险为夷，随即巧妙一扣，摆脱了补防的阿莱克斯，杀入禁区。紧接着又晃倒了弃门而出的门将加西亚，抢在追上来补防的另一名后卫科尔斯特侧后方倒地解围之前，右脚向外侧一扣，小角度推射，足球舒舒服服地进入空门。

这个进球，梅西长途奔袭 60 多米，触球 13 次，连过 6 人，仅用时 11 秒。这个进球同 1986 年马拉多纳在世界杯上的“世纪最佳进球”异曲同工。从此，诺坎普球场时时叫响着一个名字：梅西！从此，梅西的名字响彻世界。

梅西异军突起，而巴萨却在以同样的速度滑落。

时势造英雄

2006 年以后，巴萨陷入巨大的动荡之中，没有人能看清前路，找到方向。这正是呼唤英雄的时刻，这是蛟龙出水的时刻，这是金子闪光的时刻。瓜迪奥拉应运而生。

2008 年 6 月 14 日，瓜迪奥拉接过了里杰卡尔德的教鞭。瓜迪奥拉并非“菜鸟”。他是巴萨拉玛西亚青训营第一批高才生，早期效力巴萨，担任队长。后加盟布雷西亚、罗马、阿赫里、迪圣拉诺亚等球队。退役后，任巴萨二队教练。尽管瓜帅得到了巴萨元老克鲁伊夫的力挺，尽管他曾经是巴萨“梦一王朝”的队长，但仍然有不少人会对这个只执教过巴萨二队的主帅持怀疑态度。

梅西的机会来了。梅西的为人正符合瓜帅的价值观，梅西的足球风格也同样符合瓜帅的足球观。

皇马球星拉莫斯说：“梅西的那个进球和马拉多纳的进球很像，都值得我们好好欣赏，这是只有高水平球员才能完成的进球。这样的进球一辈子也看不到几个。”媒体则亲切地称梅西为“梅拉多纳”“新马拉多纳”。而梅西在接受《每日体育报》的专访时说：“我当时并没有想到怎样进球，首先想的是往前冲，躲过了后卫的防守后，我就找到了一个突破的空间。事后我才意识到这个进球和马拉多纳的进球有点像，但我认为那是个不同的进球。不过，马拉多纳是永远无法超越的，他在我眼里像神一样，而我还得继续进步，我要做的就是让诺坎普的球迷高兴。”

在瓜帅的领导下，梅西与队友一起展翅高飞。2008—2009 赛季，梅西全年在各项赛事中攻入 38 球，助攻 18 次。年底被评为 2008 年度欧洲银球奖，世界足球先生第二名。

21 岁的梅西，已经是世界足坛光芒万丈的太阳。这样的成就偶尔会让他满足，心里有了许多惬意，并生出一些杂念。一个年轻的生命，承受不了太多的痛苦，也承受不起太多的荣耀。不过梅西和一般的青年不同，他特殊的成长经历，让责任融入了他的血液里、骨髓里。“我能够踢球是一个奇迹，我也没有忘记自己曾经有过怎样的绝望与困难，如果没有球队的帮助，不是爸爸和哥哥的拼命努力，如果我的身体真的停滞不前，那么，你们不会看到我的任何表现！”梅西的话发自肺腑。

梅西与父亲更深入地讨论足球，商量如何更全面地提升自己的能力。他知道自己没有马拉多纳那样强壮，没有 C 罗那样近乎完美的身体，但他绝不因此局限自己。他们已经把许多不可能变成了现实，因此也就可以把新的不可能变成新的现实。他们开始研究如何让梅西的右脚与左脚比翼齐飞，琢磨如何让梅西的头也成为战斗的武器。

北京时间 2009 年 5 月 14 日，巴萨以 4 比 1 的比分战胜毕尔巴鄂竞技队，夺取了巴萨这个赛季的首个冠军——西班牙国王杯。梅西以 6 个进球荣膺国王杯最佳射手。5 月 17 日，皇马客场负于比利亚雷亚尔，巴萨提前三轮锁定西甲联赛冠军。梅西为巴萨攻入 23 球，助攻 11 次。随后，巴萨在欧洲冠军联赛中杀入决赛。

决赛的对手是鼎鼎大名的英超球队——曼联。双方备战期间，《世界体育报》在一篇报道中说："巴萨已经为决赛准备了秘密武器，这个秘密武器不是在左后卫人选上有什么奇兵，而是梅西的头球。"梅西的队友则警告对手说："你们得小心了！他的头球练习得相当不错，我感觉他的头球就像铁锤一样有力。"

世界足球先生

"没有什么不可能！"这话激励了很多热血青年。没有持之以恒的付出，就可能什么都没有。持之以恒地提升并完善自己，这样的品质只属于少数人，大多数没有可能。所以，能够把"不可能"变为现实的人是个别的。

谁也不知道梅西能够把多少"不可能"变为可能，能够把多少"可能"变成现实。

巴萨的体能教练胡安霍说，一旦梅西在重大比赛中用头把球送进对方球门，他在头球方面对 C 罗的劣势就会缩小。除了球队的成绩外，梅西还需要在全面性上与 C 罗较量。很显然，在 2008 年输给更加全面的 C 罗而无法赢得大奖后，梅西已经憋足了一口气要拿下金球奖。梅西心里永远装着更高的目标。

北京时间 2009 年 5 月 28 日，决赛在罗马的奥林匹克球场打响。开场仅 10 分钟，埃托奥就为球队首开纪录。凭借这粒进球，巴萨带着 1 比 0 的比分优势进入下半场。

比赛进入胶着状态。0 比 0 的比分易产生懈怠，1 比 0 的比分则容易诞生"胶带"，不敢放松与不甘心失败，易让双方纠缠在一起。2 比 0 的比分易创造精彩，落后的一方放开了，要么是扳平或反超，要么是球门再次被洞穿，一般是一场过瘾的比赛。打破胶着一般靠三个途径：一个是球星，一个是运气，一个是教练妙手换人。

在胶着之中，时间一分一秒地走过。终于到了第70分钟，哈维的任意球击中门柱。击中门柱这种情况，一般会带来两种截然相反的状况：一种是打击了本方球员的士气，警醒了对方球员，没等本方球员走出懊恼，对方就进球了；另一种是激发出本方球员的斗志，使他们看到了进球的希望。而后一种往往发生在有极高素养的球队身上。

巴萨就属于后一种。就在哈维击中门柱不久，这个巴萨的中场发动机再次发威，他沿右路突破后，起脚妙传，足球超越了费尔南德斯的头顶，梅西在后点距球门6米处，来了一个美丽的头球吊射，将球送入球门远角，2比0。曼联如梦方醒，开始疯狂反扑，但为时已晚，巴萨把这个比分保持到了终场。

战胜曼联，梅西收获了本届欧冠的射手王，也收获了这个赛季的第三个冠军。

瓜帅的帅旗迎风招展，梅西则手持利剑所向披靡。接下来，梅西又和队友们拿下了三个冠军，成就了神奇的“六冠王”。这六项冠军分别是：世俱杯冠军、西班牙国王杯冠军、西甲联赛冠军、欧冠联赛冠军、西班牙超级杯冠军、欧洲超级杯冠军。

梅西则收获了满满“一箩筐”超级荣誉：2008—2009西班牙国王杯金靴奖，2008—2009欧洲冠军联赛金靴奖，2008—2009赛季西甲最佳外籍球员，2008—2009第二届迪斯蒂法诺杯得主，2008—2009年度拉美最佳运动员奖，2008—2009赛季欧洲冠军联赛最佳前锋，2008—2009赛季欧洲冠军联赛最佳球员，2008—2009赛季西甲联赛最佳球员，2008—2009赛季西甲联赛最佳前锋，2009年欧洲金球奖，2009年世界足球先生。

有多少欢笑就有多少痛苦，有多少成长就必定要经受多少磨难。梅西的成长远没有结束，磨难自然还要与他纠缠。梅西成就了巴萨的“六冠王”，成了巴萨的英雄，却陷入了自己的祖国——阿根廷的批评与声讨之中。

“全民公敌”

世俱杯决赛，巴萨遇上了阿根廷冠军拉普拉塔大学生队。在阿根廷，拉普拉塔大学生队的号召力远胜于梅西。

决赛打得相当艰难。拉普拉塔大学生队先入一球，直到比赛进行到接近 90 分钟，巴萨才靠佩德罗的一记头球将比分扳平。加时赛，梅西用一个新的进球方式完成了绝杀，他用自己的胸部把足球挡进了球门。这粒进球让巴萨豪取“六冠王”，为本赛季收官，也让梅西成了祖国的“公敌”。

阿根廷人不停地骂着梅西与他的家人。网站论坛、报纸杂志把梅西陷于全民谩骂的汪洋大海之中。在拉普拉塔市，梅西成了街头涂鸦的创作源泉，问候梅西母亲的脏话占满了墙面。

梅西极度伤心。他情绪激动地说：“我曾经拒绝加入西班牙国籍的邀请，我也在奥运会时，一次次地跟俱乐部请假，争取到为阿根廷出战的机会，我怎么会因为这个进球而成为叛徒？”

在巴萨创造历史性的“六冠王”的夜晚，梅西没有心情参加庆典。他一边给自己疗伤，一边安慰母亲和家人。成功与沮丧、喜悦与痛苦、荣誉与谩骂成双成对地降临到梅西身上，它们会将梅西引向何方？

拉普拉塔市一家电视台的主持人说：“梅西，你是阿根廷人吗？有本事的话，在明年的世界杯决赛上也能这样表现就行了。”这句话铸下了梅西的心病，成了梅西世界杯的魔咒。

世界杯梦

“虽然我成长在西班牙，可我的心依然是阿根廷心。”南非世界杯，梅西铆足了劲。

2006 年，德国之夏，19 岁的梅西迎来了自己的世界杯首秀。整个阿根廷都在期待“新马拉多纳”的加冕，期待着重温旧梦。连球王老马在看到梅西历史性的出场后，都激动得像个孩子一样手舞足蹈。他仿若看到年轻时的自己，期待着后辈续写自己的辉煌。历史并没有在这一刻重演。阿根廷在四分之一决赛中点球负于德国，名列第六。梅西在世界杯上留下了自己年轻的名字，但他并没有想到他在国家队的表现也就此成为自己的阿喀琉斯之踵。

2009 年，梅西手捧世界足球先生奖杯，接受媒体采访，他说："我感觉我很阿根廷！"他需要在南非世界杯上用进球为这句话作出证明。他对此充满信心。

2010 年 6 月 11 日，世界杯的战火首次在非洲燃烧。梅西心里燃烧着一团火。他要为祖国点燃自己，企盼用大力神杯再次引爆阿根廷人的激情。他想攀登马拉多纳的高度，让阿根廷足球的魅力再次点燃世界。他渴望回报父亲的恩泽，用冠军奖章为父亲奉上父亲节的礼物。

梅西心里时刻装着父亲和家人。越是到了大赛，他越是思念家乡、惦念父亲。他常说："我的一切都是家庭给的！"小组赛期间，梅西给父亲打了电话，送上自己的祝福。他说："借父亲节的机会，祝福所有的父亲都幸福快乐，也祝我的哥哥们幸福快乐，因为他们都当父亲了。"一颗感恩的心渐渐在梅西的体内生长、扩展。

阿根廷队在小组赛中的发挥基本正常。首战 1 比 0 胜了尼日利亚，次战 4 比 1 赢了韩国，再战 2 比 0 拿下了希腊，以小组第一的成绩出线。

但梅西没有进球。他对自己有些失望，内心处于焦虑之中。对尼日利亚之战，对方门将发挥极为出色。比赛进行到第 3 分钟，梅西一记妙传穿透对方防线，可惜伊瓜因面对门将把球打偏。第 5 分钟，梅西 45 度角巧射，被守门员托出横梁。第 35 分钟，梅西一脚漂亮的弧线球，直奔球门死角，依然被门将神奇地扑出。马拉多纳一会儿耸肩摊手，一会儿双手抱着脑袋摇晃，做出各种无奈的表情和动作。在与韩国的比赛中，梅西有一次射门击中门柱，梅西就这样一次次与进球失之交臂。

尽管梅西没有进球，但他的表现还是得到了教练、媒体与球迷的认同。在同希腊队的比赛中，教练把队长袖标交到梅西手上。梅西心潮澎湃，他渴望自己有更好的表现，回报这份信任。

八分之一决赛，对阵墨西哥。阿根廷队艰难取胜。而且，梅西的一次越位却经典的助攻，使得墨西哥人对梅西充满了愤怒。

四分之一决赛，阿根廷队碰上了硬朗顽强的德国队。两队是本届世界杯进球夺冠的热门球队。阿根廷队在本届世界杯上已经进了10球，名列第一。德国队进了9球，紧随其后。德国队是本届世界杯最年轻的队伍，他们需战胜强者树立信心。阿根廷队则渴望战胜对手来证明自己。这是一场世纪对决，胜者的路通向天堂，败者则进入地狱。

比赛的结果出乎阿根廷人的预料，出乎德国人的预料，也出乎大多数人的预料。德国队取得梦幻开局。开赛不到3分钟，施魏因施泰格右路反击大范围转移，波多尔斯基左翼拿球过人被奥塔门迪绊倒。施魏因施泰格左侧开出任意球，托马斯·穆勒抢在奥塔门迪前面，在前点距球门7米处头球一蹭，门将罗梅罗判断失误，球碰到他右小腿弹进大门中路，1比0。下半场，第100次代表德国队出场的克洛泽梅开二度，中卫弗里德里希攻入自己国家队的处子球，德国队4比0击败阿根廷队。德国人没有想到自己会如此有惊无险地击溃阿根廷人，阿根廷人没有想到会输得如此窝囊，大多数球迷没有想到，这是一场德国队对阿根廷队的“屠杀”，梅西没有想到凭自己的射术竟然没有一次中靶。

回到更衣室的梅西泪如泉涌。阿根廷球员个个彻夜未眠，带着哭红的双眼离开了南非。

能力与成功

“巴萨就是你的家！”巴萨当地的媒体纷纷用这样温暖的语言安慰梅西。俱乐部主席、主教练、队友都以不同的方式为梅西营造家的氛围。梅西沮丧的心情在这儿得到慰藉，巴萨给梅西补充着正向的能量，让梅西内心产生了一种更强烈的渴望，那就是创造历史。刷新他人的历史，也刷新自己的历史，以回报这个大家庭。“上个赛季我们的神奇表现已经将我们的名字载入了史册，但接下来我们要做的是一直保持这个荣誉，永远做最好的。我绝对相信我们可以。”梅西视巴萨的未来为自己的使命，并充满了信心。“没错，我们会被永远记住。但让人们记住的不只是我们的荣誉，还有我们如何得到这些荣誉。我希望人们会一直关注我们，甚至 50 年后仍然对我们今天的表现津津乐道。这支巴塞罗那队要改变的不是球队的历史，而是足球的历史。”

追求超越、极高的天赋，再加上不懈的努力，梅西刷新历史的梦想不断成真。

在接下来的两个赛季里，梅西和球队蝉联西甲联赛冠军。2011 年，巴萨在时隔 17 年后，再次成就了“三连冠”的伟业。这一年，巴萨在第 18 轮客场 4 比 0 轻取拉科鲁尼亚之后，成为西甲历史上第一个半程客场全胜的球队；在第 19 轮 4 比 1 轻取马拉加后，以 52 分刷新西甲半程积分纪录，17 个胜场数也为历史最高，同时保持连续 28 战不败，改写了 1973—1974 赛季 27 战不败的俱乐部历史纪录；前 19 轮中共打进 61 球，这也是西甲半程新纪录；在第 22 轮 3 比 0 轻取马竞之后，巴萨创造了 16 连胜的西甲新纪录；在第 33 轮主场 2 比 0 战胜奥萨苏纳之后，创造了主场 13 连胜的俱乐部 18 年来最佳战绩，同时 31 轮不败的数据也创造了俱乐部历史新高；在第 34 轮 1 比 2 输给皇家社会之后，巴萨的客场不败纪录锁定在了 16 场，这是西甲历史上最佳客场开局。巴萨在联赛前 10 个客场中都保持不败，这同样创造西甲纪录，原纪录为皇马的客场 6 连胜开局。

这一年，梅西打进了 31 个进球，他是西甲历史上第一位连续两年超过 30 个进球的球员，成为响当当的巴萨射手王。而助攻王的荣耀仍然属于梅西。“小跳蚤”贡献了 18 次助攻，这一数据同样领跑西甲。

巴萨，以梅西为代表的“梦三王朝”，完成了王者权杖在时空交错中的完美交接。

优秀品质

美国篮球教练伍登对球员有十项要求：

1. 随时保持绅士风度；

2. 永远注重团队合作；

3. 在有时间要求的情况下一定准时；

4. 认真学习各种科学知识，而不仅是篮球；

5. 要满怀激情、努力勤奋、可靠忠诚并乐于合作；

6. 努力达到最佳状态：身体、精神和智力；

7. 努力拥有让自己骄傲和自信的权利；

8. 控制情绪，不要和别人发生争执，不要寻衅滋事；

9. 不要满足于现状，要不断改进提高；

10. 拼尽全力成就最好的自己，并因此获得内心的平静。

梅西与这些标准基本吻合。不同的团体竞技项目，对运动员的身体条件与技术要求不同，但其成功的内在逻辑是相通的，优秀运动员的精神追求是相通的。

“场外寡言，场内多行”，这是豪尔赫送给梅西的箴言。梅西把它当作自己的座右铭。

“高调进球，低调做人”，这是球迷对梅西的评价。

“单纯、魔幻、速度、团结”，这是赞助商对梅西的定位。

在巴萨球迷论坛里，网友们最喜欢谈论的就是梅西。有人说，梅西有内敛的性格，球品也非常好。有人说，最喜欢梅西的谦逊平和。有人说，喜欢梅西永不止步的上进心。有人说，喜欢梅西对巴萨的感恩之心。

天赋、意志、热情，是梅西取得成功的三大法宝。

谦逊、感恩、团结，是梅西赢得尊重的三个支柱。

豪尔赫说：“到今天为止，梅西已经取得了不小的成功，成了世界名人，但仍然像小时候一样听话，作为父亲我感到格外欣慰。孩子能够明白父亲的苦心，能够坚信父亲做的一切都是为了他好，能够尽量采纳父亲的建议，我也知足了。”

曾经带过梅西四年的教练卡洛斯·莫拉雷斯这样评价梅西：“梅西说话很少，但对教练的建议很看重，很守纪律。当时确实很难想象他有今日的成就。他的天赋是毋庸置疑的，但他的身材，按照职业球员的标准来看，确实是个大问题。”

梅西说："我不在乎破自己的纪录，我只想为巴萨赢得尽可能多的奖杯。纪录？只有在团队能取得荣誉的情况下，我才会感受到个人数据的美妙。"在谈到与队友的关系时，梅西说："我们都是很好的朋友，都乐于效力于我们的老板。总之，大家都觉得能在巴萨踢球是一件很幸运的事。"

2008 年，巴萨正处于重建时期，当阿根廷希望他为祖国出征奥运会时，梅西义无反顾。但巴萨高层当时并不愿意放梅西去踢这种对俱乐部百害而无一利的比赛，梅西上下游说，极力争取。最终，主帅瓜迪奥拉却选择了放行。在梅西为阿根廷赢得奥运足球冠军之后，他感恩俱乐部、感恩瓜帅，在接下来的时光里以百倍的努力回报俱乐部的大度与瓜迪奥拉的善解人意。

梅西不愿意在媒体面前多说话，他更愿意在球场上用脚说话。远离媒体，使得梅西可以始终保持高度注意力，由此，整个球场都是他的"新闻发布厅"，成了他的"足球艺术秀"。

2007 年，梅西基金会在巴塞罗那成立。梅西担任主席。基金会的宗旨是帮助阿根廷的病患儿童，让他们能够享受到西班牙先进的医疗。

有人问梅西会不会去英超，他回答："你问我会不会去英超？我已经说过了，我想在巴萨度过整个人生。只要它需要我，我会永远在这里，因为我想我永远亏欠它。巴萨给了我无比珍贵的机会，改变了我的人生，对于这支球队，我有还不完的债。"

第四章

温哥，温格

谁也没有想到，这一充满戏剧性的时刻竟是改变阿森纳足球俱乐部（以下简称阿森纳）历史的一个新起点；更没有人想到，这一刻出现的这个人能够让“枪手”改了传统、变了颜色。

1996年9月26日，阿森纳客场征战，对手是门兴格拉德巴赫足球俱乐部（以下简称门兴格拉德巴赫），上半场结束时，双方的总比分是3比4。

阿森纳休息室的门突然打开，伴随着一股强大的气流，有两个人撞进了球员们的视野。一个是他们熟悉的，另一个是他们陌生的。那个熟悉的人向球员们宣布了让所有人震惊的决定：这位陌生人即刻担任他们的主教练。

休息室里，布满了球员们惊异的眼神。但接过教鞭的陌生人毫不客气，立刻把下半场的比赛阵型由352变为442。新任教练的战术布置谁也没有听进去，大家带着错愕、疑惑以及潜意识里的排斥走上赛场，开始了下半场的比赛。新的主教练就要来了，大家都有思想准备。可是忽然之间不知从哪里冒出来这样一个人在中场休息室匆忙上任，一上任就变阵型，几乎没有人不感到意外。

这举措的确非同寻常。若非意外事件，敢于比赛中场换帅的俱乐部管理者，实属罕见。敢以如此的方式接手一支球队，并当下变阵的教练，要么是初出茅庐的愣头青，要么是成竹在胸的实力派。或许俱乐部与这个人之间有透彻的了解，有某种默契。谁知道呢？一切都得靠实践来验证。整个下半场的比赛，球员们都没有放下自己的惊愕与疑问。

奇迹没有出现，惊愕没有消失，疑问反而增加。45分钟后，变阵的结果出来了，阿森纳的球门又被门兴格拉德巴赫两度射穿，最终两回合以4比6的比分被淘汰出局。

这个结果让出现在中场休息室里那两个人的行为变得愚蠢、丑陋。每一个球员的细胞都在涌出愤怒的气体，迅速地填满了休息室，仿佛能听见煤气从罐中溢出时发出的“嗞嗞”声，紧张的情绪在急剧扩张，人人都有一种氧气短缺的感觉。此时，任何一个情绪的火星，都会将愤怒点燃，引发一场情绪烈焰。幸好有大卫·戴恩在场，填满了情绪火药的更衣室才没有被点燃。

阿森纳俱乐部的副主席大卫·戴恩，正是中场休息时走进阿森纳休息室的两个人之一。另一个接过主教练帅印的人是法国人阿尔赛纳·温格。此时，阿森纳的球员们都不知道温格的前世与今生，大名鼎鼎的阿森纳球员们与无名之辈温格，就这样以一种戏剧性的情节相识，温格就是以这样一场失败拉开了他的阿森纳之行的序幕。

温格与阿森纳

困难是一块试金石。在有雄心的人眼里，它就是一个阶梯，一块垫脚石；在懦弱的人眼里，它是刀山火海。所谓“沧海横流方显英雄本色”，英雄都信奉“世上无难事，只要肯登攀”。没有困难就没有角色的差别，英雄都是困难造就的。战胜的困难越大，拥有的台阶就越高；战胜的困难越多，拥有的台阶就越多。好好学习，并不一定能够天天向上，只有学到了战胜困难的智慧与勇气，以及踏实行动的能力，才可能天天向上。

困难如同云雾缭绕、变幻莫测的大山，总能吸引到各种各样的攀登者。人，特别是年轻人都渴望成就与众不同的自己。区别是有人知难而退，半途而废，终知有能为有不能为；有人一味奋进，葬身山间，遗憾否？无愧否？只有天知；有人登高回首，终识自我之渺小，从此抱道守真，福泽他人，名垂后世；有人登高环视，目无一物，从此不可一世，祸害社会，遗臭万年。

困难一般都不是飞来的天灾，而是人自找的机遇与挑战。野心或是雄心有多大，困难就有多大；野心或是雄心有多少，困难就有多少。一个人能否成为胜利者，要看他选择的“困难”与他的体力、智力和心力是否匹配。若是困难大于其“三力”，则可能“遇难”，反之，则可能凯旋。每个人战胜困难的能力都是有限的，而战胜困难的冲动又是无限的。有人在无限的冲动中最大化地成就了自我，有人在无限的冲动中最大化地难为了自己。没有困难的折磨，成功的喜悦便不会呱呱坠地。

人生类似于跳高比赛，许多人直到越不过横杆才肯罢休。失败之后，总结经验教训，刻苦训练，再进行下一场比赛，如此循环往复，直到跳不动为止。只有个别的运动员见好就收。不过，在人生的竞赛中，失败或退赛的人往往把失败归咎于客观原因，而田径场上失败的运动员大多知道自己的能力和不足。

温格是一个喜欢挑战的人，他只有迎难而上才能找到自己的存在感。但温格并不是一个盲动的人，他预想了走进英超，接过格拉汉姆曾经创造过辉煌的球队的各种困难，但还是有许多困难超过了他已经十分丰富的想象。

英国是什么地方？现代资本主义的根据地，现代足球的快乐老家。在这个有着 150 多年足球传统的国度，并没有聘请外籍教练的传统。这与中国不会花钱请外籍乒乓球教练、日本不会聘请外籍相扑教练一样，是很自然的事。温格要想轻易在这儿获得信任，甚至是基本的合作，都是十分困难的。不过，温格却觉得这是一个巨大的诱惑。

媒体喜欢挑事，如同苍蝇热衷臭味。对于温格的到来，《伦敦标准晚报》体育版的头条采用了这样一个标题：“阿尔赛纳，谁？”这正是此前温格职业生涯的缩写，也是当时他在英国球迷心中地位的写照。没有人知道他的过去，也就不知道他是谁。温格每走上一个新岗位，都要面对怀疑。温格与阿森纳的名头，有着十万八千里的差距，质疑诘难自然是铺天盖地。

温格在怀疑的氛围中开始了工作。这并没有让他感到意外，令他震惊的是阿森纳的境况：球队的硬件设施和名声相差十万八千里，训练中心破烂不堪，更衣室惨不忍睹，主教练连一间办公室都没有，甚至与日本俱乐部的条件相比，都是天上地下。更令人头痛的是，球员们普遍酗酒和赌博，毫无纪律性可言。在功勋教头格拉汉姆因违规参加球员交易而被解雇后，他带出的那批球员完全失去了状态。俱乐部仿佛一艘即将倾覆的沉船，许多人想着逃离。

登上阿森纳航船

队长亚当斯是球员当中最早得知温格将执教阿森纳的。当时，接替格拉汉姆的主教练奥里奇已经“下课”，亚当斯和助理教练赖斯成了球队的临时执行教练。有一天，亚当斯接到了俱乐部主席彼得·伍德的电话。

伍德在电话中说：“亚当斯，我知道球迷对于解雇奥里奇的决定有些不满，不过，别担心，你组织好我们的球队，合适的人选马上就要到了。”

“这个人是谁？”亚当斯问道。

“阿尔赛纳·温格。”伍德回答。

亚当斯听到这个名字时觉得不可思议。这可不是一个在英国足球圈子里得到证明的教练，他不是弗格森，不是格拉汉姆，他谁都不是。

大部分球员的心态都与亚当斯相似，但温格担任主教练的事实一时不可能改变，他们都自觉不自觉地选择了冷眼旁观。

唯一不能袖手旁观的是俱乐部副主席戴恩。连俱乐部主席伍德都承认，如果不是戴恩的坚持，他们不会把主教练的职位交给这样一位名不见经传的法国人。

一个偶然的机会，戴恩与温格相识，相谈甚欢。戴恩曾在大学时代学习过法语，温格是掌握六种语言的奇才，除法语外，还会德语、英语、西班牙语、意大利语和日语。语言不仅是信息载体、交流工具，不同的语言还是不同的视角，不同的情怀，不同的思维逻辑与行为方式。翻译只能传达对话双方的语言信息，而很难传递语言的质感与温度。共同的语言很容易拉近人之间的距离。

两个人“一见钟情”，相见恨晚，迅速地陷入“热恋”状态。戴恩邀请温格到海布里观看了一场足球比赛。戴恩发现，温格特别喜欢看台上那种狂热的氛围，却从来不会加入球迷的欢呼，自始至终都是平静的。戴恩断定这是一个可以成大器的人，是一位适宜稳坐中军大帐的帅才。此后，摩纳哥的海上游艇，就成了他们每年夏天“约会”的地方。

摩纳哥是世界上第二小的国家，它三面环法，一面靠海，风景秀丽，气候宜人，是休闲度假者的人间天堂。

在一艘私人游艇上，戴恩与温格悠闲地长谈。他们的话题大多离不开足球。从俱乐部到球员，从英国、法国到世界，从理论到实践，从现状到潮流，两个人谈得非常投机。他们在度假，也是在充电。他们都深深爱上了这种“休闲式工作”。

温格对足球的热爱，对“完美足球”的追求，以及拥有的学者一样的足球理论，优雅的绅士风度，深深地感染着戴恩。

有时候，戴恩会端详温格，鸭蛋形的脸，无肉，五官彬彬有礼地依次在上面落座，各自分寸把握得恰到好处，除了鼻子挺拔，鼻头突兀，略微有点张扬外，眉毛、眼睛、嘴巴，以及下巴都有着柔和的曲线，眉毛和眼睛组合成“睿智的俊秀”，仿佛是为鼻子的强悍找一点平衡，总之，这家伙满脸都是温和、浑身都是儒雅。“真是当之无愧的‘温哥’”，此时，戴恩会冒出这样的想法。“他的自信与执着，大概是源于这个倔强的鼻子吧！”想到这儿，戴恩就禁不住在心里荡出一丝坏笑来。

温格登上阿森纳的“战船”，这条“战船”有着悠久的历史，有着光辉的战绩，也有着一个个威震足坛的名帅。

“枪手”简史

1886 年下半年的一天，一群足球爱好者在玩了一个下午的足球游戏之后，来到一家小酒馆继续把酒言欢。他们都是伦敦伍尔维奇区兵工厂的工人，借着酒劲和共同的兴趣，也不知道是谁先提议，哥几个一致同意组建自己的足球俱乐部。就这样，一群制造武器的青年在酒馆里创造了“枪手”。俱乐部最初的名字叫作“Dial Square”（日晷广场），过了不久，又改叫“Royal Arsenal”（皇家阿森纳）。这个时期，他们玩的是“游击战”，四处参加各种友谊比赛，偶尔也参加地方性的杯赛。

1891 年，阿森纳成为一家职业足球俱乐部，并再一次改名为“Woolwich Arsenal”（伍尔维奇·阿森纳）。1893 年，球队加入了足球联盟组织的联赛，成为一支乙级球队。1913 年，阿森纳搬迁至海布里球场，在这里一待就是 93 年。第一次世界大战之后，足球联盟将甲级联赛进行扩军，经过投票表决，阿森纳升入了甲级联赛。从此以后，阿森纳一直保持在英格兰的顶级联赛之中。

赫伯特·查普曼是第一个让“枪手”成为“王”的主教练。1925年，查普曼接过阿森纳帅位，5年之后的1930年，他带队一路挺进足总杯决赛，一举击败了老牌劲旅霍斯菲尔德足球队，捧起了足总杯奖杯。这是阿森纳历史上的第一座冠军奖杯。20世纪30年代的阿森纳迎来了第一个堪称王朝的时代。1930—1931赛季，阿森纳第一次夺取了甲级联赛的冠军。1933—1935年，枪手们连续三个赛季称雄，上演了联赛冠军的“帽子戏法”。在英格兰足球的历史上，目前只有四支球队完成过这样的伟业。

1934年，年仅55岁的功勋主帅查普曼去世，乔治·阿利森接过了帅印，阿森纳的天空仍然辉煌灿烂。1936年，“枪手”再夺足总杯冠军，1938年又一次重温联赛冠军的滋味。不幸的是，“二战”终止了阿森纳前进的步伐。

“二战”结束后，阿森纳再次扬帆起航。主教练汤姆·维泰克带领球队努力恢复20世纪30年代的“枪手”本色，很快美梦成真。1947—1948赛季和1952—1953赛季，阿森纳两次夺取了联赛冠军，并在1950年称雄英格兰足总杯。

之后的20世纪60年代，阿森纳几乎与冠军绝缘。只有贝蒂·米教练率队在1969—1970赛季夺取了俱乐部历史上的首个欧洲赛事冠军。在国际城市博览会杯的决赛中，阿森纳两回合以4比3的总比分击败了比利时的安德莱赫特队，总算为俱乐部的天空留住了一片彩云。

进入20世纪70年代的第一个赛季（1970—1971），阿森纳便拔得头彩，他们夺取了联赛和足总杯的双料冠军，创造了新的历史。阿森纳先是在同城死敌热刺足球俱乐部的主场白鹿巷拿到了联赛冠军，随后又在温布利的决赛中通过加时赛击败利物浦足球俱乐部（以下简称利物浦），捧起了英格兰足总杯。创造“双冠”辉煌的主教练是贝蒂·米。米的继任者特里·尼尔延续着阿森纳在英格兰足总杯中的辉煌。20世纪70年代末期，“枪手”连续三个赛季称雄足总杯，其中第二年的决赛中以3比2击败曼彻斯特联足球俱乐部（以下简称曼联），那场比赛因为最后时段的连续进球和戏剧性被载入史册，史称“5分钟的决赛”。1986年，乔治·格拉汉姆出任阿森纳主教练，他将球队带上了一个新的高度。

20 世纪 80 年代末和 90 年代初，以球风强悍、踢法硬朗著称的阿森纳，让其他英超球队闻风丧胆。1986—1987 赛季，格拉汉姆率队夺取了俱乐部历史上的第一座联赛杯冠军，决赛中以 2 比 1 击败了利物浦。两年后阿森纳又从利物浦手中夺走了联赛冠军。1988—1989 赛季，阿森纳一路跟随领头羊利物浦，在联赛最后一轮中，两支球队在利物浦主场安菲尔德球场直接对话，展开了一场决定联赛冠军归属的较量。赛前的形势是，阿森纳必须以两球优势击败利物浦，才能将冠军从对手手里抢过来。面对拥有巴恩斯、拉什等一批天才球员的“红军”，又是在安菲尔德客场，几乎没有人相信阿森纳可以获得最终的胜利。

比赛开始后，似乎不出人们的预料，利物浦一直控制着比赛，阿森纳则全力进攻，“枪手”以 1 比 0 领先进入补时阶段，眼看“红军”即将登顶，还剩下一分钟，奇迹发生了！阿森纳前锋托马斯单刀突入，踢进了传奇般的一球。联赛冠军在瞬间转手，阿森纳缔造了最后一分钟夺冠的历史性经典。

20 世纪 80 年代末和 90 年代初，利物浦走向没落，曼联羽翼未丰，阿森纳是这一时期英格兰足坛最令人畏惧的力量。继 1989 年不可思议地逆转夺冠后，在 1990—1991 赛季，格拉汉姆再次率队夺取联赛冠军。“枪手”后防“神奇四侠”，也有人称“后防五老”，犹如铜墙铁壁，坚不可摧。整个赛季里，阿森纳只输掉了一场联赛。一张白纸可以画最新最美的图画。温格接过来的不是一张白纸，而是一幅历史悠久的名画。画里，名帅与鲜花相拥，球星与金牌争辉，传奇与经典牵手。

这幅画，是阿森纳的辉煌，是阿森纳的传统，它已经深深印在阿森纳几代球迷的心里。温格看着这幅厚重的图画，心绪难平。他知道，不论用多么好的颜料、怎样的色彩，都续写不好这幅历史的画卷。要继续创作好这幅厚重的图画，必须以自己全部的爱为源泉，以自己的热血为墨，以自己的生命为笔，以自己的灵魂为纸。为爱而生，足球就是我的爱。在决定执掌阿森纳帅印的那一刻，温格用激情幻化出了一幅美丽迷人的图画。

失望的首胜

承载着球员的愤怒，带着一场失败，温格回到了阿森纳的大本营。开始备战主场对阵桑德兰的比赛。这是他在主场的第一次亮相，其意义不言而喻。而给他的准备时间只有两天，他必须与时间亲密地合作！

智者领先对手的策略不是与对手赛跑，也不是与时间赛跑，而是善于与时间合作，让时间合理地受孕，并生产出高质量的“产品”。与时间合作的能力，决定了一个人生命的质量。许多人面对怀里的时间无动于衷，毫无激情，也有许多人贪婪地使用时间，当下的时间尚未“高潮”，便去拥抱前面的时间。

温格在自己的住所中，同“时间”亲切地交谈，热烈地拥抱，亲密地合作。分析对手，制定比赛策略与战术方案，球员体能的恢复，饮食安排，针对性训练，这些赛前的工作一一计划妥当，列出表格，对两队分析、筹划停当之后，便与时间携手转入落实。温格找出俱乐部准备的资料，观看桑德兰的比赛录像，谋划作战方案。时间管理是高效领导的第一项修炼。在人类世界，真正普遍制约一个人发展的条件是什么？是时间。然而，人人都会说一寸光阴一寸金，但没有多少人能够像珍惜黄金那样珍惜时间。几乎所有的人只有在生命垂危的时候，才会把对待时间与金钱的关系反转过来。

1996年9月28日，温格和他的球员有惊无险地拿下了桑德兰，比分是2比0，一个很不错的结果。这一天，也被阿森纳官方确定为温格上任的纪念日。然而，对于这场胜利，温格的心情却比输掉上一场比赛更加沉重。

9月27日，也就是这场比赛的前一天，温格带领球员来到训练基地，眼前的情景让温格大吃一惊。整个基地一派破败景象，没有一丝生机。球场的草皮像患上了皮肤病，到处是不规则的“斑块”。所谓更衣室不过是一个脱光衣服可以不被外人看见的地方，什么设施都没有。这里的康复设施基本没有，简陋的健身房里只有一点简单的训练器械，不仅没有冲浪浴，甚至连普通的游泳池也没有。在这个连业余水平都够不上的训练场所里，温格的许多措施都无法有效落实。

这时候，温格才知道，阿森纳和伦敦医学院共用着一个训练基地。温格当即安排人员到附近联系酒店，让所有球员乘坐大巴到酒店更衣，训练结束后，又回到酒店洗浴、更衣，然后进餐。

9 月 28 日，更衣室的赛前会，温格宣布完出场阵容，开始分析对手的特点。话说了不到一半，亚当斯的声音就响起来："嗨！我们比你更了解桑德兰。"随之而来的是各种怪异的表情与笑声。

温格没有尴尬，没有愤怒，连一丝愠怒都没有。他仅仅是停止了讲话，面容依旧平静，不是暴风雨前的那种平静，是一种安详的宁静。

这大大超出了球员们的经验及预料，几秒钟后，更衣室安静下来。

愤怒是一种可以测量的力量，愤怒可以让自己的虚弱"露底"，而平静是一种不可知的力量，有一种平静叫作不怒而威。平静如果与权力组合起来，就成了管理上的绝配。掌权者的平静表面看是宽容与大度，其实是源于睿智与自信，而睿智与自信源于丰富的经验与丰满的心智。

与"倔驴"亚当斯交锋

温格把该说的说完了，球员们沉默着走出更衣室。温格清楚，眼下，这些球员不属于他，更衣室不属于他。一切都属于一个人，这个人就是队长亚当斯。

比赛结束后，亚当斯说："阿尔赛纳，把兄弟们带出去逛逛吧？"

"好啊，咱们去训练营。"温格一脸严肃地回答。

"开玩笑，什么训练营，我们到西班牙海滩上去，醉醺醺地过上 5 天假日。"亚当斯的脸上隐藏着一丝不易察觉的笑。

"不，不行！我们只能去训练营。"温格态度认真而坚决。

"或者我们去打高尔夫，连喝几天酒，到处闲逛，然后到处找架打。"亚当斯开始故意逗这个严肃得很"德国"的法国人。

"这不可思议，难道你们就是这样生活的？"

"是啊，我们比赛一完就出去喝酒，到星期一回来训练时，个个都是醉醺醺的。”

“我无法相信你说的一切。这样子，你最多只发挥了自己 70% 的能力。你到现在还能进入一队，简直让我觉得可笑。”

其实，此时的亚当斯已经开始戒酒，他不过是在戏弄温格，温格当时并不知情。“必须改变这一切！”温格在心里说。

温格要实施自己的“新政”，有一个人是必须“拿下”的，这个人就是队长亚当斯。

托尼·亚当斯是何等人物？这个外号“倔驴”的家伙，1966 年 10 月 10 日出生于伦敦的罗姆福德，在英国南部的艾克塞斯度过了快乐的童年。“倔驴”产自足球世家，父亲是一位足球运动员，也是“小倔驴”的偶像。家庭的耳濡目染让这头“倔驴”很小的时候就展露出了绝不输给父亲的足球天赋，是学校里小有名气的运动健将。1980 年 11 月，14 岁的亚当斯进入阿森纳足球学校，从此开始了一段传奇。

1983 年 4 月，不满 17 岁的亚当斯进入阿森纳成年队。11 月 5 日，刚满 17 岁的“小倔驴”迎来了自己的“处子作”，在联赛中代表阿森纳出场迎战桑德兰队。首次上场，初出茅庐的“小倔驴”既兴奋又紧张，情急之中做了一件“蠢事”，把短裤前后穿反了。这一战阿森纳以 2 比 1 获胜，对亚当斯而言，这是一个很不错的开始。很快，“小倔驴”凭借自己的表现征服了教练和球迷。1984 年 1 月 20 日，“小倔驴”与阿森纳签订了生平第一份职业合同，正式成为职业球员。不久，他遇到了一位对自己的职业生涯有着重大影响的教练：乔治·格拉汉姆。

1987 年英格兰联赛杯，“小倔驴”赢得了他第一个冠军头衔。八个月之后，21 岁的“倔驴”成了阿森纳有史以来最年轻的队长。“倔驴”铲断凶狠，作风强悍，成为格拉汉姆时代阿森纳的“定海神针”。

“倔驴”还有一种与生俱来的领袖风范，秉承了英国足球最为珍视的斗士精神，勇往直前、永不言弃、勇于进取、勇于担当。这种风骨和斗志，使他成为阿森纳和英格兰队的脊梁。但凡有亚当斯参加的比赛，人们总能听见他在场上不遗余力的吼叫声，任何人都没有丝毫懈怠的机会。由此，亚当斯深受阿森纳球迷的爱戴，被誉为“兵工厂先生”。亚当斯性格直率，有话直说，从不掩饰自己的真实想法，这也让他深受队友们的尊重和信赖。不论是在阿森纳还是在国家队，“倔驴”都是响当当的“老大”。

赛程给了温格一个机会。接下来的比赛是客场对阵布莱克本，时间是10月12日。半个月的时间，可以做的事情有很多。温格一边编织着他的“阿森纳梦想”，一边谋划着如何稳妥地改变现状，让阿森纳之舰驶往“温格航道”。

温格开始行动。

9月29日下午，温格找亚当斯谈话。

“我能理解上一场失败给你带来的愤怒，你爱这支球队，你渴望胜利，不是吗？”温格说。

温格的示好，亚当斯并不领情，他回答：“你来到阿森纳，并不是一个好的选择！”这有点挑衅的味道。

“问题是，我已经选择了，这是你我都要面对的现实。我们现在最好的选择只有合作。”温格不紧不慢地说。

“你若能让我信服，我自然合作。”亚当斯一副很认真的样子。

“球队必须改变，训练方式要改，生活习惯要改，比赛风格要改，不改就不能前进。”温格大度地同亚当斯谈起了自己的想法。

最后，亚当斯调皮地说：“法国人，那都是你的想法，为什么一定要按照你的要求去生活？我能保证的，就是按我的方式踢球！”

温格说：“我给你自由，你可以继续喝酒，继续做你喜欢的事，条件是你不能给我的工作添加障碍。你可以不合作，但你不能与其他人合作对抗我的变革。我会用事实让你改变！”

“走着瞧吧！”亚当斯一副依然故我的架势。

与赖特的交易

温格又找到了“疯狂射手”伊恩·赖特，对他说：“帮帮我，老伙计！”

赖特皱了皱眉头，疑惑地说："要我做什么？"

"让我们成为一支球队。"

"难道不是一支球队吗？"

"没错，这支球队里还有你们、我们、他们，有英国人、法国人。一支真正的球队只有我们，只有阿森纳人。"

"为什么帮你？"

"为了我，也为了你，为了阿森纳，大家需要成为一个整体，从生活到训练和比赛，我需要一个和谐融洽的氛围。我相信你可以做到。"

赖特耸耸肩，没有表态。

"我可以保留你在更衣室听 CD 的权利，还可以在赛前出入夜总会。"温格开出了价码。

"成交！"赖特哼着小曲走了。

"可别在比赛中趴下，伙计！"温格高声喊道。

9 月 29 日下午，所有球员都接到通知，大家要一同进餐。球员们走进餐厅，发现餐厅里多了一个"广而告之"，上面写着温格推荐的食谱：通心粉、蒸鱼、水煮鸡肉、生蔬菜和清水，并且还有对进食顺序的详细说明。这就是"温格食谱"，之后备受弗格森嘲讽。

温格并没有对球员们说："吃这个，不要吃那个！"他自己取了饭菜，专注地吃着，很享受的样子。

传统的晚餐的品种也没有减少，只是那些被"广而告之"推荐的饭菜摆在了更"显著"的位置。有的球员毫不在乎地选择自己的"老习惯"，有的球员犹豫着开始"两结合"，有的球员则"照章办事"。

面对新生事物，总有人习惯于排斥，也有人乐于尝试。

温格吃饭如同对待工作，整个过程就是对那个"广而告之"的现场演示。球员们不时用眼角的余光向他扫射，温格吃得有条有理、有滋有味。温格吃完饭，收拾好餐具，来到亚当斯旁边，小声对他说道："如果老吃猪肉，你踢球也会像头猪。"

第二天，餐厅里又出现了一份“黑名单”，猪肉、鸡蛋、薯条等名列前茅，并详细列举了这些食物的可恶之处。

温格不动声色地观察球员餐盘里的饭菜，看到大多数球员放弃了传统饮食习惯。于是，他告诉膳食管理员，可以调整食谱了。

赖特很守信用，也很努力。从早上训练之前就开始制造气氛。在索普维尔的餐厅里，一边是法国球员在喝咖啡，另一边是英国球员在品茶。

赖特站起身来，走到两拨人的中间，大声喊道：“哎！这可不行，你们看，一边是烤牛排（英国人），一边是青蛙（法国人），停止这种蠢事吧，大家坐到一起喝！”

话音刚落，温格便带头大笑，其他人都跟着笑了起来，餐厅的氛围也轻松了许多。

秒与细节的合奏

9 月 30 日下午，温格第一个来到了训练场。球员到达时，一切训练的准备工作都已经完全就绪。温格手里拿着秒表，其他教练们也都会在胸前挂上一个秒表，但在他们那里，其实有一个时钟就足够了，秒表派不上用场。温格的训练则是严格以秒来安排和实施的。秒表，在温格手上，充分感觉到了自己的价值。

阿森纳传统的长跑训练被减少，更多的是冲刺跑和折返跑。30 秒猛冲，30 秒慢跑。分组对抗的时间，绝对在 10 分钟之内。如果 10 分钟内双方打平，温格的规则是点球决胜，不会安排“金球制胜”的时间。

所有的环节都被控制在秒数之内。

温格十分注重细节，从工作计划到工作落实，温格从不放过任何一个哪怕再微小的细节。

细节是事业的基本构成要素，没有一个又一个完美的细节就不会有成功的事业。一个组织最难找到的是正确的战略，而最难做到的却是一个又一个细节。细节微不足道，却不可或缺。细节又因其微小，而常被忽略。不谋细节者，不可能成就大局。

小事做细，细节做精，精益求精，把每一件平凡的小事做优就是不平凡，简单的招式练到极致就是绝招。

客场打布莱克本的比赛，温格把队员带到了下榻酒店的一个舞厅。球员们一个个如丈二和尚摸不着头脑，不知道这个法国人又搞什么新花样。这一次，温格要求大家进行伸展运动。温格说，别小看这些伸胳膊弄腿的小把戏，你们不是喜欢夜总会吗？ 这就是你们的肌肉与筋的娱乐活动，它们高兴了、美了，你们就有了好身体，你们才能把球踢好。

伸展运动做了半个小时，球员们都觉得身体轻快了不少。从此，训练与比赛前后，这种肢体的伸展运动就成了固定节目。温格的这种“肌肉训练法”，是他从田径运动员训练中移植过来的。

10 月 12 日上午，温格带领球员熟悉场地。之后，用了一个小时的时间，温格详细讲解这场比赛的技战术安排，需要注意的细节，对方球员的特点，等等，均一一交代清楚。下午的比赛，阿森纳完全控制了局面，并以 2 比 0 取胜。整个 10 月，温格交出了还算及格的答卷，四场比赛，两胜两平。联赛客场胜了布莱克本，主场平了考文垂足球俱乐部，杯赛客场平了斯托克城足球俱乐部（以下简称斯托克城），联赛主场 3 比 0 大胜利兹联足球俱乐部（以下简称利兹联）。

终生难忘的相遇

温格十分清楚，一个主教练只有取得胜利，才能展现他履行职责所不可或缺的领导力。阿森纳的“温格化”进程平静地提速。温格很快表现出了他的智慧及超人的调适能力。他掌舵的阿森纳战船，一如高速列车：列车在高速前进，而乘客却没有丝毫的觉察，没有任何的不适，相反，他们体会到的是更加平衡舒心。

温格追求的不仅是比赛的胜利，他要在阿森纳实现“完美足球”的梦想。而在他的梦想与现实之间，耸立着一座高山，他必须超越这座高山，才能到达理想的彼岸。这座高山是属于格拉汉姆的，是格拉汉姆的实用主义足球。

格拉汉姆，1944 年 11 月 30 日出生于格拉斯哥的巴基迪。他在球员时代，是阿森纳最具号召力的球员；他的教练时期，也是阿森纳最辉煌的时期之一。1989 年，格拉汉姆率领阿森纳夺得联赛冠军，成为第一个在阿森纳作为球员和教练分别赢得联赛冠军的人；1993 年他们获得了空前的国内足总杯和联赛杯“杯赛双冠王”；1994 年阿森纳登上了欧洲优胜者杯的冠军宝座。

格拉汉姆顽固地坚持“1 比 0 主义”，他的球员作风强悍、动作野蛮，比赛乏味枯燥，但他的防线坚如磐石，再锋利的矛碰上它都成了不中用的“蜡枪头”。阿森纳球迷对他又爱又恨，对手球迷则是恨之入骨，他们嘲笑格拉汉姆时代的海布里是图书馆，因为现场球迷了无兴趣。“枪手”成了丑陋足球的代名词。尽管如此，格拉汉姆在阿森纳球员与球迷的心中依然有着至高无上的地位，他的弟子依然是阿森纳在短期内无可替代的中坚力量。

越是如此，温格“完美足球”的梦想就越强烈。这个梦已经在他的身体里孕育了许多年。

1973 年夏天，温格加盟了穆尔豪斯足球俱乐部，这是一个半职业俱乐部，参加的是法国乙级联赛。温格签的是半职业合同，同时在斯特拉斯堡大学学习。由于每周都要训练比赛，温格需要乘火车从 100 公里外的斯特拉斯堡赶到穆尔豪斯。

温格在枯燥的旅途中，经历了他人生中最重要的一次相遇。那是 1974 年冬天的一个上午，温格照常乘火车到穆尔豪斯。火车上乘客稀少，温格看到许多人在闭目养神，有一个人却在捧着一本医学书籍，看得聚精会神。这个人就是弗朗茨。

弗朗茨是斯特拉斯堡体育学院的老师，也是校足球队的教练。弗朗茨与那些在一线工作的教练们不同，他对足球理论有很深入的研究，常常受邀给教练员们讲理论课。在英国，他是许多教练的教练。

温格心中大喜。在旅途中碰上一个自己尊敬的人，心理的反应往往会比平常更热烈一些。

温格的注意力全部放在了弗朗茨身上，他想走近弗朗茨，又生怕惊扰了他的读书时光，他耐心地等待着弗朗茨的目光与他的目光相遇。

终于，弗朗茨合上了书本，在身体靠近椅背即将闭目思考的一瞬间，恰好撞上了温格期待的目光。温格本能地起身，迎着弗朗茨的目光走过去。

“您在研究医学？”温格搭讪道。

“我正在写一本书，关于足球的。”弗朗茨回答。

“我也想像您一样成为一名足球教练。”温格也不知道为什么自己会一下子说出了心中的梦想。

“一名优秀的教练需要多方面的知识，足球是门跨学科的学问。”弗朗茨进入老师的角色，开始滔滔不绝地传道授业。

弗朗茨的足球理论完全超出了温格此前对足球的理解，突破了温格对足球认识的边界，大大开拓了温格足球观念的疆域。正是在这次短暂的火车旅途中，温格的“新足球观”不知不觉地在他的身体中形成。

弗朗茨在他的专著《足球》中论述了这样的足球观点：一支球队的能量不是 11 个球员从 1 到 11 的数字累积，而是 11 个球员的能力相加之后，再添加上一个变数 N，这个 N 就是教练的能力。这个观点渗透到了温格的脑海里，他从此开始有计划地进行多学科知识的学习与积累。

温格曾经感慨地对弗朗茨说：“我从您身上得到的体会是，一个人如果没有‘书’与‘人’的知遇，以及自己的实践与总结，将一事无成。”

人的发展首先是思想的发展。思想的发展有两种方式，一种是内涵式发展，另一种是外延式发展。思想的完善与成熟是人的内涵式发展，思想的解放与突破是人的外延式发展。人人都有思想的边界。这个边界一方面让人活得安全安稳，另一方面让人枯萎枯竭。一个人思想的丰满，少不了思想的盛宴；一个人思想的解放，离不开思想的碰撞。

温格时刻都能感觉到他的“完美足球”在不断地成长。他已经感觉到阿森纳将是它的出生地，他要为它的出生做好充分的准备，他要让它为阿森纳球迷带来惊喜，他要让它成为阿森纳的骄傲，成为英国的骄傲。“我的孩子，愿上帝保佑你！”温格默默地说。

谋划未来

11 月 2 日，阿森纳客场与温布尔登足球俱乐部以 2 比 2 握手言和。

11 月 3 日夜晚，天空轻柔地播撒着细雨，凉爽的空气，令人神清气爽。细雨是一种情绪，引发人的思念或思考，温格在这样的氛围中陷入了沉思。入主阿森纳以来，温格还是第一次能够沉静下来，系统地思考，谋划未来与下一步的行动计划。

第一步是让阿森纳足球变得富有激情，让这支球队变成一个整体。第二步是让阿森纳足球成为“完美足球”的代表。第三步是让阿森纳成为英超一流的俱乐部，成为球员成长的摇篮。温格的“阿森纳愿景”逐渐清晰，接着，他又开始思考实施行动的方法步骤。

现在，“饮食变革”“肌体变革”“训练变革”已经启动，这将大大提高球员的身体素质，为全新的阿森纳足球打下基础，接下来要进行的应该是人的变革。人的变革的核心是思想的变革，是足球观念的变革。不换思想就换人，换思想难，换人也不容易，一切都必须谨慎处置，一招不慎，将招致挫折，甚至是全盘皆输。换人从谁开始呢？一个个助手与球员的身影在温格的头脑中过滤着，年龄、性格、特点、态度、潜力，温格反复权衡，逐渐变得清晰。

时钟再次敲响，已是凌晨时分。温格躺在床上，继续着自己的足球梦想，辗转反侧，难以入眠。

管理大师德鲁克曾说，一切工作都有其原理。卓有成效的人都有这样的习惯：熟知工作原理，目标明确，熟练运用最适宜的工具和最准确的方法。如果没有明确的目标，不论使用什么高招，也无法到达目的地。温格开始构建他的阿森纳之旅的目标体系。

翌日上午，温格来到戴恩的办公室，两位老朋友、新同事开始了一场关系到阿森纳未来的长谈。

最后，戴恩说：“你知道，阿森纳的股东不是一掷千金的富豪，我们需要时间，更需要股东们对你的信心，慢慢来！”

温格说：“猪圈里养不出大象，庭院里练不出千里马，一个全新的训练中心，将让‘枪手’成为名副其实的兵工厂，也将会是阿森纳的银行。”

“你得给我时间去说服股东们。现在我们要做的是让球队一天天好起来，要让他们对你的建议感兴趣，就得拿出成绩来，他们可不会做亏本的生意。”戴恩很严肃地说。

温格急切地说：“我会的。但是，巧妇难为无米之炊，我也需要条件。”

“我们一起努力！”戴恩回答道。

打好变革基础

温格回味着戴恩的话，思考着下一步的行动。看来眼前最重要的并不是坚决的变革，而是让球队取得稳定的成绩。温格明白，没有让人们认可的成绩，自己便不会有任何机会。步步为营，打仗是如此，改革也是如此。

当一个社会、一个组织面临困境的时候，改革的歌声就如同喜鹊的歌唱，令听者共鸣、精神愉悦。然后，就有各种形式的“演唱会”热闹着、潮流着，观者如云，掌声如雷，一时群情激愤，遍地喧嚣。这时候，必有勇者，呼啸而出，荷枪执戟，挥刀舞剑，与旧思想、旧制度、旧习惯搏杀起来，枪声震耳，血光四溅，狐窜兔奔，鬼哭狼嚎。之后，形势往往会急转直下。观者依然不少，不过多数人只是袖手而立，既不鼓掌，也不喝彩。没了精神支持，也没有后续部队的勇者，渐渐力不能支，要么落荒而逃，要么投降招安，要么做了俘虏与冤魂。于是，改革的进行曲很快变成了低沉的咏叹调。

人们改革的热情出自对现状的不满，以及对未来的期待。但改变了现状，未来会怎样？几乎没有人能给出明确的答案。当改革烽烟初燃之时，未来在人们眼里只是沉沉的雾霾，每“走出一步”的危险似乎就在眼前。此时，最好的选择就是待在自己的小屋里。

改革的旗帜令人目眩，改革的风险又令人望而却步。

改革一旦伤害到人们的现实利益，他们中的大多数会选择放弃未来而固守眼下已有的利益，于是改革者就成了必然的牺牲品。如果改革的闸门洞开，失去了有效控制，横扫了人们现实利益的屏障，人们又看不到未来的保障，局势必然大乱，人人都将成为受害者。

温格知道，改革不是朋友间的请客吃饭，改革是一场惊心动魄的鸿门宴。奔向未来不是旅游休闲，而是登山探险，每走一步都可能有生命危险。要使人们的改革热情转化为改革的坚定信心与坚决行动，必须尽量维护好大多数人的现实利益，让他们品尝到改革的甜头，让他们逐步坚定对改革的信心。要让人们愿意追随自己去攀登未来，就必须让人们坚信自己登山的能力和勇气。

任何一个团队成员，都面对着这样的选择：想做的事，应该做的事和能够做的事。其优先顺序是：应该做的、能做的、想做的。这是卓有成效的领导者共同的选择习惯。

温格再一次调整自己的策略。

训练前的准备会上，温格说："我来到阿森纳的时间很短，但我看到了大家的能力，大家训练比赛的态度，也看到了大家的变化。我们曾经创造了阿森纳的荣耀，取得过很好的成绩，而现在遇到了困难，说明我们还有问题，必须有所转变，这是不能回避的。我希望大家去思考，主动地找问题、找差距。我知道大家有担心，新的主教练来了，有人会失掉主力位置，有人会离队。我会保持队伍的稳定，但大家要明白，主动权不在我，而在你们自己，在你们自己的所作所为。"

训练开始了，冲刺、对抗，球员们拼尽全力。温格仔细观察着每个球员的训练情况，态度、作风、技术动作，都默默记在心里。温格有了一个重要发现："后防五老"的表现和状态与自己的"医学分析"并不相符。

温格长期坚持对运动医学知识的学习与研究，一直认为球员过了 30 岁之后，身体的机能将迅速下降，很难适应高水平比赛的要求。

格拉汉姆打造出来的"后防五老"一直是球队的中坚力量。他们当中，除了队长亚当斯刚满 30 岁，其他几位球员都早已过了而立之年。围绕着如何改造这条后防线，如何解决"后防五老"的问题，消耗掉了温格不少的脑细胞。

此刻，温格意识到自己走进了医学知识的“死胡同”里。“后防五老”并不老，他们不是格拉汉姆留给自己的难题，而是宝贵的财富。这个认识上的转变让温格有些兴奋。

曼联、曼联

11 月 13 日，温格的球队在英格兰足总杯中主场 5 比 2 大胜斯托克城，士气大振。他们将带着这场大胜去迎接一场大考：联赛客场对阵曼联。

温格与弗格森领衔主演的英超大戏从此上演。

20 世纪 90 年代的英超，可以说是曼联时代。曼联已经是英超的“龙头”老大，主教练弗格森已经是一个成功教练的代表。

曼联的历史光辉灿烂却也曲折艰辛。它的前身是纽顿希斯，成立于 1878 年。1902 年遭遇经济困难时，获得了酒厂主约翰・亨利・戴维斯的资金援助，改名为现在的曼彻斯特联队。

1908 年，曼联首夺英格兰顶级联赛冠军，次年又首获英格兰足总杯。球队在 1910 年至 1940 年的两次世界大战之间陷入低潮，30 多年成绩平平，没有获得过什么重要荣誉。

1945 年后，曼联开始进入历史上第一个辉煌时期。苏格兰籍教练马特・巴斯比自 1945 年执教曼联，一干就是 26 年。他在起初的十余年内率领曼联夺得三次联赛冠军和一次足总杯。不幸的是，在 1958 年 2 月 6 日发生的慕尼黑空难中，8 名前程无限的曼联球员丧生。后来这 8 人被球迷追忆为“巴斯比宝贝”，另有包括巴斯比、博比・查尔顿在内的十多人受伤。刚刚获得联赛两连冠的曼联遭遇了球队历史上最惨痛的损失，球队从最高峰跌入低谷。该赛季结束后，曼联仅仅名列联赛第九。

劫后余生的曼联开始了艰难的恢复重建工作，丹尼斯・劳、乔治・贝斯特等众多名将被引入阵中。曼联传奇球星博比・查尔顿也从伤病中恢复过来。曼联的实力开始稳步上升，终于在 1967—1968 赛季慕尼黑空难 10 周年之际，于欧洲冠军杯决赛中 4 比 1 大胜葡萄牙的本菲卡足球俱乐部，夺得该队历史上第一座欧冠奖杯，而巴斯比也荣获英女王颁发的爵士爵位。次年，巴斯比功成身退。

巴斯比爵士离队后，曼联再次陷入低谷。在十多年内连续更换了5位主教练，都没能获得联赛冠军。1971年，球队的标志性人物年仅26岁的乔治·贝斯特因纪律问题宣布退出足坛。后来虽然几经反复，但已风光不再，他于1974年彻底离开曼联。1973年，球队的传奇射手丹尼斯·劳离开曼联，加盟同城对手曼城足球俱乐部（以下简称曼城），称霸一时的“曼联三剑客”分崩离析。1973—1974赛季曼联在联赛中遭到沉重打击。联赛最后一轮，曼联与曼城上演同城德比，结果曼联被旧将丹尼斯·劳攻入致命一球，并导致最终落败，惨遭降级。随后，曼联虽然很快升回甲级，但已没有了当年的雄风。

1986年，曼联迎来了弗格森时代。同年11月，苏格兰籍主帅亚历克斯·弗格森接过了罗恩·阿特金森的教鞭。弗格森上任的首场比赛就以0比2败给牛津联队，之后战绩一直起伏不定，弗格森一度到了被辞退的边缘。不过，随着布莱恩·罗布森和马克·休斯等名将的日趋成熟，以及“国王”埃里克·坎通纳和保罗·因斯等球员的加入，曼联的实力极大增强。终于在英超元年的1992—1993赛季夺得英超联赛冠军。随后，曼联在英超联赛中占据了无可争议的统治地位。

弗格森在重视球队的青训系统建设的同时，继续招兵买马，吉格斯、贝克汉姆、斯科尔斯和内维尔兄弟等青年才俊相继进入曼联一线队伍，一时间，曼联的实力无人企及。

小负曼联

征服一只老虎要比驯服十匹烈马更有说服力。击败老大曼联，无疑可以迅速巩固自己的执教地位，尽快地让俱乐部董事会同意和实施“温格计划”。温格对战胜曼联的渴望可想而知。

曼联与阿森纳比赛是一出老戏，但由于有了温格这位新人的参演，也就让人有了新的期待。老江湖与新手的对决，本身就是媒体的一个“噱头”。

一场完整的足球比赛有些像西班牙斗牛。媒体负责引诱、引逗，给参赛双方“扎长矛”“上花镖”，刺激得他们怒火中烧，也撩拨得观众浑身燥热，大家都热烈地期盼着“快意恩仇”的那一刻。

其实现在的职业足球比赛更像中国传统的民间游戏斗蛐蛐儿。首先是足球联赛“挥金如土”，当年中国斗蛐蛐儿也是“万金之资付于一啄”，盛况与气派何其相似！然后是过程相似。参赛的蛐蛐儿出场后，有人拿一草棍，其前端茸毛纤细轻盈，巧妙地“挑拨”着两只蛐蛐儿的关系，直到它们愤怒到恨不得一口咬死对方。

在足球联赛中，媒体就是斗牛比赛中的花镖手，是斗蛐蛐儿中那个负责“挑逗”的。在这里，关键不在于比赛双方说了什么、做了什么，而在于媒体需要什么。媒体总是根据需要来阐释比赛双方的行为与曲解比赛双方的言论。媒体最需要的不是友好的比赛，而是激烈的争斗。单挑、群战，文攻、武斗，越是花样百出，媒体就越满意。因为如此才可以让观众觉得有趣和过瘾，媒体也可以从中获益。

弗格森是英格兰足球媒体的一块宝，只要轻轻一挠，他就会出击。他原本就是一头好斗的公牛，所以他刚刚闻到了温格的味道，还没有看到温格的影子，便开始了挑衅。“阿尔赛纳来英格兰能做什么，他应该关注日本足球！”弗格森的话在各种媒体上风一样地流传。人们兴趣盎然，等待着温格反唇相讥。温格说：“他对于我来说，不是一个问题，也许那些更敏感的人会受到他的影响，我了解他对足球的激情，要是我也能刺激到他的情绪，也许不是一件坏事。”

温格面对挑衅，总是谨慎委婉地回应，他不愿与任何人为敌。可是，这依然没有避免阿森纳与曼联、温格与弗格森结下梁子。

11 月 16 日，曼联有惊无险地在老特拉福德球场 1 比 0 击败阿森纳。赛后，阿森纳的主力射手伊恩・赖特指责对方门将舒梅切尔对他进行了种族歧视。英格兰足总介入调查，最后称“缺乏足够证据”，从而不了了之。阿森纳是旧仇未报，又添新恨，两家球队的梁子越结越深。

沉默与思考

温格依然沉默。他在乎的不是一场比赛的胜负，不是弗格森的出言不逊，不是舒梅切尔究竟说了什么，他在乎的是阿森纳的变革之路。他时时关注着俱乐部环境的变化，并依据这种变化适时调整变革的策略与步伐。

变革的冲动时刻都在撞击着温格的心脏，嘭嘭的，像战鼓。虽然温格已经有了变革的思路与步骤，但推动变革提速的愿望还是执着地时不时地敲得他心脏狂跳。赛前，温格曾想一举拿下曼联，为自己赢得更多的改革话语权与变革发展的主导权。失败的现实，让他不得不进一步审视现实，把变革的步子迈进得更加扎实可控。

在人类历史上，改革者都是历史的大英雄。改革者都是善于使用“长焦距”的，看得远，瞧得清，往往被远处的美景勾去了魂魄，不管不顾地奋勇前进，几乎是不可避免地掉进现实的阴沟里。由于他们看到的美景是真实的，是后人必定要到达的，享受到新生活的人们必然会怀念他们，并把他们奉为先知，视为英雄。理想失去现实的依托，就是空想；步伐超过了平衡能力，就是折腾。

饭得一口一口吃，路得一步一步走。不到冲刺的时候，过早发力注定要失败。创造变革的环境与加快未来变现的步伐，唯一的路径就是打好当下的比赛。除了训练比赛，温格大部分时间都是待在自己的住所里看比赛录像和英超联赛的电视转播。

个别时候，温格会到治疗室，看队医给球员进行伤病治疗与康复保健。他一般都是静静地观察，只是偶尔问一问球员伤病的时间与恢复的情况。

1996—1997 赛季，阿森纳最终排名第三，在 38 场联赛中取得 19 胜、11 平、8 负，积 68 分，胜率为 50%，排在曼联和纽卡斯尔之后。

对阿森纳来说，这是一个不算很好也不是太差的成绩。但对温格来说，这是一个最合适的成绩。如果成绩太好，俱乐部与球员就会失掉变革的压力与热情；如果成绩太差，温格将失掉信任，甚至会丢掉位置。对球迷来说，这样的成绩虽然少了些夺冠的喜悦，却多了一些想象的空间。

温格向俱乐部董事会提出了建设阿森纳训练中心的建议。在戴恩的推动下，董事会同意开展前期工作。

球员们高高兴兴地休假去了，温格把自己的假期作业安排得满满当当。他要运用自己在法国、日本的足球实践经验，以及 20 多年的学习研究成果，为打造一个全新的阿森纳做好功课。

作业分三个方面，温格自己起了个名字，叫“三大任务”：拿出阿森纳训练中心的概念设计，制订新赛季准备工作计划，每天坚持学习四个小时。

学习永远是温格工作中不可或缺的一部分，而自觉持续地学习恰恰是优秀领导者不可或缺的一项特质。

人们都喜欢休闲，休闲的方式各有不同。什么是休闲？无论一个人做什么、玩什么，都是在消费自己的时间，都是在消耗自己的能量，只要此刻他处在愉悦的状态，就是休闲。如果一个人找到了自己喜欢的工作，他就是天天在休闲，就是一辈子都不用“工作”。

别人的休闲对温格来说就是劳累的工作，和足球在一起就是温格快乐的休闲方式。对温格来说，工作的报酬就是工作本身。他曾说，即使搞足球不赚钱了，别人离开它，我也不会。

人有各种各样的工作动机，有金钱、权力、名声之类的目的性动机，有爱好、兴趣之类的内生动机，也有使命、感恩之类的精神动机。人的动机如同火箭，有一级、二级、三级，上升到一定的高度就需要及时转换，成功转换才能够飞得更高。

“淘宝”计划

很快，新赛季的序幕即将拉开，英超的味道在英伦的城市里蔓延着，渐重渐浓。不过，里面似乎少了“枪手”的火药味，阿森纳的球迷不免着急起来。

“枪手”平淡得如同白开水。在轰轰烈烈的转会市场上，阿森纳引进的球员毫无名头，身价都在 100 万英镑以下。其实，温格一直在悄悄地进行着自己的“淘宝”行动计划。1997 年夏天相继引入了法国球员佩蒂特、吉尔斯·格里曼迪，荷兰球员奥维马斯，奥地利球员亚历山大·曼宁格，以及有“足坛浪子”称号的天才少年阿内尔卡。

佩蒂特，法国人，出生于 1970 年 9 月 22 日，身高 1.85 米，体重 79 公斤。他在摩纳哥足球俱乐部效力 9 年，曾经夺得 1997 年法甲联赛冠军，获得过 1990 年度法国最佳新秀称号。

奥维马斯，荷兰人，出生于 1973 年 3 月 29 日，身高 1.73 米，体重 72 公斤。小时候并不热爱足球，而是喜爱摩托车，享受风一样的感觉。14 岁时被鹰队足球俱乐部选入少年队，1992 年 8 月进入阿贾克斯足球俱乐部，为其效力了五个赛季。之后，受伤病困扰，成了替补球员。温格飞赴阿贾克斯商谈奥维马斯转会事宜，被普遍认为是一次冒险之旅。

格里曼迪，法国人，出生于 1970 年 11 月 11 日，身高 1.84 米，体重 79 公斤，司职后腰，惯用右脚，也曾效力于摩纳哥足球俱乐部（以下简称摩纳哥）。

阿内尔卡，1979 年 3 月 14 日出生于法国巴黎圣日耳曼，身高 1.86 米，体重 79 公斤。这是一个足球天才，也是一个问题少年。

曼宁格，1977 年 6 月 4 日出生于奥地利萨尔茨堡，身高 1.87 米，体重 83 公斤，司职门将。

温格有条不紊地继续着他的“不流血的革命”。

每天训练的时间依旧不长。除了必需的冲刺跑、折返跑，更多的是各种形式的对抗。6 对 6、7 对 7、10 对 10，时间很短，却不断激发着球员们取胜的欲望。这种欲望调动了球员们全部的智慧、体能与意志，使他们忘记了时间，不知道疲倦，完全沉浸在训练之中，只有训练结束，才会感到筋疲力尽。

肌肉训练依旧进行，不同的是球员们已经对此充满热情，人人都自觉又认真。因为他们的肌体越来越健美，受到了姑娘们的称赞，这种动力远比赢球更强大。

爱屋及乌，球员们也喜欢上“舌尖上的革命”，“温格食谱”也自然而然地成了球员们的自觉选择。

一次训练结束后，亚当斯对博格坎普说："伙计，我给老板的训练总结了六个特点：高强度、短时间、多对抗、针对性、精细化、新鲜感。"

博格坎普点头，补充说道："充满爆发力，十分紧凑，一些简单的动作中饱含着丰富的战术内容，比我经历过的任何训练都有趣。"

温格轨道

温格更换了自己的工作团队。从法国追随他到日本的普里拉莫茨又被他邀请到了英国，并从法国找来了三个专业人士：亚恩·鲁戈尔、卡斯特尔和菲利普·博伊克斯。

温格请来的这几位队员，个个都是奇人。

在球员们眼里，普里拉莫茨是一个神秘的人，他沉默寡言，在训练场上从不说任何与训练无关的话，离开训练场后不会和任何球员打任何交道，整天把自己关在屋子里，看比赛录像，每天都要看 4 盘以上。他是温格在英超和国际足坛的眼睛。

鲁戈尔与卡斯特尔都是营养运动学专家。鲁戈尔是营养学博士，熟悉各种植物药材，曾经发明过提升男性性功能的药物，获得过多项专利。

博伊克斯是骨科医生，善于运用食疗。他有一个很奇特的观点，牙齿与身体的肌腱有着紧密的关系。大部分球员后跟肌腱、膝关节都有老伤，博伊克斯会让他们去检查龋齿，并禁止他们吃土豆。永贝里、范佩西等都是听从了博伊克斯的建议，拔掉了龋齿，效果都不错。

温格对他的助手们说："英国的训练和法国不同，对于他们（英国球员）来说，只要在球场上完成了任务，训练只是附带品。我正在试图改变这一观念，让他们意识到训练的关键性，这需要我们一起努力。"

温格又对队医说："我希望球员通过按摩和热水浴来放松。我认为这很有帮助，无论是心理上还是身体上。如果你们的工作能够让球员尝到甜头，他们就会变得自觉。"

"不想当将军的士兵不是好士兵"，一个人人都想当将军的团队一定是个糟糕的团队。温格的团队成员都是专注于专业的奇才，他们更乐于做最好的绿叶。世上有许多人因一心只做“鲜花”而永远找不到属于自己的“枝条”，世上也有许多曾经成功的团队，因绿叶要抢鲜花的位置而花败叶落。没有把“绿叶”当成事业的人，不可能有从胜利走向胜利的团队。

没有绿叶，红花是孤独的；没有红花，绿叶是遗憾的。

球队缓缓地驶向“温格轨道”。

新赛季如期而至。1997 年 8 月 9 日，英超战幕在球迷的期待中哗啦啦地打开，顿时遍地狼烟。温格率领众将士来到了西约克郡利兹市，利兹联早已在埃兰路球场，严阵以待。是时，双方队长互换队旗，并不多言，便拉开阵势，厮杀起来。起初，双方相互试探，用的都是些平常路数，并不真正发力。15 分钟过后，“枪手”首先变招，一改格拉汉姆时期惯用的金刚路数，祭出了温格式的“菊花剑法”，左中右三路并进，彼此呼应，利兹联显然没有准备，大门前险象环生，“枪手”一时占得上风。

利兹联也是英超的一支劲旅，功夫算不上顶尖，却属上乘，素有“白衣军团”称号，即使鼎盛的曼联对它也不敢小觑半分。很快，“白衣军团”便醒过神来，前场球员加强了紧逼与回防，加上“枪手”的温格战法并不成熟，双方便陷入胶着。90 分钟战罢，双方以 1 比 1 握手言和。

8 月 11 日，温格在主场设下擂台，第一个前来“打擂”的是西密德兰州的考文垂足球俱乐部（以下简称考文垂）。

考文垂有个很文艺的名字叫“歌手”。1883 年，一家自行车公司的几名业余歌手创办了自己的俱乐部，自称歌手俱乐部。直到 1898 年才改名为考文垂。“歌手”曾经在 1987 年夺得过英格兰足总杯冠军，此后一直在中游徘徊。此番征战北伦敦，也是抱定了拿分的决心。

新赛季的第一个主场，俱乐部上上下下都很重视。搏一个头彩是聚人气、提神气的大事。

温格特意换了一身新行头，西装、衬衣、领带、皮鞋、袜子都是初次陪同温格亮相。竹竿似的温格今天格外冷峻。

温格走进更衣室，看到的是一派“Party 气氛”。喧闹的音乐声中，帕洛尔扮演“探长克劳肖”，做着各种滑稽的动作，球员们看着温格哄堂大笑，因为温格与克劳肖有些相似。基翁则扮演大猩猩，捶胸顿足。助理教练赖斯不时大吼大叫，鼓舞士气。温格很不喜欢这种赛前的“热身方式”，但他没有立刻制止。他不想让球员们带着不悦出场比赛。

还有十分钟，战幕就要拉开，温格开始布置战术，主要是细节上的要求。温格最后说：“怎么练的，就怎么踢，这就够了。”

“歌手”一上来就给“枪手”送上一曲摇滚，高亢激越，眩人耳目。“枪手”明显跟不上节奏。

原来“歌手”赛前仔细研究了“枪手”与“白衣军团”的比赛，他们发现，“枪手”在温格的调教下，虽说表面上已经有了“温模样”，骨子里还是“格拉汉姆”。倘若让“枪手”打出了“温模样”，断难对付。“歌手”决定反客为主，打一个突如其来，把比赛拉进自己的节奏之中。

这一招果然奏效。

赖斯沉不住气了，不停地在场边大吼着，要求已经攻防无措的球员们回防。温格稳坐在主教练的位置上，专注地观看比赛，面无表情，局外人一般。不知情的人，会以为赖斯才是主教练。

在比赛现场，主教练的职责不是激动，而是明察秋毫，择机而动。

上半场比赛结束，阿森纳总算顶住了对手的进攻，谁也没能取得进球。中场休息时，温格认真地检查球员的身体状态，了解哪些球员受伤了，到了什么程度，然后要求大家安稳地在休息室坐一会儿。这时，急性子的赖斯扯开大嗓门，给球员布置下半场的战术要求。温格拍了拍赖斯的肩膀，轻声说：“先让他们安静一会儿。”直到离开赛还有 3 分钟的时候，温格才开口说话。他以十分平和的口吻说：“要耐心，多传球，下半场一定是你们的。”

“歌手”的体能开始下降，渐渐力不从心。阿森纳又打出了“温模样”，夺回了比赛的主动权。在比赛的后 30 分钟，“歌手”连中“枪手”两弹，败下阵来。

球迷一片欢腾，球员们击掌相庆，温格平静如初。队长亚当斯狂奔过来，满脸的热情却碰上了温格的冷静的表情，脚步不由自主地放慢，却又不能止步，两个人礼节性地相互摸了一下后背。

初战两场，客平主胜，开局还算不错。

温格带队南征北战，到了10月底，12轮比赛结束，战绩是6胜6平，在积分榜上排名第二，仅比曼联少了一分。

球员的身体状态与竞技水平有了明显提升，这让温格喜在心里。球队整体的打法不成熟，思想并不统一，配合不够默契，许多进球及胜利是靠球员的个人发挥取得的，特别是博格坎普的状态神勇，发挥出色。这让温格既喜又忧。

博格坎普

1969年5月10日，丹尼斯·博格坎普出生在荷兰首都阿姆斯特丹。这位身高1.83米、体重78公斤的荷兰足球天才同样具有极高的语言天赋，精通英、荷、德、意四种语言，是20世纪90年代荷兰最出色的球员之一。

风车、木鞋、运河、小桥、船屋、美丽的建筑、诱人的郁金香、秀美的田园、动听的牧歌，所有这一切，属于荷兰，属于阿姆斯特丹。博格坎普拥有了与这里的文化特征息息相关的美丽绰号：冰王子、冰人、上帝、不会飞的荷兰人，等等。在2009年英国《天空体育》评选的阿森纳历史最佳球员中，排名第二。

博格坎普的父亲是一个信天主教的水管工人，他有四个儿子，一家人全是狂热的足球迷。据说，丹尼斯·博格坎普的名字就取自曼联著名球星丹尼斯·劳（Denis Law）。博格坎普曾经回忆道："的确，我的名字取自曼联球员丹尼斯·劳。因为我的父母都喜爱足球。1969年我出生的时候，曼联是一支超级球队，我父母决定给我取名丹尼斯，当时一位伟大球星的名字。"当时市政局登记处的公务员觉得Denis太接近Denise（女性名字），因而坚持要加上一个"n"，于是才有了现在的"丹尼斯"（Dennis）而不是Denis。

童年时代的丹尼斯总是对着家里花园的墙壁磨炼球技，也和3个球迷哥哥一起做盘球游戏。12 岁时，丹尼斯进入了阿贾克斯青训营，开始了边踢球边学习的生活。俱乐部规定，小球员在训练的同时必须完成学业，否则将会失去训练资格。小博格坎普非常自觉与刻苦，是个学球与学习两不误的小模范。他从不外出游玩，如果周六有比赛，周五晚上就会钻进训练营里保持状态，周六晚上和周日也会待在训练营里面做功课。功夫不负有心人，荷兰球星约翰·克鲁伊夫慧眼识珠，把博格坎普从青年队提拔到一线队。1986 年 12 月 14 日，博格坎普首次代表阿贾克斯在联赛出场，对手是罗达 JC 队足球俱乐部。次年，他又在和瑞典马尔默足球俱乐部的冠军杯比赛中出场。在一队，博格坎普的球技飞速提升，很快迎来了个人职业生涯的第一个高峰。他和球队获得 1987 年优胜者杯冠军、1990 年联赛冠军、1992 年联盟杯冠军和 1993 年荷兰杯冠军。他个人连续 3 年获得荷兰联赛最佳射手，并且创下联赛连续 10 场比赛进球的纪录。在此期间，博格坎普开始了在国家队的生涯。1990 年 9 月 26 日，第一次代表国家队出战和意大利的友谊赛。在第二场和希腊的热身赛中打进了他在国家队的第一个进球。1992 年他跟随古利特、范巴斯滕、里杰卡尔德等巨星征战欧洲锦标赛，虽然最终荷兰止步于半决赛，但博格坎普以 3 粒进球成为球队头号射手。

丹尼斯·博格坎普成了欧洲各大俱乐部追逐的目标，结果他作出了一个令人惊奇的决定：拒绝 AC 米兰足球俱乐部和巴塞罗那足球俱乐部（以下简称巴塞罗那）的邀请，和威姆·琼克一起投奔国际米兰足球俱乐部（以下简称国际米兰）。不过，博格坎普在国际米兰却成了一只断了电的灯泡。虽然他和球队收获了冠军奖杯，但这奖杯上并没有他的光芒。他在国际米兰踢的是中锋，而他更喜欢跟在中锋身后。而且他和队友，乌拉圭前锋鲁本·索萨关系不佳。后者更多地把他当作竞争对手而不是队友，因此他们始终不能够相得益彰。

度过了灰暗的 2 年之后，博格坎普再生去意。1995 年 6 月 20 日，博格坎普以 750 万英镑的身价转会阿森纳。国际米兰主席莫拉蒂曾嘲讽：“如果博格坎普一个赛季能进 10 球，阿森纳就应该庆幸了。”主席的话似乎是真理，博格坎普来到阿森纳，果真依旧是一只不发光的灯泡。庆幸的是温格来了，温格的“完美足球”成了博格坎普的电源，荷兰“冰王子”从此大放异彩。自 1997—1998

赛季开始，博格坎普步入了个人职业生涯的黄金时期。

温格对这位爱将，丝毫不吝啬赞美之词，他说：“博格坎普又聪明又高水准。他水准很高这是毫无疑问的，这说的大多数时候是在有球状态下的技术，但是智慧能使你擅用这些技术。就如有的人具有很大的词汇量，但是他不善于言辞；而有的人也有很大的词汇量，但是他善于言表，这正如博格坎普所做的一切那样。他所做的总是有头脑，总是有智慧的，而他的技术保证了他能随心所欲。”

在 1997 年 8 月 23 日阿森纳客场对阵南安普顿足球俱乐部的比赛中，博格坎普先是上演了一出长途奔袭的好戏，荷兰“冰王子”前场右侧拿球后开始突破，面对南安普顿四五名后卫的围追堵截，博格坎普如一只山间飞翔的雄鹰，从容优美地穿越屏障，于禁区内冷静扣球，在后卫与守门员之间获得了极小的射门角度，起右脚扫射，似巧女行针，足球擦着守门员的脚尖蹿入球网。之后，博格坎普又在禁区右侧获得射门机会，他赶在对方后卫封堵之前，右脚一记劲射，足球直奔球门死角，帮助球队以 3 比 1 的比分击败对手。

8 月 27 日，英超阿森纳客场 3 比 3 战平莱切斯特足球俱乐部，博格坎普上演帽子戏法，而本场比赛的 3 个入球也成为 BBC 评选的年度进球的前三名，创造了一个很难超越的历史纪录。开场不久，奥维马斯左侧主罚角球，他将球推给左侧禁区前沿的博格坎普，“冰王子”右脚打出弧线球，足球在守门员的头顶画出一道彩虹，落在了球门远角，守门员只能望球兴叹。下半场时，阿森纳反击，维埃拉突破后横传中路，博格坎普机警地一蹚，晃过上抢的后卫，面对出击的门将，一脚推射，守门员挡了一下，足球折射入网。最后一球也是博格坎普自己认为最漂亮的入球，普拉特中场附近长传禁区左侧，博格坎普插上，右脚在空中将球卸下，面对上抢的后卫，冷静地用左脚空中颠球一晃而过，左右脚触球流畅连贯、一气呵成，如蝴蝶戏花，彻底将后卫晃开，面对门将，“冰王子”冷静优雅地将足球推射入网。

亚当斯挺身而出

要超越曼联，就要减少平局，要减少平局，就要加强进攻。温格加快了对“枪手”进攻体系的改造。

“枪手”求胜的欲望陡增，谁也没有料到形势会急转直下。

1997 年 11 月 1 日，保持不败的阿森纳客场挑战德比郡。身着白色上衣黑色短裤的德比郡足球俱乐部（以下简称德比郡），成立于 1884 年 1 月 1 日，是英国职业足球联赛的创始者之一。长期混迹于甲级联赛，1994 年刚刚升入英超联赛，是足坛的老江湖，英超的新选手。

也许是它与 1 有缘吧，1 月 1 日成立的德比郡，在 11 月 1 日这一天表现得出奇地“俊”。他们最终以 3 比 0 完胜“枪手”，硬是把阿森纳长期引以为荣的钢铁防线戳成了筛子。

阿森纳的厄运远没结束。

此后的六轮比赛，阿森纳 3 胜 3 负，排名降至第五，比排名第一的曼联整整少了 10 分。

冠军频频向曼联抛出媚眼，而阿森纳能否蝉联老三都成了问号。12 月 13 日，阿森纳主场负于布莱克本，已经有球迷开始向温格发出嘘声，在他们眼里，温格已经无计可施。

这时候，亚当斯站了出来。

亚当斯只身走进温格的房间，看见温格正埋头看比赛录像。

“老板，我们得谈谈！”

温格不太情愿地抬起头，亚当斯发现温格并不太愿意与自己交流。

“别老是钻进电视里研究对手，问题出在咱们自己身上。”

温格的眼睛闪出了光泽，亚当斯接着说：“老板，你得有信心，信心与你的战术一样重要。”

“你指什么？”温格终于开口。

“与托特纳姆的比赛，为什么换上了一名后卫，却让对手追平？”不等温格回答，亚当斯接着说，“你换下的不仅是一个中场队员，也是战胜对手的信心。”

“我当时是有些想赢怕输。”温格诚恳地说。

“老板，你不用害怕，我们能对付对手的进攻，我从不在乎禁区里有多少敌人，我能对付 10 个前锋！你要对我们有信心！”

这次长谈持续了三个小时。温格听取了亚当斯的意见。

第二天，温格召开了一个球队会议，让大家畅所欲言，查找问题。亚当斯首先批评了中场球员对后防保护不够，大家的攻防意识不统一，造成攻防两端都不得力。

几乎每个球员都有一肚子的话憋在心里，亚当斯的发言一下子引爆了大家的情绪，有相互指责的，有发泄怨气的，会议室内像无数支炮仗在炸响。温格说话了：“听我说，大家想想看，你们为什么会有怨气？会相互不满？为什么？因为你们希望球队踢得更好，你们觉得可以踢得更好，不是吗？这很好，既然我们的目标是一致的，大家就可以无话不说，也可以再心平气和一些。”

球员们激动的情绪渐渐舒缓下来，争论开始变成讨论，指责开始变为提醒，气氛变得越来越活跃。话说透了，问题挑明了，怨气出够了，每个人都觉得轻松了不少。

在温格的建议下，俱乐部把圣诞派对安排到了法国巴黎。从往返行程到派对活动，温格都作了精心设计。一切都如温格所愿，英国球员与法国球员在此期间几乎没有停止交流，原有的小圈子在打破，他们之间有了更广泛的融合。

亚当斯曾经因酒后开车，出了车祸，其胳膊负伤，一直没有彻底恢复。

圣诞派对结束后，温格告诉亚当斯，俱乐部决定让他留在法国，接受专业治疗，以更好的状态迎接下半程的战斗。

亚当斯听后说：“不，老板，这个时候我不应该离开球队！难道你要放弃今年的成绩？”

“亚当斯，一直以来我都尊重你的选择，但这一次你得听我的。我没有放弃，任何时候都不会放弃，那不是我的性格。我需要一个更完美的亚当斯。”

当球员们得知亚当斯在法国疗伤的消息后，多少有些不解。

戴恩对温格说：“伙计，亚当斯在这支球队无人可替代！”

“完全同意！相信我，法国归来之后的亚当斯会更好。”温格回答道。

戴恩笑了笑说：“你在给法国球员创造空间，你敢说不是吗？”

“亚当斯是个领袖级的球员，也是有责任心的球员，我需要他。但现在他把自己放得太高，如果他明白这支球队没有他也能够战胜对手，他会做得更好。另外，我要说的是，他的确需要治疗。”温格平静地回答。

“祝你好运！我支持你！”戴恩说。

阿森纳迎来转机

温格的苦心有了回报。1998 年 1 月，阿森纳三线征战，八场比赛，五胜三平。其中，联赛二胜一平，英格兰足总杯赛两战皆平，联赛杯赛两战全胜。两名法国中场球员维埃拉与佩蒂特的配合越来越娴熟，在中场的调度越来越有创造性。球队的凝聚力在提升。

1998 年 1 月底，亚当斯回来了。温格亲自给他戴上了队长袖标，说道：“亚当斯，用你的行动来证明它的价值！”

阿森纳的神奇之旅开始启程。

高手之间的对决，起决定作用的是双方的心理。过小或过大的积分差距，都是对球员心理素质的重大考验。曾经落后曼联一分的阿森纳满脑子里都是赢球、比分，也就没了对比赛的专注，输球自然不可避免。现在比分拉开了，阿森纳反而放开了手脚。

一支成熟球队的显著标志之一就是，它能够在任何情况下都专注地踢球。锻造一支这样的球队是困难的。

2 月 8 日，英超联赛进行到第二十五轮，阿森纳主场迎战切尔西足球俱乐部（以下简称切尔西）。

此时，英超联赛的局势是这样的：曼联以 49 分高居榜首，第二集团则陷入混战。切尔西与利物浦、阿斯顿维拉足球俱乐部三队同积 45 分，阿森纳以 44 分紧随其后。

切尔西和阿森纳的渊源与恩怨都是由来已久，这要从切尔西的历史说起。切尔西的诞生颇具戏剧性，两个人、一只狗是其中的主角。那是1904年的秋天，英国伦敦的一个体育迷突发奇想，买个足球场玩玩。于是，他找到了几个玩伴，对他们说："足球运动已经在英国各地火起来了，可伦敦呢？伦敦还没有顶级足球比赛。我们何不把斯坦福桥球场买下来经营，自己玩起来也方便。"哥几个都觉得好玩。

提出建议的这个人就是切尔西的创建者亨利·安古斯图斯·米尔斯。

球场顺利地买下来了，招租的事却遇上麻烦。他们找到了富勒姆队，对方嫌租金过高，没能达成协议。几经周折，米尔斯有些气馁，便想打退堂鼓。

这时候，米尔斯的合伙人弗雷德里克·帕克来找他，劝他不要放弃，但米尔斯已经没有了热情，执意要卖掉球场。两个人在球场边走边谈，争执不下。这时，另一个重要角色登场了。米尔斯的小狗一直不声不响地跟在他们身后，突然间向帕克发起攻击，咬伤了帕克的小腿，登时鲜血直流。米尔斯赶走了小狗，连声道歉。帕克并不介意，还开着玩笑地说："它是在发表意见呢，看来它的意见与主人高度一致。"米尔斯盯着帕克看了一会，突然说道："你很能应付'打击'……"也许米尔斯想到，自己也该像帕克一样，乐观地面对意外与挫折。就在这一刻，他改变了主意。"明天九点你来找我，我想我们该忙了。"米尔斯说。就这样，他选择坚持下去。就这样，一只小狗与两个体育迷成就了百年切尔西。

1905年3月14日，在斯坦福桥体育场对面的"屠夫之钩"酒馆里，米尔斯和合伙人们召开了会议，决定成立一家新的足球俱乐部，建立自己的足球队。一开始，人们对于俱乐部的名称各抒己见，"斯坦福桥足球俱乐部""肯辛顿俱乐部""伦敦俱乐部"等提议都被否决，最终，"切尔西足球俱乐部"的名称被通过，一个至今已长达百年的故事拉开了序幕。

50年后，切尔西才拿到了第一个联赛冠军；60年后，切尔西才捧得了第一个杯赛冠军奖杯；70年后，切尔西才真正锻造成一支王者之师。切尔西的成长之路曲折而漫长。

“枪手”大战切尔西与曼联

不是冤家不在关键的时刻聚首，没有双方都在乎的“关键”，同样也就没有冤家。此刻，阿森纳与切尔西积分相同，谁获胜谁就有可能摆脱第二集团的缠斗，赢得主动。正所谓冤家路窄，容不下两位英雄并肩前行。

冤家决斗，观者如云。比赛却让球迷们失望，前二十分钟的比赛平淡如水。切尔西多在后场倒球，阿森纳的进攻则毫无亮点。二十分钟后，亚当斯率领的后防线开始集体前压，禁区前沿留下了大片开阔地带，切尔西似乎看到了机会，迅速展开反击，一时抢得优势，现场球迷发出一阵阵惊呼。

亚当斯指挥着队友时退时进，牢牢地护住禁区，“蓝军”屡屡获得进攻机会，却总难觅得射门良机。“蓝军”感到机会就在眼前，禁不住全力去抓，又转瞬即逝，直落得个气喘吁吁。上半场结束，切尔西无奈地接受了0比0的结果。

中场休息，温格一言未发。比赛开始前，温格说：“亚当斯，看你的了！”

亚当斯高声喊道：“伙计们，反攻的时候到了，打出我们的血性，打他个措手不及！”

阿森纳球迷的眼睛一下子闪亮起来：“枪手”与上半场状态完全不同，三线整体前压，传球快速，进攻犀利，“蓝军”顿时只剩下招架之功，全无还手之力。最终，斯蒂芬·休斯梅开二度，“枪手”2比0完胜“蓝军”。

温格一计“引蛇出洞”，杀得“蓝军”遍体鳞伤，落荒而逃。

温格悄悄地谋划着与曼联的决战。

1998年2月25日，“枪手”主场以1比0小胜水晶宫，3月11日客场1比0小胜温布尔登。

3月14日，阿森纳客场挑战曼联。此刻，曼联积57分，阿森纳积54分，占据着英超联赛积分榜的头两名。如果曼联再输掉这场比赛，家底就输光了。

这场对决，弗格森期待已久。

弗格森忘不了1997年11月客场负于阿森纳的那场比赛。“枪手”凭借主场优势，一上来便集中火力，向曼联腹地狂轰滥炸。开场不到十分钟，阿森纳便连进两球，其中 18 岁的法国少年前锋阿内尔卡攻入了他英超联赛的首粒进球。“枪手”带着 2 比 0 的优势进入下半场，曼联如梦方醒，拿出了看家本领，与“枪手”展开了一场肉搏战。瞪起了眼睛的“红魔”果然不同凡响，凭借谢林汉姆的两粒入球，“红魔”与“枪手”很快就战成了平手。杀红了眼的双方将士，哪个也不肯就此罢手，依旧全力进攻，整个赛场一片杀气腾腾。比赛接近尾声，阿森纳获得角球，老将普拉特在禁区内一跃而起，一头将足球砸进曼联的大门。3 比 2，阿森纳胜了。

整场比赛双方攻势如潮，气势如虹，五粒进球，个个精彩。这是一场可以经久回味的经典之战，赛后媒体好评如潮，不幸的是，弗格森成了这个经典的配角。

这口气，弗格森憋了许久。

弗格森明白，温格的一招“先发制人”，让自己始料未及，猝不及防。这时，弗格森才真正意识到，“枪手”已经不是从前那个靠刚猛闯天下的“枪手”了！

战胜阿森纳，一雪前耻，弗格森充满期待，也满怀信心。但明显少了上一次大战前的轻慢。温格在弗格森心里已经成了一个强劲的对手。赛前，弗格森专门安排了针对性演练。先是进行了一刻钟的防守体系的演练，然后又进行了近二十分钟的进攻演练。

此时，人们普遍关注曼联能否止住阿森纳连胜的脚步，阿森纳的连胜，吊起了“枪手”球迷再次饱享曼联大餐的胃口，而阿森纳的“1 比 0”小胜，又让曼联球迷对“红魔”痛宰“枪手”信心满怀。

温格没有做任何特殊的安排。

准备活动过后，球员们回到休息室，安静地坐着。温格照例在离比赛不到十分钟的时候讲话：“这是一个强大的对手，所以大家最想战胜他，他们更想灭掉我们，就看谁更能跑，更有耐心。”

比赛的进程让所有球迷失望。双方没有能够再现上一回合的精彩，中场的缠斗耗去了绝大多数时间与体力，激烈有余，观赏性不足。比赛的结果却正如阿森纳球迷所愿，1 比 0，阿森纳虎口夺食，全取三分，本赛季双杀曼联，第一次登上了积分榜榜首。

看着弗格森气急败坏的样子，温格在心里笑了。“伙计，还嘲笑‘温格食谱’吗？还看不上我的‘肌肉训练’吗？这一回，你可不是输在准备不足，也不是输在技术战术，你输在了球员的体能上。这一战，我跟你打的是消耗战。”

比赛结束一个小时后，温格接到戴恩的电话。戴恩兴奋地说道：“伙计，祝贺阿森纳！告诉你一个好消息。”

“嗯？”温格平静地等待着戴恩的下文。

“你的，阿森纳训练中心的计划，董事会已经同意！”

“好啊，我们将有欧洲最好的训练中心。谢谢你的努力，我为董事会这一伟大的决定而高兴！”温格感到自己的心脏在加速跳动。

登顶冠军

联赛的后期打的就是消耗战，阿森纳的体能优势在联赛的收官阶段越发明显。阿森纳一路高歌猛进，1998 年 3 月 28 日主场 1 比 0 战胜谢周三，3 月 31 日客场 1 比 0 拿下博尔顿，4 月 11 日主场 3 比 1 力擒纽卡斯尔，4 月 13 日客场 4 比 1 横扫布莱克本，4 月 18 日 5 比 0 狂胜温布尔登，4 月 25 日客场 2 比 0 战胜巴恩斯利，4 月 29 日 1 比 0 小胜德比郡。

这个时候，阿森纳已经领先曼联 7 分，只要下一场能够在主场战胜埃弗顿足球俱乐部（以下简称埃弗顿），就可以提前两轮锁定联赛冠军。埃弗顿和利物浦同在英格兰海港城市利物浦，这同城两虎其实是兄弟阋墙的产物。埃弗顿创立于 1878 年，1892 年因分红问题股东之间发生激烈冲突，一些股东另起炉灶，创建了利物浦，从此，兄弟成了死对头。

没有情之深，就没有怨之浓；没有爱之烈，就没有恨之切。世间万物无不相互转化，既相互斗争，又相互供养。

埃弗顿作为联赛创立者之一，拥有悠久的光辉历史，家底深厚、业绩不凡。

在联赛创立的第三年，也就是1891年，就收获了首个联赛冠军。在第二次世界大战之前的1906—1939年间，埃弗顿获得了4次联赛冠军和2次足总杯冠军。20世纪60年代至70年代，又赢得两次联赛及一次足总杯冠军。进入20世纪80年代，埃弗顿再添2次联赛冠军，并且摘得欧洲优胜者杯和足总杯冠军，成为欧洲最令人畏惧的球队之一。20世纪90年代，埃弗顿进入低潮，但他们仍能继续在顶级联赛中角逐。自1954年以来，他们就从未降到次级联赛，这是英国球坛的一项纪录。前锋迪恩在1927—1928赛季打进60球，这个纪录至今还未被打破。俱乐部的主体育场古迪逊公园球场，建于1892年，造价3000万英镑，是世界上第一个专用足球场，是英国第一个四面都拥有双层看台的球场，也是联赛中第一个使用地下加热系统的球场。

埃弗顿最广为流传的绰号是“太妃糖”，也有人称“太妃糖人”。据说，埃弗顿当地有一家知名的主营各式甜点的太妃糖果店“诺布莱特妈妈”。它的店址正对着埃弗顿队徽中的鲁珀特王子塔。太妃糖的营销女孩在比赛开始前沿球场环绕一周向看台抛撒免费的埃弗顿薄荷糖，以后逐渐成了俱乐部的一项传统，埃弗顿就此得名“太妃糖”。

埃弗顿历史上曾经拥有过多个绰号。身着黑色队服时期球队曾被球迷形象地称为“苏格兰高地警卫团”。自从1901年改换蓝色队服后，球队被球迷简单地称作“蓝军”。1928年，埃弗顿因为富于冲击力的打法而被史蒂文·布鲁默誉为踢得十分科学的球队，球迷因而受到启发给埃弗顿取名“科学院”。1995年英格兰足总杯决赛中充溢着战斗精神的那支埃弗顿则被球迷们誉为“战犬”。

拿下埃弗顿，让主场球迷提前享受夺冠的喜悦，阿森纳上下摩拳擦掌，信心百倍。“枪手”没有给埃弗顿任何机会，第一个进球很快到来，接着是第二个、第三个。比赛进入了海布里的舞会时间，幸福的狂潮掀起一波又一波人浪，此起彼伏，经久不息。这时，“兵工厂先生”亚当斯用他的经典表演再次把这场舞会推向高潮。

比赛还剩下最后一分钟，埃弗顿后场得球，亚当斯正在尾随一个埃弗顿前锋回撤防守，此时普拉特将球从对方脚下抢了回来，亚当斯看到对方大举压上、后防空虚，便迅速向前冲刺，普拉特快速将球传给中场球员博尔德，博尔德心领神会，顺势将球搓起，足球画过一道优美的弧线，越过了埃弗顿的后防线，飞到亚当斯的跑动路线上。后卫亚当斯怎会放过如此难得的单刀赴会的机会，他用身体停住反弹球，一记雷霆万钧的凌空抽射，足球呼啸着撞进埃弗顿球门，球网掀起了高高的波浪。“枪手”以 4 比 0 狂胜埃弗顿。亚当斯以一个最佳的方式加入了这个欢庆舞会当中。

至此，阿森纳一口气拿下了九连胜，提前两轮锁定冠军。最后两轮，“枪手”两战皆败，曼联则是两战全胜。这个赛季，阿森纳取得 23 胜、9 平、6 负的战绩，胜率达到 60.53%，拿到了 78 分。曼联积 77 分，以一分的劣势屈居亚军。

锁定双冠

弗格森有点恼羞成怒，他批评阿森纳说：“他们犯规的次数比以前的温布尔登还多。”

温格回敬道：“他说什么不关我的事，只是他这么说显得比较笨而已。”

后来，弗格森觉得自己的话有失风度，便告诉媒体他为此事给温格写了一封道歉信。温格则说：“如果他写了信，那么肯定是用马车送过来的，因为我到现在还没有收到。”

1998 年 5 月 16 日，阿森纳与纽卡斯尔足球俱乐部（以下简称纽卡斯尔）展开了英格兰足总杯的决战。此时，“枪手”已经从联赛冠军的陶醉当中清醒过来，恢复了对比赛的专注。决战的局面完全被“枪手”控制。“枪手”上下半场各入一球，2 比 0 战胜纽卡斯尔，抱得足总杯，收获了“双冠王”，这是俱乐部有史以来第二次获得这样的荣誉。

俱乐部主席伍德坐在办公室里，看着球队夺冠的照片，像看着一群美丽的姑娘，心里乐开了花，眼睛放着电光，浑身的小细胞都美得闭不上嘴。在这张照片上，伍德看到的不仅是一支冠军球队，还有阿森纳的未来。这个未来就在温格身上。千军易得，一将难求。阿森纳有幸有了一位出色的“上将军”。

伍德还记得当年他正在为主教练的事大伤脑筋，戴恩送来了一份教练推荐人选的报告，他在报告上第一次看到了温格这个陌生的名字，因为陌生所以也看得很仔细。伍德从报告中知道，温格 1949 年 10 月 22 日出生在法国斯特拉斯堡；16 岁时才进入杜特伦姆足球俱乐部，参加地区丙级联赛；1969 年成为穆特齐格足球俱乐部的业余球员；1973 年加入穆尔豪斯足球俱乐部，这是一家半职业的俱乐部，属于法国乙级联赛；1975 年加入了斯特拉斯堡队大学生队，并在斯特拉斯堡大学学习；温格与斯特拉斯堡签订的是职业球员的合同，但他的工作主要是协助主教练希尔德指挥预备队；1979 年，斯特拉斯堡队赢得法甲冠军，但温格并不是主力球员；1980 年退役；1984 年担任南锡足球俱乐部（以下简称南锡）教练；1987 年出任摩纳哥主教练，并在 1988 年带领摩纳哥赢得法甲联赛冠军；1991 年，带领摩纳哥赢得法国杯赛冠军；1992 年，带领摩纳哥打入在葡萄牙里斯本举行的欧洲优胜者杯决赛，但是以 0 比 2 不敌德甲不来梅队获得亚军；1995 年，来到日本 J 联赛，执教名古屋鲸足球俱乐部（以下简称鲸八队），同年被评为日本 J 联赛最佳教练；1996 年，带领鲸八队赢得日本天皇杯、日本超级杯冠军。

在伍德看来，温格的球员生涯毫无亮点，他在教练岗位上取得的那些成绩也不能够成为其入主阿森纳的有说服力的证据。

伍德对温格的家乡颇有好感，在过去的 150 多年里，那个地区一直是德国与法国争夺的范围，曾经几度易手，那里的人大多兼有法国人的浪漫与德国人的严谨。

伍德现在回想起来，已经说不清到底是戴恩的坚持，还是因为俱乐部财政的困难让他最终选择了温格。但如果当时俱乐部有更多的钱，也许自己就不会被戴恩说服。

是要感谢戴恩，还是要感谢俱乐部缺钱？伍德觉得这是一个既无聊又有趣的问题。

有些事，没有钱是办不成的；有时候，钱又会淹没许多可能性。总之，穷出奇迹。穷，不一定是一贫如洗，穷有时候是一种心态。

这一年，1996 年加盟阿森纳的荷兰人博格坎普被评为球员联盟的年度最佳球员和记者协会评出的年度最佳。

这一年，温格被评为英超年度最佳教练。

温格并不像队员们那样激动，因为这一切离他心中的理想还很遥远。他的梦想不仅是几个冠军奖杯，也不是多少荣誉称号，而是在阿森纳演绎他的“完美足球”，实现他的艺术足球梦想。他需要为此建设一支更完美的球队，这支球队是全攻全守的，简单、快速、充满力量，把握住千分之一秒即将流失的空档，然后一击制敌。同时还要有一个能够与“完美足球”相匹配的舞台——阿森纳的新主场。

比夺得“双冠”更令温格高兴的是，阿森纳的训练中心已经开工建设。借着大家一派喜悦兴奋的当口，温格又向俱乐部董事会提出了新建俱乐部主场的建议。董事会很快同意启动前期调研工作。

喝酒不醉最为高，做梦不睡才算奇。做梦容易，不忘记梦则难，把梦变为现实则更难。只有当自己的梦成为他人眼里的可能之时，梦才会有落地生根的机会。温格是一个善于做梦又精于逐梦的人，他知道梦与现实的距离，懂得为梦创造成长的环境。为此，温格把自己的梦想，分解为一段一段的“可能”，然后鼓动整个团队为这个“可能”而奋斗。一段“可能”变现之后，人们则看到了另一段“可能”，于是，他的梦便有了雄厚的基础，他自己便拥有了一种魅力。

温格一刻也没有停止球队的建设，他四处寻找着能够演绎美丽足球的苗子。1998 年，以 300 万英镑买下了瑞典球员永贝里，又从瑞士的卢加诺俱乐部购得了阿根廷球员尼尔森・大卫・维瓦斯。

“铸剑”为新赛季

1998—1999 赛季即将来临。

格拉汉姆留下的钢铁后防依旧坚固，温格打造的中前场渐趋华丽，温格的阿森纳之剑已经变得锋利起来，球迷们对阿森纳的期待也随之高了起来，温格

“完美足球”的梦想更加强烈起来。

上赛季的“双冠”，阿森纳由拼对手变成了被对手拼的对象，由攻擂者变成了守擂者。儒雅的温格与“吹风机”弗格森之间性格上的差异，阿森纳与曼联的势均力敌，成了英超的风景与卖点。法国人温格成为这里的个性、文化、足球信仰冲突的催化剂。媒体高兴了，他们不仅喜欢猎取温格与弗格森的一言一行，而且喜欢在两人之间制造事端，球迷们则对两人对决的过程与结果都充满期待，双方球队的每次碰撞都吸引着全国各地的球迷前来见证。俱乐部老板们也很高兴，因为球市一天天火起来了。

阿森纳在过去是重要配角，一下子变成了主要角色，怎样适应这种角色转换，俱乐部上上下下都没有经验。球员们没有，温格也没有。而曼联则不同，他们已经习惯了当主角，他们对“风口浪尖”上的生活，有着丰富的经验。

与弗格森掰手腕，与曼联决高下，温格快乐并谨慎着。曼联已经被弗格森锻造成一把宝刀，阿森纳还是一把磨砺中的剑。温格仔细审视着自己手里的这把“半新半旧”的剑体，盘算着如何把它打磨成真正的宝剑。

35 岁的希曼是主力门将的不二人选，这位绿茵场上的“老汉”，身体的柔韧性强，门前的位置感好，判断精准，勇敢果断，是英超最好的守门员，不是之一，而是唯一。希曼年事虽高，却依然不愧“灵猫”称号。

希曼在阿森纳历史英雄排行榜上列第 7 位。

21 岁就担任队长的中后卫亚当斯，如今已经 32 岁，属于资深队长了。他的忠诚、担当、勇气和责任感，使他的领导力无人匹敌；他对铲球时机的把握、阅读比赛的能力和超强的制空能力，使他成了对手前锋的梦魇。这头“倔驴”，这位“阿森纳先生”，是英超最好的队长，是不可多得的帅才。

亚当斯在阿森纳历史英雄排行榜上列第 3 位。

36 岁的中后卫鲍尔德有能有谋，身经百战，经验丰富，与亚当斯配合默契，虽然仍可依靠，但后备人选的培养已经迫在眉睫。

左后卫温特伯恩，绰号“松鼠”，也是 35 岁的老将了。这只老“松鼠”不仅有着过人的防守能力，而且有着优良的战术意识。一对一时鲜有人能在他面前占到便宜，一旦断球成功，还时常会在边路奉献超级精准的传球，如同利锥一般穿透对手防线。但这毕竟是一只老“松鼠”，也需要有继任者了。

温特伯恩在阿森纳历史英雄排行榜上列第 21 位。

34 岁的右后卫迪克逊，边锋出身，头脑冷静，攻防俱佳，左右脚能力均衡，善于助攻，也能破门，在后卫中得分能力最强。

迪克逊在阿森纳历史英雄排行榜上列第 37 位。

后腰维埃拉，刚刚 22 岁，身体强壮又不失柔韧性，抢截稳狠又能及时发动进攻，是中场发动机。出众的身体素质、强悍的对抗能力、敏锐的攻防意识，让他具备了一流中场的一切条件，如果能够改一改火爆的脾气，他将是球队未来的核心。

维埃拉在阿森纳历史英雄排行榜上列第 5 位。

28 岁的后腰佩蒂特，作风硬朗，身体强壮，技术全面，抢断凶狠，头脑非常冷静，防守的位置感强，善于补位，并且有一脚“手术刀”般的传球，由此获得“屠夫”绰号。他与维埃拉的组合近乎完美。唯一令人担心的是，他能否在毒品与女人面前保持清醒。

佩蒂特在阿森纳历史英雄排行榜上列第 22 位。

25 岁的右前卫帕洛尔，忠诚可靠，勤奋坚韧，勇猛顽强，是工兵型中场，他的存在可以让球队的中场攻守平衡，“金发狮王”可以大大增强球队中场的硬度。

帕洛尔在阿森纳历史英雄排行榜上列第 19 位。

左前卫奥维马斯，25 岁，正是黄金年龄，擅长带球过人，急转内切，风一样的速度还可以硬吃对手，“小飞侠”是球队左路进攻的利器。

奥维马斯在阿森纳历史英雄排行榜上列第 12 位。

29 岁的前锋博格坎普是一位可以用脚拉小提琴的足球艺术家，优雅、犀利、致命是“冰王子”的特征，他的意义不仅是进球，而是创造美的进球与美的足球，他的脚下演奏的是阿森纳“完美足球”的主旋律。

博格坎普在阿森纳历史英雄排行榜上列第 2 位。

19 岁的前锋阿内尔卡，身材高大，速度奇快、双脚能力均衡、极少丢球，射门感觉好，尤其是在高速运动中的射门力道与角度都恰到好处，一剑封喉，是一位“冷血杀手”。不过，这小子比较高傲，如果他能够学会合作，前途不可限量。

还有 32 岁的后卫基翁，20 岁的后卫厄普森，20 岁的塞内加尔球员前锋迪亚瓦拉，22 岁的中场球员休斯，未满 18 岁的后卫阿什利・科尔。

这些球员是阿森纳征战新赛季的骨干力量，虽说这些球员个个不俗，但老的太老，小的太嫩。“后防五老”尽管雄风犹存，但他们已经很难脱尽格拉汉姆强悍足球的痕迹，而且让他们在漫长的赛季里保持良好状态也是一个不小的困难。新人与新人、老人与新人如何保持一种既有竞争又能合作的和谐关系，也是一个不小的困难。

以英国球员为主体的局面已经被打破，阿森纳成了一支多国部队，他们说着不同的语言，有着完全不同的文化背景与性格特点。如何才能让他们既不泯灭个性，又能融为一体呢?

更为棘手的任务是如何平稳地完成阿森纳的新老交替，“枪手”要有更出色的新人，才能理解与演奏“完美足球”的交响曲。

“五大招法”

温格依靠自己多年积累的知识、经验，持续打出“教授招法”。

第一招：细雨润花。

温格对球队文化的再造是和风细雨式的，以“文”化人，以“温”暖人。

在一次训练前，温格把大家召集在一起，然后说道：“我希望大家在训练中都说英语，从现在开始。最好，在生活中也养成用英语交流的习惯。”

帕洛蒂问道：“为什么？”

“因为我们都是阿森纳人，我们是一个整体！”温格回答。

“熟悉英语会让你的生活方便很多，也会让你懂得更多。”温格补充道。

又一次训练前，一向严谨儒雅的温格笑着对大家说："告诉大家一个秘密！"球员个个流露出好奇的眼神，等着温格的下文。

"是关于亚当斯的。"温格卖起了关子。

亚当斯笑了，他说："老板，我有什么秘密！女人还是喝酒？我早就和酒分手了。"

"亚当斯有了新欢。"温格说。

球员们乐了，有的向亚当斯扮起了鬼脸。亚当斯右手抓着头皮，被温格说得一时摸不着头脑。

"亚当斯抛弃了酒，爱上了书。他已经开始写诗了，我们有了一位诗人队长。"温格说完，球员们略感失望，一些球员不自觉地吐了吐舌头。

"我们应该学会更多的东西，对生活有益，对足球也有好处。训练、比赛、生活，多看看我们的队长。"温格又恢复了他惯常的严肃。

第二招：乾坤大挪移。

骏马快如风，犁田不如牛。温格的"乾坤大挪移法"让许多球员如虎添翼，锦上添花。所谓"乾坤大挪移法"就是依据球员的特点与球队的战术要求改变球员过去的场上位置，以释放其特长或抑制其短处。温格成功地将边前卫出身的维埃拉由边路调整到中路，使其大局观得到充分发挥，从此成为世界一流的后腰。把边锋奥维马斯改造成左前卫，使其在攻防两端尽显速度优势。帕洛尔是一个干脏活、累活的中场工兵，没有速度，也没有左脚技术，温格在训练中让他尝试右前卫，于是，帕洛尔的特长尽显，而左脚则不再"蹩脚"。让比赛场上的 11 个人优势互补、相得益彰是温格孜孜不倦的追求。

第三招：沙里淘金。

温格相信，除魔术师之外，没有人能够点石成金。所谓能够点石成金的人，不过是能够于沙土中发现金子的人。为了练就一双慧眼，温格大量收集世界一流球员的信息资料，潜心研究青少年足球人才的成长规律，寻找鉴别足坛金子以及让金子闪光的方法。

亚当斯说："温格每天都想找到足球圈子里的金矿。"的确，温格每天都会盯着电视机里的足球转播，特别是那些低级别的比赛，以便发现可塑之才。温格还利用各种关系，广泛布点，四处网络可能的足球天才。在阿森纳的训练营里，时常能看到前来试训的足球少年。

第四招：熊市填仓。

“熊市填仓”是温格成功的又一法宝。一个优秀的教练要善于识人、育人、用人，还要善于经营。在球员市场上，温格一般不买涨，而是善于在别人看跌时吃进，这需要过人的智慧与勇气。温格时刻关注自己中意球员的动态，耐心地寻觅可能“进货”的最佳时机。把“垃圾股”变成“绩优股”，让温格在世界一流俱乐部教练当中独树一帜。

第五招：自我成长。

温格告诉他的球员，成长是自己的责任。成长是没有终点的，只有当你觉得到达终点时，成长才会停止。成长如同跨栏，一边挑战当前的目标，一边为下一个目标做准备。同时还要清楚，在足球这样的团队里，自己的成长与团队的命运息息相关。如果把自己得不到成长或是在比赛中发挥不好的原因归咎于外在因素，找各种借口，那就是给自己挂上了倒车挡，后退将是不可避免的。

目标是重要的，如果把夺冠当作最终目的，那么在站上领奖台的那一刻，生命就结束了。只有不断挑战自我，人生才没有终点。

然后是学习与行动，思考的习惯与行动的习惯相结合，就有了成长的两个轮子。创新并非一定是前无古人的创举，创新存在于俱乐部工作的每一个细节之中，行之有效的创新，一开始可能并不起眼。

1998—1999 赛季开局

温格的“淘宝”的功力首先在阿内尔卡身上显现。

1998 年 8 月 9 日，慈善盾杯决赛在新赛季开始前打响，阿内尔卡突破斯塔姆的防守，用一记漂亮的进球，戏弄了这个世界上最昂贵的后卫。凭借阿内尔卡的突出表现，阿森纳以 3 比 0 战胜曼联。随着赛程的深入，阿内尔卡的实力也在不断提升，19 岁的青年球员便成了世界足坛炙手可热的前锋之一。

阿内尔卡立下头功，阿森纳拔得头彩，新赛季似乎有了一个好兆头。然而，谁也未曾想到，阿森纳竟然会走得一波三折，最后功亏一篑。

8 月 17 日，英超联赛烽火再燃。阿森纳主场有惊无险地以 2 比 0 拿下诺丁汉森林足球俱乐部，开局还算如意。接着却无奈地迎来了四连平。更让温格郁闷的是，他着力打造的攻势足球竟然连续三场颗粒无收，“枪手”在 300 多分钟里集体“哑火”。

温格一边调整攻防布置，一边暗暗加快人才招募。

温格要求温特伯恩与“小飞侠”奥维马斯猛攻对方右路，吸引其火力，两名后腰在由防转攻时，首选用直塞球发动进攻，以发挥阿内尔卡的速度优势。如果没有机会则由维埃拉前插，佩蒂特后撤协防，“冰王子”前场中路策应，掩护阿内尔卡攻坚。当进入阵地战时，维埃拉退防，佩蒂特向前与“冰王子”“小飞侠”组成前场三角，形成立体进攻，并通过快速传递撕开对手防线，帕洛尔或是休斯在右路前场伺机投入进攻。

9 月 20 日，阿森纳在主场迎来了与曼联的巅峰对决。开场仅仅 6 分钟，休斯在前场开出任意球，亚当斯旱地拔葱头球破门。比赛进行到第 30 分钟，维埃拉后场起球，足球呼啸着越过曼联的层层防线，阿内尔卡拍马赶到，顺势起脚射门，被舒梅切尔挡出，机敏的阿内尔卡补射入网。下半场第 50 分钟，瑞典人永贝里替换小将阿内尔卡，5 分钟后，永贝里在禁区前沿觅得良机，面对出击的门将，一个轻巧的挑射，足球掠过舒梅切尔的头顶，坠入球网。3 比 0，“枪手”赢得酣畅淋漓。

阿森纳在经历了一个小低潮后稳步上升，此后的 7 场联赛，5 胜 1 平 1 负，成了英超“领头羊”。此时，阿森纳又让球迷体会了一把“过山车”。从 11 月中旬到 12 月中旬，“枪手”在 5 场联赛中，2 负 2 平，仅收获了可怜的一胜，“领头羊”的位置被曼联夺走。

温格依旧不温不火，只出了看起来不疼不痒的一招。阿森纳一直以来都是周六比赛之后，周日放假。温格宣布改为周日继续训练，周二放假。但他补充说：“年轻队员周二继续训练，老队员可以放假。”谁会承认自己已经老了呢？

结果，大家都天天来训练。

鲍尔德急了，他对亚当斯说：“伙计，老板太温柔了。‘枪手’的霸气没有了，光练体能和技术有何用？”

“老板的方向没错，我们现在是勇猛不足，‘艺术’也不足。哥们儿，得靠咱们。”亚当斯说道。

“我们能干什么？”

“我们喊起来，我们得拿出‘老枪手’的样子来，我们需要相互支撑的力量！”

亚当斯的存在，对温格的管理风格是一个非常有益的补充，这一点温格并没有清醒的认识。

有的领导者，善于用冷静的智慧于纷繁复杂中找到真谛，指引方向，引领众行，征服有领悟力的心灵。有的领导者则善于用自己的激情点燃人们行动的热情，并且能够果断迅速地统一人们行动的步伐，整齐划一地向着既定的目标前进。温格属于前者，亚当斯则接近后者。

有的人像燃烧的木炭，稳定持续地释放着热量，却并不让人察觉。有的人如同干柴，轰轰烈烈地毫无保留地燃烧自己，并点燃别人，迅速蔓延成一堆烈火。温格是木炭，而亚当斯则是干柴。

有许多管理者自己一点也不愿意受到约束，甚至把反抗被管理视为自己异于常人的禀赋，却把强迫他人当作理所当然，把自己对别人的压迫当作自己的天职甚至是恩惠或是爱。也有的管理者从不愿意被人强迫，也不会去强迫他人，他们更乐于引领与示范。温格就是后者。

温格觉得，人的成长都有其内在的规律，制度、管理、教育、事件等不过是外在的条件。他不放弃对球队环境的改造与建设，更致力于新人的发现与培养。相对来说，他更喜欢年轻球员，认为他们的可塑性更大。温格说：“我不得不全世界寻找天才球员，寻找认同我的理论的球员。这个世界上天才球员多如繁星，但是后天不科学的训练方法，放纵的生活方式，对待足球的淡漠，导致了这些天才的夭折。我之所以喜欢年轻的天才球员，正是因为可以在其人生观尚未成型的时候，教他们做人的道理，教他们如何对待足球，教他们什么是正确的，什么是错误的。”

纠结的足总杯决赛

1999 年 1 月 15 日，温格从国际米兰引进了尼日利亚前锋球员恩万科沃·卡努。1976 年 8 月 1 日出生的卡努，入选过尼日利亚国少队和国家青年队，曾经效力过阿贾克斯、国际米兰等俱乐部。此前，卡努刚刚做了心脏手术，医生警告他不能再参加职业足球运动。温格又从别人手里淘了个“次品”。

卡努在阿森纳的首秀，成就了一个故事，也成就了温格的一段佳话。

1999 年 2 月 16 日，英足总杯第三轮比赛阿森纳主场对阵谢菲尔德联足球俱乐部（以下简称谢菲尔德联）。在这场比赛中，卡努迎来了加盟阿森纳之后的首次亮相。上半场比赛双方 1 比 1 打了个平手。下半场开战不久，谢菲尔德联的守门员发现队友受伤，故意将球踢出边线，意在让受伤的队友获得治疗机会。戏剧性的一幕就此开始，阿森纳的右路悍将帕洛尔飞快地把球掷给卡努，裁判并没有中止比赛，卡努迅速启动带球到底线后传中，“小飞侠”奥维马斯及时赶到，近距离射门得手，阿森纳以 2 比 1 取胜。比赛结束后，主教练温格向对方道了歉，并主动要求重赛。

老板伍德得到消息后，即刻找到戴恩，要他说服温格取消这个愚蠢的要求。戴恩虽然敬佩温格的君子之风，但也觉得温格此举代价与风险太高，毕竟教练是要用成绩说话的。

戴恩知道温格认准了的事，少有人能够让他回头。他想到了两个人也许能够让温格改变主意：一个是特鲁西埃，另一个是普拉蒂尼。

特鲁西埃与温格是要好的“同学”，普拉蒂尼的父亲老普拉蒂尼是温格的导师加恩人，温格与普拉蒂尼的交情也很深，两人亲如兄弟。

温格在斯特拉斯堡足球俱乐部踢球期间就开始参加教练证书的考试了，他很快获得了少年足球教练证书，要得到更高级别的教练证书，则必须到法国足协在维希的培训基地进行为期三周的集中学习。温格参加的这期培训班共有 150

人，温格和特鲁西埃分在了一组，从此两人成了好朋友。

1981 年 9 月，希尔德成为斯特拉斯堡主教练，温格在恩师弗朗茨的推荐下成了希尔德的助手，担任预备队教练。

温格有一位在穆尔豪斯时一道踢球的朋友，名字叫马克·古伊鲁。1983 年，古伊鲁担任了法国戛纳足球俱乐部的主教练，这是一支法乙球队。古伊鲁希望温格做他的助手，帮他带一队。温格离开生活了 34 年的阿尔萨斯，来到戛纳。

1984 年是法国足球的黄金年，也是温格的幸运年。这一年夏天，普拉蒂尼以精湛的脚法征服了欧洲足坛，温格也拥有了真正归他完全统领的球队。

老普拉蒂尼带着法甲南锡的邀请突然而至。温格与戛纳还有两年的工作合同，古伊鲁也不想失去这个助手，但他们同样不忍心阻挡温格走上一个更大的舞台。古伊鲁对老板桑切斯说："我们不能为难他，因为这是阿尔赛纳等待了多年的机会，他不是那种助手型的教练，他具备成为一名优秀主教练的所有潜质。"

其实，温格并不是南锡主教练的首选。温格能够获得这个机会，一是因为俱乐部出现了严重的财政危机，二是得益于温格的恩师希尔德向老普拉蒂尼的大力推销。温格签订了三年的合同，月薪 2.5 万法郎，这在当时所有法甲主教练中是最低的。

老普拉蒂尼是一个职业球探，他教给了温格许多选拔青年球员的经验。温格几乎每周都去老普拉蒂尼家吃饭，两人情同父子。通过老普拉蒂尼，温格与普拉蒂尼相识，并结下了兄弟般的友谊。老普拉蒂尼十分赞赏温格的敬业精神，称他是一个"献身给足球的人"。

"塔皮之恨"

戴恩首先把电话打给了特鲁西埃，没等戴恩把话说完，特鲁西埃便一口回绝。

戴恩只好再找普拉蒂尼。普拉蒂尼问戴恩："你听说过'塔皮之恨'吗？"

"什么'塔皮之恨'？"戴恩反问道。

“如果你知道‘塔皮之恨’，你就能理解温格，也就能明白他的决定是不可改变的。”

于是，普拉蒂尼讲起了温格闯荡法甲时的一段江湖恩怨。

温格到南锡的第一个赛季干得相当不错，一批球员在温格的调教下得到迅速成长，但南锡没有任何经济实力，留不住自己的好球员，衰败已不可逆转。这时，温格在南锡表现出的才能被法甲摩纳哥看中，他们有意聘请温格去执掌帅印。但南锡不想放人，温格也不想违背自己的承诺。两年后，温格合同期满，再续前缘，如愿来到了摩纳哥。

由于温格与摩纳哥早已形成默契，所以他在南锡时就开始为自己入主摩纳哥做着准备。温格发现英格兰前锋海特利在 AC 米兰并无用武之地，就动员摩纳哥将其招入。温格得知热刺愿意让霍德尔自由转会，而且巴黎圣日耳曼足球俱乐部（以下简称巴黎圣日耳曼）极有可能签下这个英格兰最佳中场球员，温格抢在巴黎圣日耳曼之前说服霍德尔，转投摩纳哥。这样一来，在温格执教摩纳哥的时候，球队已经有了一个较好的基础。

温格在摩纳哥的第一年就夺取了法甲冠军。他的主要竞争对手是马赛足球俱乐部（以下简称马赛）。马赛的主席叫塔皮，是个精明的富商兼政客。马赛有可以容纳 30000 人的主场，摩纳哥在经济实力上无法与之抗衡。而且，马赛善于用削弱“老二”的手段来保自己的“老大”地位。他们从温格手上挖走了大将阿莫罗斯和巴罗斯。温格想购买霍德尔的好友、热刺的大将瓦德尔，结果也被马赛横刀夺爱了。

马赛已经有了帕潘、坎通纳、德尚、安格洛马和德塞利等法国国脚，还有弗朗西斯科利、斯托伊科维奇、沃勒尔、福特雷和瓦德尔等顶级外援。但塔皮不仅用重金购买球员，还用黑金收买对手。

温格只能用青年人与马赛对抗，他倾尽自己的时间与心血寻找新人、培养新人。17 岁的珀蒂、18 岁的图拉姆、17 岁的亨利等小将进入摩纳哥的主力阵容。在他执教摩纳哥的最后一个赛季，又发掘了出生在阿根廷的 17 岁法籍少年特雷泽盖。

温格一直怀疑塔皮操纵比赛，但始终没有公开谈论塔皮的劣迹。1992 年 4 月，当时摩纳哥与马赛的夺冠大战到了白热化的程度，结果摩纳哥在主场与马赛的关键之战中，以 0 比 3 惨败。赛后，温格在更衣室里当场质问自己的一名球员。在摩纳哥队中，至少有三名球员收过塔皮的贿金。这是温格职业生涯中最大的伤痛，他曾不止一次地对我说过："我确信，摩纳哥至少有两个联赛冠军被塔皮买走了。"

温格以一种清教徒的方式追逐着自己的足球理想，却因为一些卑劣的原因屡屡与冠军失之交臂。他不能接受这种龌龊的现实，才决定远走他乡，去了日本。

戴恩听完普拉蒂尼的讲述，深为感动，他说："谢谢你！我们应该站在温格这一边。"

戴恩向老板伍德转述了温格的故事，伍德听后沉默许久，然后说："我们只有尊重教授，尊重教授的决定。我们也许会失掉一个冠军，但我们的确不能为一个冠军而丢掉了更珍贵的东西。"

在之后的重赛中，阿森纳再次以 2 比 1 取胜。赛后，温格说："有人认为我对公平竞争的信仰是可笑的，因为在最高级别的竞技体育中，公平竞争就意味着失败。我认为这是体育的悲剧，也是人的悲剧！"人们从温格的话中感受到了他内心深处对信仰的执着与沉重。每个人看重的东西不同，于是有了高尚与卑鄙，有了脊梁与小丑；每个人在追求同一个东西的时候坚守的底线不同，于是有了喜剧与悲剧，有了正义与邪恶；每个人都面临理想与现实的冲突，于是谁都得面对虚伪与真诚的考验，谁也难以摆脱痛苦与纠结。

比赛结束后，戴恩对温格说："真为你高兴，不是因为你赢得胜利，而是因为你赢得了尊重。不过，依然有人对你的行为不理解，你真的不认为你的工作成效需要成绩来检验吗？"

温格说："成效是集体创造的，我个人必然有贡献在其中。我追求的团队成效是这样的，一个是最直接的，那就是成绩；另一个是球员的培养与成长；最重要的是价值观的塑造，也就是对'完美足球'的追求。足球应该是美丽的，漂亮而又纯洁。”

自 1998 年 12 月下旬至赛季结束，阿森纳与曼联的榜首大战陷入了持续胶着状态。其间，阿森纳取得了三个“三连胜”。比赛打到第 35 轮，曼联主场被利物浦逼平，阿森纳以 1 比 0 小胜德比郡，两队并列积分榜榜首。第 36 轮，曼联与阿森纳双双客场落败，两队依旧并列第一。比赛还剩下最后两轮，冠军争夺战进入白热化。第 37 轮大战，曼联侥幸战平布莱克本，而阿森纳则一球小负利兹联。最后一轮比赛，曼联与阿森纳各自在主场战胜对手，阿森纳以一分之差屈居亚军。

1999 年 4 月，阿森纳在足总杯半决赛中再次遭遇曼联，继 11 日 0 比 0 战平曼联之后，15 日进行了补赛。这场世纪大战惊心动魄，15 日的补赛中，90 分钟结束前的一刻，比分还是 1 比 1，此时，阿森纳获得点球，博格坎普的射门被舒梅切尔神奇地挡在了门外。在加时赛中，吉格斯上演了千里单骑的经典绝杀，曼联挺进决赛，并最终捧起了赛季第二冠。

弗格森在这一年成就了曼联“三冠王”伟业，温格却是两手空空。唯一让“枪手”及其球迷安慰的是，在英超赛场上“枪手”对“红魔”的战绩是主胜客平，占据优势。

温格与助手们对整个赛季的比赛进行统计分析，曼联是攻击力最强的球队，共攻入 80 粒进球，场均 2.52 粒；阿森纳是防守最好的球队，全年仅失球 17 粒，场均 0.44 粒。进攻依然是阿森纳要加强的主要环节。让温格欣喜的是阿内尔卡进步神速，整个赛季，阿内尔卡出场 46 次，打进 19 球，进入英超顶级前锋的行列，当选英超年度最佳青年球员，但其状态的稳定性却令人担忧。

阿内尔卡出走背后的故事

1998—1999 赛季一结束，温格便全身心地投入新的组队工作中。温格盯上了尤文图斯足球俱乐部（以下简称尤文图斯）的青年球员亨利，开展了艰苦的谈判。这时，温格的后院着火了。

戴恩告诉温格，皇家马德里看上了阿内尔卡，正在与俱乐部谈判。“不！不能！”温格几乎是本能地喊道。

“阿内尔卡本人执意要走，如果有个好价钱，为什么不呢？我们缺钱，不是吗？”戴恩说。

“我找他谈。”温格边说边掏出手机，拨通了阿内尔卡的电话。

看着温格在电话里动之以情晓之以理地劝说阿内尔卡，戴恩心中暗笑。他知道，阿内尔卡走定了，这对阿森纳来说是一笔好生意。

第二天，各类媒体都曝出了阿内尔卡意欲转投皇家马德里的消息，一时舆论哗然，多数媒体与球迷谴责阿内尔卡忘恩负义。

戴恩坐在办公室里浏览着报纸，电话响了，是老板伍德打来的。“干得不错，伙计！趁热打铁，皇马会接受我们的要价。”伍德高兴的声音从听筒里溢出来。

“温格已经愤怒了。”戴恩有意提醒老板别忘了温格的功劳。

“他会有办法的。他才是我们的宝！”伍德抑制不住自己的兴奋。

下午，戴恩就阿内尔卡转会事宜达成协议。最终，阿内尔卡以 2300 万英镑的身价转会到皇家马德里。

继 1999 年 6 月签下了巴西球员西尔维奥·门德斯·坎波斯·儒尼奥尔之后，1999 年 8 月，温格以 1050 万英镑从尤文图斯买来了亨利。同时还引进了自由身的不满 23 岁的克罗地亚前锋达沃·苏克。

备受媒体和老东家阿森纳指责的阿内尔卡举行了他转会皇家马德里后的第一次英语新闻发布会。

阿内尔卡说：“我的本意就是仅仅为阿森纳踢上两个赛季，因为我个人的梦想一直是为法国的马赛俱乐部效力，或者到西班牙踢球，一个球员有自己的选择有什么错？”

有记者问道：“既然如此，那你为什么还在一年前与阿森纳续签了一份五年的合同呢？”阿内尔卡显然是有备而来，避重就轻地说：“是阿森纳俱乐部希望我续签五年合同，不是我主动要求的。”

然后，阿内尔卡转守为攻，他说："如果有一家俱乐部更适合某位球员，那他为什么不能转会呢？我在阿森纳的时候，目睹了保罗·默森的转会，他也是有合同在身，而他不想离开阿森纳，但是俱乐部不是仍然把他卖了吗？俱乐部只会考虑自己的利益。"

阿内尔卡继续旁征博引，他说："亨利不是一样吗？他不想离开尤文图斯，但是尤文图斯需要钱，亨利虽然有合同在身，但是俱乐部认为卖掉他符合自己的利益。俱乐部只关心钱，从来不考虑球员的感受。"

当记者问阿内尔卡希望到法国哪家俱乐部踢球时，阿内尔卡回答："我希望转会的俱乐部首选是法国马赛俱乐部，但是马赛不肯出那么多钱给阿森纳，所以我只好选择了西班牙。这根本不是钱的问题，我从来没有对阿森纳说过，'如果你能给到我在西班牙可能拿到的工资，我就会留下来'。"

有记者问道："今天法国队将在贝尔法斯特同北爱尔兰队进行一场友谊赛，而你肯定不会出现在法国队的阵容中。就在前天，法国国家队主教练洛美尔还就你的这次转会发表了自己的看法，洛美尔说：'转会争端中的底线是，球员应该打心眼儿里愿意为俱乐部效力。不过阿内尔卡还年轻，他可以学会很多东西，希望他能成熟起来'，你认为这次落选与转会事件有联系吗？"

阿内尔卡说："国家队主教练洛美尔说我在赛季前没有正规训练，状态不适合进行比赛。希望我能在下个月迎战乌克兰和亚美尼亚队的比赛中上场。"

后来，阿内尔卡在自传中曝出猛料，称自己当初离开阿森纳是因为与维埃拉产生矛盾。

阿内尔卡在自传中这样写道："我在任何地方都不被接受。我在阿森纳的职业生涯一帆风顺，直到那天我惹到了维埃拉，他在阿森纳更衣室以'长先生'而闻名。那场是在海布里对阵富勒姆，我记得是博格坎普传球给我，我很轻松地过掉门将，那时已经是空门了，我却在最后时刻把球踢偏了。因为太阳照着我的眼睛了，不是我的错！维埃拉盯着我，我知道自己有麻烦了，之后冲完凉他就攻击了我，我只是咬了他，我知道自己不该那样，我还叫他'瘦子焦炭人'。一开始他用牛眼瞪着我，后来……"

“那是我人生最糟糕的时刻，没人说一句话，直到阿什利·科尔说‘是不是轮到我了’，沉默才被打破。这时候我知道我要走了。温格知道这件事之后竟然和他击掌，喊道‘所以他才是队长’，这算什么事儿！”随后阿内尔卡透露自己直到加盟曼城与迪科夫搭档才恢复了状态。

温格和维埃拉都坚决否认此事，这是后话。

阿内尔卡的转会，最大的赢家是阿森纳。阿森纳从阿内尔卡身上大赚一笔不说，温格善于培养青年才俊的能力由此广为人知，大幅提升了阿森纳的号召力。

选中亨利

温格一直在寻找阿内尔卡的替代者，他看中了年轻的亨利。

温格对亨利说：“我一直注意学习他人的经验。在我 20 岁时，经常和我祖父交谈，我觉得他是一个很有知识的人。要倾听别人的话，所有伟大的成绩都是通过端正的态度获得的，同时也要遇到赏识你的人。在你生命的某个时刻，你肯定需要有人走到你身边，拍拍你的肩膀，然后告诉你：‘我相信你’。小伙子，我相信你！”

温格接着说：“勤于思考，勤于行动，坚持不懈地把每一个动作做到最熟最好，我相信你能够做到！”

亨利被温格感动，开始自觉地加练并且自觉地约束自己的业余生活。他对亚当斯说：“我需要重新学习射门技术。”亚当斯也不停地给这位小兄弟打气，并常常陪亨利演练射门技巧。

有耕耘未必一定有收获。这与土地有关，也与耕耘的工具及方法有关，还与播下的种子有关，更与自然环境和天气变化有关。

耕耘与收获之间，没有“法律契约”，只有“心理契约”。有些收获会不期而至，有些收获会如期而至，有些收获则可能“延期支付”。

有收获并不一定有喜悦，这与你的期望有关。收获小于预期，喜悦就会“流产”；收获超过预期，喜悦就会“增产”。

一家职业足球俱乐部几乎总是陷入这样的困境，它不能不让球迷提高对自己的预期，却又必须面对让球迷失望的风险。只有提高球迷的期望，才能提高球迷参与的热情，一旦球迷的期望得不到满足，他们又会失去热情。

温格的努力并没有收获让球迷们满意的结果，1999—2000 赛季，“枪手”甚至没有机会让自己的球迷体验“过山车”的刺激。不是因为阿森纳不好，而是因为曼联实在过于优异。这个赛季曼联取得了 28 场胜利，胜率高达 73.68%。“枪手”在第四轮主场输给曼联之后，再也没有得到超越曼联的机会，只能眼睁睁地看着曼联一骑绝尘。

最终，曼联以积 91 分的绝对优势夺冠，阿森纳以 73 分位列第二，利兹联 69 分、利物浦 67 分、切尔西 65 分，分别排在第三、四、五位。

这个赛季，曼联还是联赛中攻击力最强的球队，共打入了 97 粒进球，场均进球 2.55 粒；利物浦是联赛防守能力最强的球队，仅失球 30 粒，场均失球 0.78 粒；这个赛季，阿森纳算是与“四”结下了“梁子”。联赛第四轮负于曼联，第十四轮输给了托特纳姆，第二十四轮则败在布拉德福德脚下。英联赛杯第四轮点球大战中负于米德尔斯堡，惨遭淘汰。足总杯第四轮，又是在点球大战中败下阵来，莱斯特城队以一球优势晋级。

阿森纳获得了联赛亚军，这个成绩也算说得过去，但由于在积分上与曼联的巨大差距，球迷与媒体对温格并不满意。幸好阿森纳在欧洲联盟杯的比赛中表现尚佳，一路挺进决赛，但遗憾的是他们再次遭遇点球大战，再次在点球决战中告负，只能泪流满面地看着土耳其的加拉塔萨雷队高举金杯。

对温格的质疑声渐增。

幸好亨利没有辜负温格的厚爱，他为阿森纳贡献了 26 个进球，并帮助法国队夺取欧洲足球锦标赛冠军，入选欧洲足球锦标赛最佳阵容。

“过紧日子”

有位占星师曾对温格说，你一辈子也很难大富大贵。温格一直是一个被人挖墙脚的角色，在南锡，挖墙脚的是巴黎圣日耳曼；在摩纳哥，挖墙脚的是马赛；在阿森纳，又屡屡被西甲球队挖了墙脚。温格似乎难以摆脱“老二”的命运，在法甲，一直生活在马赛的阴影里；到了英超，又碰上了曼联。

在理想面前，温格是一个强者；在现实面前，温格是一个弱者。

在秀才面前，温格是个可敬的教授；在“兵”堆里，温格不过是孱弱的儒生。

2000 年夏天，温格遭遇了一场“暴风雨”，却毫无防备。

“暴风雨”来自西班牙。西甲豪门巴萨看上了“小飞侠”奥维马斯，与阿森纳商谈转会事宜。戴恩征求温格意见，温格并不想卖掉奥维马斯，但他清楚奥维马斯的竞技水平已经处于巅峰状态，从俱乐部经营的角度着想，这时候将其出手无疑是最佳时机。温格犹豫再三，还是同意出售。但他提出巴萨必须同时购买佩蒂特，伍德与戴恩自然没有异议。

他们谁也没有想到由此引发了一场球迷风暴。得到阿森纳出售奥维马斯的消息后，阿森纳的球迷愤怒了！

媒体施展煽风点火的功夫，它们在报道中说，对一个外国球员来说，适应英超并不是件容易的事，但奥维马斯来到阿森纳只用了半个月便找到了感觉。1997 年 8 月 23 日，在对南安普顿的比赛中，他完成了第一粒英超进球；9 月 24 日，在 4 比 0 大胜西汉姆联的比赛中，他梅开二度；1998 年 1 月 10 日与利兹联的比赛中他再次两度洞穿对方球门后，“小飞侠”的威名传遍英超。在那个赛季的后半程，奥维马斯一次次为阿森纳打入关键进球。1998 年 3 月 14 日，在客场挑战曼联的英超世纪之战中，奥维马斯的入球帮助阿森纳 1 比 0 获胜；1998 年 5 月 3 日，在与埃弗顿的比赛中，奥维马斯又是梅开二度，帮助阿森纳提前两轮黄袍加身；同年 5 月 16 日，奥维马斯还在足总杯决赛中打入关键一球，帮阿森纳击败纽卡斯尔夺冠。第一个赛季，奥维马斯为阿森纳奉献了 16 个入球和不计其数的梦幻突破。奥维马斯已经在阿森纳踢了 100 场英超联赛，虽然只有 25 个进球，但他的进球大多价值连城。

球迷普遍认为，“小飞侠”是阿森纳不可或缺的，而阿森纳根本就不为球迷着想，只想着钱。温格在经营自己的“法国帮”。甚至有人说，温格不是在为英国足球服务，而是在为法国足球培养人才。

奥维马斯的转会，让球迷伤痛欲绝。

阿森纳与巴萨的谈判在舆论的一片声讨中进行。戴恩对巴萨的代表说：“我们卖出的不只是两个球员，我们卖的是球迷的感情，是阿森纳与球迷的血肉联系。”

双方经过反复的讨价还价，最终奥维马斯与佩蒂特分别以 2500 万英镑和 500 万英镑转会巴萨。

球迷们不断地聚集在阿森纳俱乐部、训练营，举着标语牌，高呼口号。阿森纳的天空充满了悲情与愤怒，温格有一种随时都可能被淹没、被撕裂的感觉。

温格不想去解释什么，他选择了沉默，他要在沉默中爆发。温格应对危机的策略就是不用任何策略。或者说，他的办法就是更加专注地工作着，更加坚定自己对“完美足球”的追求。他夜以继日地寻找“完美足球”的理想人选。罗伯特·皮雷来了，马耶尔·劳伦来了，伊格尔·斯捷潘诺夫斯来了。

球迷们对温格招募新人的努力并不买账，他们依然对卖掉奥维马斯的行为耿耿于怀，不依不饶。

新赛季前夕，俱乐部召开了媒体见面会。戴恩在会上说：“俱乐部在财政上确实遇到很大的困难，我们正在建设的训练营需要资金，很快，还要建设‘枪手’的新球场。我们球员要有更好的比赛场地，球迷们能够在最好的球场内看球，看到最好的足球，所以，我们不得不卖掉一些球员。对此，俱乐部和大家一样不舍，一样心疼，但为了未来，我们不得不如此。”戴恩说得十分坦诚，大家虽然心意难平，却也无话可说。谁都知道，没有钱，一切都是空谈。

戴恩自然不能只求理解，而埋葬了大家的希望，他继续说：“请大家相信温格，他能够让阿森纳以较低的投入与豪门俱乐部抗衡，能够让折断了翅膀的‘小飞侠’重新飞翔。他能够让打边路的维埃拉成为最好的后腰，能够让阿内尔卡在不到一年的时间里成长为世界瞩目的顶级前锋，能够让接替阿内尔卡的亨利在一年内 25 次攻陷对手球门，他一定能够带领阿森纳再现辉煌，一定能够让皮雷和劳伦等球员给球迷带来更大的惊喜，有新人才有新希望。阿森纳一定会成为球星的摇篮，阿森纳一定会再次高高举起冠军奖杯！”

“霹雳组合”

皮雷转会阿森纳是在好一番犹豫之后，艰难做出的决定。英超是个长人林立的世界，打法以强悍著称，而他的身高在英超显然只能算是一个矮子，并且他在体能与速度上都没有什么优势。尤其让他担心的是，自己的体能是否承受得了英超漫长的赛季。

几堂训练课下来，皮雷真的后悔了。他无法适应温格如此高强度、快节奏的训练，每一堂训练课，他都觉得自己的身体消耗到了极限，从此他才真正明白了什么是精疲力竭。就在他濒临崩溃的时候，温格把他叫到了办公室，给了他一份专门的体能训练计划。这份计划对皮雷的训练、恢复、作息、饮食等都提出了详细的建议。

温格说：“只要你能够按照这个计划的建议坚持去做，一切困难都会过去，阿森纳将是你的福地。”

温格要求皮雷与亨利像恋人一样多交流多沟通，做到心有灵犀。

皮雷的意识、技术加上亨利的意识、技术与速度，其威力将是皮雷加上亨利的平方。温格刻意打造法国产的皮雷与亨利的“霹雳组合”，他要让这个组合成为“枪手”摧城拔寨的利器。

对温格的处罚“流产”。

公平在温格心里是神圣的。2000—2001 赛季首场比赛，阿森纳客场对桑德兰，裁判对主客队判罚的尺度明显不同。下半场，维埃拉被罚下，教授温格怒不可遏，在场边大吼：“裁判，这简直是无法容忍的错误！”赛后，温格又在通道里与第四官员发生激烈争吵。温格因此收到了停赛 12 场的罚单。不过，后来足总又收回了停赛处罚决定。

2000 年 10 月 2 日，英超联赛阿森纳坐镇海布里迎战曼联，比赛最精彩的时刻出现在第 30 分钟。格里曼迪将球传到了亨利的脚下，此时，亨利处在距离球门约 20 米的位置，背对球门，丹尼斯・埃尔文正在贴身防守。好一个亨利，他在用身体扛住对手的同时，顺势把球挑起，侧身跨步，凌空斜射，球飞过对方门将巴特斯直挂球门上角，整个过程一气呵成。海布里瞬间沸腾了，这一刻，亨利用一个经典的进球再一次证明了温格的睿智，也治疗了阿内尔卡的出走给“枪手”球迷留下的伤痛。亨利的这个进球也告诉了人们，技术全面的“枪手”是可以隔山打炮的，并不一定要突破对方的防守。

2000 年 11 月 2 日，戴恩走进了伦敦埃斯林顿社区政府的办公楼，正式向伦敦埃斯林顿社区政府提出申请，要求在阿什伯顿区域修建一个全新的有 6 万人座席的专业足球场。

2001 年 1 月，温格又从瓦伦西亚引进了埃杜。

2001 年 2 月 25 日，曼联带着巨大的积分优势在主场约战阿森纳。曼联的约克率先破门，亨利随后将比分扳平，之后，约克完成“帽子戏法”，基恩、索尔斯克亚和谢林汉姆各入一球，曼联以 6 比 1 完成了对死敌阿森纳的一次疯狂羞辱，同时把领先优势扩大到了惊人的 16 分。

温格在赛后一改替球队辩护的做法，他说：“阿森纳踢得像一支青年军。”

垃圾可以造成污染，也可以用来发电。耻辱可以摧垮一些人的意志，也可以激发一些人的斗志。温和的温格在精神层面却极端要强，对手越是强大，他的力量就会越大，动力就会越足。这个 6 比 1 成了温格励精图治的强大动力。

2000—2001 赛季，阿森纳依然没能撼动曼联的统治地位，在英超 38 场比赛中，他们取得 20 胜、10 平、8 负，以积 70 分的战绩，连续三个赛季获得亚军。曼联则以 80 分的成绩夺冠，成就了英超“三连冠”的伟业。

成就了“三连冠”伟业的弗格森依旧对温格耿耿于怀，因为他没有收到温格的祝贺。他说：“我只能接受这种事实：在老特拉福德和海布里之间，只有单向的欣赏和祝贺，他那种吹毛求疵的性格，并没有为他赢得其他教练的欣赏。”

这个赛季，曼联的胜率比上一赛季明显下降，但仍然达到了 63.16%，阿森纳与排在第 3 位至第 5 位的利物浦、利兹联、伊普斯威奇镇足球俱乐部的胜率相同，均为 52.63%。

教授温格与新阿森纳

球迷对阿森纳的表现渐渐形成了一种温和的友好氛围。阿森纳的“温五年”，在英超联赛中取得了一个季军、一个冠军、三个亚军，算得上优异的成绩。更让球迷满意的是亨利、皮雷、永贝里、劳伦等球员成长的脚印清晰可见。特别是皮雷、亨利的“霹雳组合”，给球迷带来了意想不到的惊喜。亨利的“踩单车”过人，漂亮的弧线进球，永远的微笑；皮雷的“一字胡”“鸭子步”，绅士般的踢球风格，无不让球迷倍感亲切，爱意满怀。博格坎普、亨利、皮雷、永贝里等开始公开合奏温格的“完美足球”，“枪手”已经初步实现了由绿茵武士到青草地上的艺术家的转变。

曼联的球迷享受着冠军的荣耀，阿森纳的球迷则享受着人才辈出与美的足球，他们相互攻击，又各得其乐。“教授！”阿森纳球迷已经习惯这样亲切地称呼他们尊敬的教练温格。

在这个赛季，阿森纳训练营建成。新训练基地建立在郁郁葱葱的赫特福德郡，距离筹建中的新球场（酋长球场）有 45 分钟左右的车程。

训练营建有十块标准球场，每块都安装有地下排水设施和一套自动化的喷淋系统，其中两块场地还拥有地下加热设施。阿森纳青年队、预备队和一线队分别拥有三块球场，最后的第十块球场专供一线队进行友谊比赛及 U18 联赛在固定的时间比赛使用。

这块比赛球场以阿森纳前球员及预备队教练乔治·阿姆斯特朗命名。他在执教期间积劳成疾，病倒在工作岗位上，于 2000 年 10 月不幸逝世。一块镶嵌着金属的纪念碑被竖立在球场的一侧。

训练营的室内设施也同样是一流水准，桑拿房，可调整深度的游泳池，健身房，治疗室，按摩室和餐厅宽敞整洁，设备先进。

训练营占地 143 英亩，包括 45 英亩森林和 27000 棵树木。在规划中的二期工程中，将建设一座室内球场和一座专用新闻大楼。新闻大楼包括 10 个采访室和 1 个拥有 100 个座位的新闻发布会议室，用来满足媒体对球员和雇员们的采访需求。

球场由杰出的球场管理员史蒂夫·布拉道克以及他的团队精心维护着。有 2 名全日制园丁、10 名地勤人员、4 名营养师、3 名建筑管理员、教练助理以及青年队助理一起为基地服务。

这里的规划和设计内容几乎完全由温格和他的智囊团一手操办。而加里·莱文所带领的教练团队已经可以驾轻就熟地使用这些场地，来满足那些重要训练科目的需要。而体能教练托尼·考伯特和英国体能恢复协会保持着密切的联系，他的健身房内的设备应有尽有，可以帮助球员保持最佳的运动状态。

看着球员们在这样的条件下训练，温格的身体里不时会有一些小舒心跑出来活动一阵子。

新球场的前期工作也有了突破，戴恩带领的团队与地区政府之间的谈判有了成效，双方经过 7 个多月的讨价还价，最终达成协议。为了获得这块土地，阿森纳答应了政府的五大要求：为政府在拉夫路地铁站附近兴修一个全新的现代化垃圾清理中心；在拉夫路上为低收入家庭修建两幢“价格适宜”的社区公寓楼；为拉夫路地铁站及其周边道路翻修提供资金；在该社区中心修建 4 个全新的康体中心；出资搬迁当地儿童乐园。

建设新球场的土地有了，戴恩又开始为资金闹心。戴恩坚持不能因为建设新球场而影响了球队建设，其他股东也同意这个原则，但谁也没有办法把一分钱掰成两半来用。

2001 年夏天，温格完成了一笔轰动一时的转会交易。他从同城死敌热刺处免费签入英格兰国脚索尔·坎贝尔。温格从一个一向被人挖墙脚的角色变成了一个挖人墙脚的角色。

坎贝尔的到来是阿森纳的一个重要标志，它标志着阿森纳的后防迎来一个全新的时代，由格拉汉姆的后防转换为温格的后防。随后，温格又引进了科洛·图雷和稻本润一。

在过去的三个赛季里，曼联在收获了“三冠王”之后，又取得了“三连冠”，阿森纳则在取得了“双冠”之后，收获了“三连亚”。在个人竞技项目中实现“三连冠”算得上了不起的成绩，在集体竞技项目中要实现“三连冠”就算得上一个划时代的伟业了。

因为，人的本性是懒惰的，喜欢享受是自然的。有人说，这是人的原罪；也有人说，这是万物生存的智慧；如果可以不劳而获，那么工作就是事业。不用任何教育、引导，人们便知道如何过低成本、高质量的生活。而正是由于千方百计的教育与五花八门的引导，人们才忘记了生活的真谛。

一名运动员在功成名就之后，继续保持过去的训练热情与投入程度是困难的；十几名运动员在功成名就之后，全都保持过去的训练热情与投入程度是更加困难的。

还因为，人在成功之后往往会心生傲慢。而傲慢必与失败结伴。

更因为，人共苦容易同甘难。成功之后的人们一般会高估自己在其中的贡献，并认为自己的所得不足，团结就此再难实现。正所谓：祸患来，人心聚；富贵至，人心散。

在非垄断的条件下，如果一个团队没有比冠军、名利更高的价值追求，“三连冠”几乎是一个不可逾越的高峰。

阿森纳被曼联压制了三年，三年来，温格一刻也没有停止求强图变。荣耀中的曼联也在变，变得老化与浮躁。

2001—2002 赛季，阿森纳向曼联发起了勇猛的反击。坎贝尔的到来不仅稳固了阿森纳的后防，而且让“枪手”有了新的进攻利器，他的头球技术与亨利最具想象力的任意球，成了英超各队后防球员的梦魇。由亨利左侧开出角球，坎贝尔头球攻门，成为阿森纳重要的得分手段。

再夺“双冠王”

在 2001—2002 赛季前 6 轮比赛中，曼联携“三连冠”的余威，与阿森纳打成平手，双方均取得了 3 胜 2 平 1 负的战绩。

此时，弗格森再获荣耀，被英国女王授予爵士爵位。

第七轮，阿森纳以 2 比 0 战胜对手，而曼联则以 1 比 3 告负，从此曼联就被阿森纳甩在了身后。

2001 年 11 月 26 日，阿森纳主场迎战曼联。

曼联首先进球，取得领先。比赛进行到上半场补时阶段，皮雷中场拿球，直传对方禁区前沿的永贝里，后者将球搓过门将巴特斯，将比分扳平。

下半场，双方展开拉锯战，眼看着比赛将以平局收场。谁料在比赛的最后十分钟却风云突变。第 80 分钟，巴特斯鬼使神差地把球直接送到了亨利的脚下，亨利自然不会辜负他的美意，冷静地将球送进球网。曼联的厄运并没有结束，仅仅过了 5 分钟，巴特斯在扑亨利脚下的球时再犯低级错误，亨利面对洞开的空门再次轻松破网。

习惯了当领头羊的弗格森在与温格的较量中感受到了前所未有的巨大压力，他在失去榜首位置之后，说出了一句名言："现在已经到了倒计时阶段，我管它叫'磨屁股'时间。"这句话后来被选入了《柯林斯词典》。

几乎没有一支球队能够在漫长的赛季里一帆风顺。2002 年 4 月 23 日，阿森纳在足总杯第六轮中与纽卡斯尔捉对厮杀。开场仅 2 分钟，皮雷在禁区内接博格坎普传球，为阿森纳首开纪录，随后皮雷在左翼突破，送出一个精准传中，博格坎普中路包抄，将足球铲射入网。第 50 分钟，坎贝尔打进第三球，阿森纳以 3 球领先。比赛还剩最后几分钟，皮雷在与对方后卫达比萨斯冲撞时受伤倒地，被迫下场。赛后检查确诊膝盖韧带撕裂，皮雷无法参加本赛季剩余的比赛，他直到这一年的 11 月才返回赛场。

皮雷的缺阵并没有影响阿森纳继续高歌猛进。

弗格森清楚地意识到曼联的冬天到了。赛后，弗格森宣布这将是他执教曼联的最后一个赛季。

有记者问温格，弗格森退出他是否感到轻松与高兴？温格回答："亚历克斯（弗格森）干得相当不错，不过他们那个俱乐部实在是潜力太足，所以亚历克斯走后，曼联仍然会无比强大，不论谁来接替他的位置。他的退役，对我们来说并不轻松。曼联有足够的钱去请最好的教练，去买最好的球员，所以他们的强盛会继续，而且财务预算是我们的两倍以上。不过，我们并不嫉妒，曼联和阿森纳的竞争关系让我乐在其中。”

弗格森无疑是自乱阵脚，他宣布的不仅是自己的退位，他等于宣布了曼联提前退出了本赛季冠军的争夺。2002 年初夏，弗格森自知已经不可能追上温格的步伐了。弗格森嘴上却不服输，他说：“我们踢的是英国联赛里最好的足球，我们进球最多！”温格略微沉吟，然后微笑着说道：“每个人都认为他的妻子是最美的。”

2002 年 5 月 9 日，阿森纳客场 1 比 0 再胜曼联，提前一轮锁定了联赛冠军。并同时取得了 13 连胜和整个赛季客场不败的战绩。

赛后的新闻发布会上，有记者问弗格森：“曼联用 2600 万英镑购买贝隆值吗？”弗格森勃然大怒，他回答道：“这是一个优秀球员，你真是个白痴！”媒体在报道时，把那些粗话用星号代替。第二天，温格在接受当地报纸采访时，颇有些自得地故意问记者：“报纸上的那些星号都是什么意思啊？”

这个赛季，阿森纳 38 场大战，26 胜 9 平 3 负，积 87 分，夺得冠军。利物浦积 80 分，排名第二。曼联积 77 分，居第三位。

此前的 5 月 4 日，阿森纳与切尔西进行了足总杯的决赛，上半场双方均无建树。第 70 分钟，帕洛尔在对方门前 20 米处接到队友传球，在无人盯防的情况下起脚劲射，足球直奔球门右上角入网。第 80 分钟，替换博格坎普上场的埃杜从古德约翰森脚下断球，快速传给永贝里。后者中场附近开始突破，在摆脱特里的防守之后，于门前 18 米处以一脚漂亮的弧线球打进远角。阿森纳将足总杯收入囊中。

温格率领球队再夺“双冠王”，媒体好评一片，而弗格森不会让人们忘记了他的存在。他说：“他们说他是个聪明人，不是吗？能说 5 种语言！我从科特迪瓦也找到了一个 15 岁的孩子，他也能说 5 种语言！”

亚当斯的告别赛

温格又一次展现了其“深加工”与“以旧换新”的超强能力。阿内尔卡、亨利、永贝里、皮雷、劳伦等都在温格手上实现了由崭露头角到世界一流球星的飞跃，而奥维马斯、卡努等则在温格手上“变废为宝”，亚当斯等老球员在温格手上焕发了“第二春”，使阿森纳免受新老交替、青黄不接之苦。这个赛季，亨利、皮雷的“霹雳组合”奉献了45个进球，永贝里与维尔托德也各有17个球进账。坎贝尔则平稳地接过了亚当斯的班，成了阿森纳新的后防大闸。温格的“舒适性革命”，几乎让所有利益相关者都从中获益。

2001—2002赛季英超的最后一轮比赛于2002年5月11日开战，已经锁定冠军的阿森纳主场对阵埃弗顿。这场比赛对阿森纳来说意义非凡。因为这不仅关系到阿森纳能否让自己的球迷完美地享受冠军喜悦，还因为这是他们的队长亚当斯为阿森纳效力的最后一场比赛。

岁月无情，再加上多年征战留下的太多伤病，让亚当斯不得不冷静地考虑自己的未来。早在2002年4月，亚当斯就宣布，赛季结束后将正式退役。他说：“今年10月我就迎来自己的36岁生日了，我把生命中三分之二的时间都无私奉献给了俱乐部。6月30日是我合同到期的时候，那时也许我不会再续签合同了。足球令我眷恋，但还有很多与足球有关的事情值得我去尝试。我在这个赛季所遭遇的伤痛比以往更甚。多年来在英超这样竞争激烈的比赛中打拼，我的身体付出了太多的代价。”亚当斯的话充满无奈，阿森纳的球迷心痛欲绝。

2002年5月4日，亚当斯第三次夺取足总杯。亚当斯期待着为自己的职业生涯画上一个圆满的句号。

最后一战，温格特意安排亚当斯佩戴着队长袖标首发出场。近4万名球迷涌进海布里球场，他们要用身体与激情为“枪手”的表演建造最宏大、最绚丽的舞台，他们想用自己的热情挽留“枪手”最伟大的队长。

这是一场“枪手”用情演绎的比赛，这是一场球员与球迷共同创造的比赛，这是一场令人荡气回肠的比赛。场上的“枪手”们和球迷们有一种心灵联通的感应，相互传递着战友的情愫，他们要让队长感受团队的力量、团队的友谊、团队的深情。

开场第4分钟，“冰王子”博格坎普禁区前沿拿球，轻巧地摆脱对方后卫的纠缠，突入禁区，优雅地将足球推射入网。一向冷静的“冰王子”进球后奔向队长，两人紧紧拥抱。球场一片欢腾，无数双眼睛噙满泪花。之后，埃弗顿借“枪手”情绪激动之机，连入两球。第33分钟，博格坎普从埃弗顿后卫斯塔布斯脚下断球，直塞亨利，亨利抬脚便射，足球画出一个优美的“亨式弧线”，落入球网。上半场双方战成2比2平。

下半场，第72分钟，亨利胸部停下埃杜的传球，冷静地攻破西蒙森的十指关。两分钟后，埃弗顿再次将比分追成3比3平。第83分钟，替补登场的小将杰弗斯将亨利的传中球顶进对手的大门，帮助阿森纳以4比3战胜对手。

比赛结束后，亚当斯第一个举起冠军奖杯，耳边响起山呼海啸般的声音：“阿森纳！亚当斯！亚当斯！亚当斯！”铁汉亚当斯心潮起伏，再也抑制不住自己的情绪，泪水夺眶而出。在队友们的簇拥下，亚当斯挥动着双手，向球迷们做最后告别。球迷们有的失声痛哭，有的相拥而泣，球场内激情澎湃，涕泗滂沱。

在金钱滚滚的足球江湖上，或许只有亚当斯能够骄傲地在球迷的欢呼声中挺起自己的胸膛，只有亚当斯无愧于球迷们的顶礼膜拜。因为亚当斯是忠诚的象征，在长达19年的职业足球生涯中，他只穿过两种球衣：阿森纳的战袍和英格兰队的队服。博斯曼法案为球员的自由流动铺平道路，很多球员为了更多的金钱选择转会，亚当斯却在金钱与忠诚的选择中，坚持拥抱忠诚。这是亚当斯的骄傲，是“枪手”的骄傲，更是阿森纳球迷的骄傲。亚当斯为全世界职业球员树立了榜样，为全世界的球队队长树起了一个标杆。谁想起亚当斯这个名字里饱含的故事，都不能不心生敬意，无论是朋友还是对手。

这时候，皮雷在队友的搀扶下走进场内，亚当斯把冠军奖杯捧到皮雷胸前，皮雷接过奖杯，奋力举过头顶。此时，队友们一齐跪在了皮雷面前，感谢他为这个集体做出的贡献，球场再一次响起雷鸣般的掌声与欢呼声。皮雷一手把奖杯抱在怀里，一手揽着队友的肩膀，忘情地亲吻着奖杯，热泪滚滚而下。

2002年的夏天，对阿森纳和温格都是不平静的。阿森纳的再次登顶，让温格深刻体会到了名人的酸甜苦辣。

阿森纳球迷都在翘首期盼，希望温格留下亚当斯，希望亚当斯能够回心转意，继续为“枪手”征战。

温格再次征求亚当斯的意见，亚当斯说：“老板，我知道像我这样的球员已经绝种了，但这样的球员总能得到球迷们的爱，球迷们把我当成他们当中的一员。他们喜欢那些对俱乐部忠诚的球员，即使他们还表现得不够好，球迷们同样会支持他。我就是这样的球员，这令我感到很自豪。但是，我也知道自己已经不能适应球队的要求了，兄弟们都成长起来了，我永远是阿森纳的一员，但我到了应该离开也可以离开的时候了。”

亚当斯理解温格面临的压力，他主动找到媒体记者，向他们讲述自己的过去以及自己的愿望。他说：“这么多年来我一直从事着这样一份职业，我并不后悔，因为这是我的选择。但是，这样的生活还是给我留下了一点点遗憾，因为对足球的过于投入曾使我荒废了学业。”

“我在课堂上可没有在球场上这样勇敢，小时候，只要坐在课堂上，我就会觉得非常紧张，像你们看球一样。在因斯布鲁克的学校里，我是一个非常害羞的小男孩。上语文课时总是因为回答不了问题而出丑。每次遇到这种情形的时候，我都会感到非常不安，希望赶快到球场上去，只有在那里，我才能显得更成熟，才能显示出自己的信心。足球能带出我的个性。我经常逃避各种考试，只为了参加一场足球比赛。”

“也许在今年的九月份，我会重返学校继续我的学业。我已经接到了一所大学的进修体育科学课程的邀请函。我未来的学习包括心理学、人事管理学、生理学，等等，这些课程可以让我接触到方方面面的知识。”

亚当斯最后说：“这是我的又一次选择，希望大家支持我。感谢你们！感谢一直支持我的球迷朋友！我们永远和阿森纳在一起！”

亚当斯去意已决。2002 年 8 月，温格宣布：亚当斯将赴布鲁内尔大学攻读体育专业，不再为阿森纳效力。温格同时宣布，阿森纳不再拥有 6 号球员，这个不寻常的号码将随着一段传奇的远去而被永远封存。

温格、弗格森再斗法

后院稳定了，温格又一头扎进工作之中。

2002 年夏天，温格以 450 万英镑从矿工运动队中收购了巴西球员吉尔伯托·席尔瓦，以 210 万英镑从法国里尔俱乐部买下了法国球员帕斯卡尔·西甘。

2002 年 7 月，迪克逊紧随亚当斯宣布退役。在 2002—2003 赛季开始之前，格拉汉姆时代的“后防五老”只剩下一个门将希曼。

一个人一时不骄傲容易，一世不骄傲就不那么容易了。2002 年的秋天，温格骄傲的情绪经过一个夏天的发酵，已经完全膨胀起来。在媒体的挑拨下，温格先是说“英国足球势力已经开始向南部转移”，然后又说他百分之百相信阿森纳能够卫冕联赛冠军。记者称赞了温格的“完美足球”，并问他阿森纳有没有可能在一个赛季里保持不败，向来谦虚谨慎的温格不慎掉进了“陷阱”。他说：“这并非不可能。我知道要保持整个赛季不败是很困难的。但是如果我们保持正确的态度，我们也许就能做到。”

弗格森说：“过度自信只会伤害自己。”

弗格森放弃了退休计划。在弗格森宣称退休时，许多人都觉得温格的机会来了。可是，这到底是不是个机会并没有迎来实践检验的机会。有人说，弗格森无法容忍温格在英超称王称霸。或许，老道的弗格森已经从温格的话语中看到了漏洞，重树了斗赢温格的信心。

2002—2003 赛季，阿森纳果然打出惊艳的开局。在联赛前 9 轮比赛中，7 胜 2 平，加上社区盾杯决赛和欧洲杯冠军联赛三场小组赛的胜利，“枪手”在 13 场比赛中收获了 11 场胜利。而且，“枪手”的新团员们用脚演奏的足球圆舞曲越来越精彩动人，卫冕似乎只剩下时间问题。人们纷纷谈论如果 2003 年夏天欧洲冠军杯决赛在阿森纳与皇马之间进行将会多么精彩。

温格正意气风发，胜利与赞美让他沉醉在对冠军的憧憬之中，不承想老爵爷弗格森的话很快就应验了。

阿森纳遭遇了一个“灰色的十月”。这个月，阿森纳先是客场以 1 比 2 负于埃弗顿，回到主场又以 1 比 2 输给了布莱克本。在冠军联赛小组赛中，主场被欧塞尔以 2 比 1 掀翻在地，客场被多特蒙德以 2 比 1 斩于马下。四个 2 比 1 如四记重拳，击晕了“枪手”，也击晕了温格。

11 月，皮雷伤愈复出。从 2002 年 11 月到 2003 年 2 月，阿森纳的表现虽说不尽如人意，却也还说得过去，特别是在一月创造的 5 连胜，保住了联赛的领先地位，阿森纳卫冕的前景又露出了曙光。

2003 年的春天，温格又收获了英国女王授予的英帝国勋章。温格脸上春天的小风荡漾着，一道道纹路里不易察觉的傲慢若隐若现。

2002—2003 赛季，阿森纳与曼联的实力已经发生了逆转。温格比弗格森手里的牌要好许多。

温格“摸牌”的水平一流，但出牌的水平却比弗格森差了一截。温格更善于提升自我，而在研究对手上用的精力有限。每场比赛前，温格也会剪辑一盘对手的比赛录像，不过他并不要求队员们必须看，而是更希望他们忘记对手。相对于弗格森，温格的用兵缺少谋略，临场指挥与换人调整也是乏善可陈。

2003 年 3 月，阿森纳遭遇了“倒春寒”。整个三月，阿森纳共打了 6 场比赛，2 胜 2 平 2 负，其中两场联赛 1 胜 1 负。四月，阿森纳五场比赛的成绩是 3 平 2 胜，曼联在蚕食着阿森纳的领先优势。

节制、缺乏激情、彬彬有礼，这是人们公认的温格的特征。然而，在这个春天里，温格变成了另一个人，一些反常的行为不断出现。第一次让人感到意外的是温格 4 月 17 日在海布里迎接曼联的挑战时的表现。

这场比赛，曼联的范尼率先打破僵局，这也是双方上半场的唯一进球。第 51 分钟，皮雷左路直传，博格坎普在禁区前沿用右脚脚弓轻轻一挡，球几乎没有变向，科尔突入禁区，左脚一扣，闪开来不及转身的布朗，于门前 10 米处起右脚射门，球打在亨利的腿上变向，从巴特斯裆下穿过，滚入球门右下角，阿森纳侥幸将比分追平。第 62 分钟，吉尔伯托在中场准确地左脚 35 米直传，球窜到了布朗与费迪南德的身后，处在越位位置的亨利在禁区前沿接球转身，在门前 15 米处右脚推射，打进大门右下方的死角，阿森纳 2 比 1 反超。之后不到一分钟，曼联的吉格斯在远门柱无人盯防的情况下头球破门，将比分扳平。

球迷们看到，温格在场边显得心烦意乱，不时转身向助理教练赖斯絮叨着什么，或者时不时地向着场内咒骂，像一个完全失去自我控制能力的人在街头发泄。大家不愿意看他，可又无法将视线转移到别处。

在球迷区里看球的亚当斯看到温格的表现，心下着急，他不停地在心里说："加油，老板，释放一下激情吧！"

温格终究还是没有释放自己的激情，除了面对践踏公平的行为，温格的情绪一般不会爆发。

万事有度。克制是一种做人的好品质，但一个领导者若一味克制，便会日久生弊。克制的人需要有很强的自我排解压力的能力，一旦排解不掉，形成积压，久而久之，就会心理超负荷，在关键时刻失去平衡，在最重要的时候掉链子。克制型的领导者，容易过度迁就团队成员，习惯于把责任都揽到自己头上，极易造成责任意识的淡漠，也不利于优良作风的形成。这样的团队往往经不起硬仗、恶仗的考验，也经不起荣誉的考验。

此时，曼联与阿森纳已经不是在拼实力，也不是在拼智慧，而是在比霸气。弗格森显然比温格更善于肉搏。

第 75 分钟，温格换下博格坎普，维尔托德替补上场。第 80 分钟，温格用前锋卡努换下中场球员皮雷。温格孤注一掷的换人，让他的球员越踢越急躁，第 83 分钟，坎贝尔被红牌罚下，温格不得不接受一场他最不愿接受的平局。

比赛结束后，弗格森冲进球场，做出了双手握拳的胜利姿态。他知道，从精神上打垮温格是他在这个赛季制胜的唯一通道。

弗格森与两颗子弹

十天后，阿森纳客场对阵博尔顿足球俱乐部（以下简称博尔顿）。上半场双方都没有进球。下半场开场仅 106 秒，皮雷直传左路，亨利边线高速突破并切入禁区左肋，面对恩戈蒂和博格森的包夹防守横传门前，维尔托德门前 6 米处推射空门打破僵局。第56分钟，科尔前场左路积极拼抢，恩戈蒂传球失误，亨利禁区左侧横向突破后，横传皮雷，皮雷在左侧20米外大力施射，足球钻入球门右上角。阿森纳2比0领先，形势大好。

第58分钟，永贝里受伤倒地，温格换上了卢兹尼。第67分钟，温格用基翁换下西甘。第72分钟，劳伦下，范布隆克霍斯特上。三次换人后，阿森纳的后防已经面目全非。很快，由于定位球防守失误，博尔顿扳回一分，顿时士气大振。

温格松开了自己的领带。

兔子急了也咬人，为保级而战的博尔顿压着阿森纳展开疯狂的进攻。

温格的领带离开了衬衣，滑落到场边。

10分钟后，比赛临近结束，博尔顿再次获得前场任意球，主罚的是法国人德约卡夫。德约卡夫22岁时，被温格招到了摩纳哥，将他调教成为法国国脚。如今德约卡夫已经35岁，正在赚取职业生涯的最后一桶金。德约卡夫没有直接射门，而是把球挑进禁区，足球被比德约卡夫更老的基翁蹭到，然后画出一道诡异的弧线，飘进了比基翁更老的希曼把守的大门。2比2，阿森纳眼看到手的3分就这样飞走了。

温格的领带已经不见踪影。这是人们第一次看到在比赛结束时，脖子上没有领带的温格。

在2003年5月4日与利兹联的比赛中，阿森纳主场以2比3败北。赛后，温格说："我竭尽全力，几乎流尽了最后一滴血去争取联赛冠军，如果我们成功了，我将是这个世界上最骄傲的人。"人们从温格的一番话里，品味到了一种天鹅泣血的滋味。

2003年春天，从3月到5月，阿森纳葬送了联赛8分的领先优势。温格眼睁睁地看着他的天空缓缓地、不可救药地坍塌，看着弗格森带着嘲讽的笑容从身后冲了过去。

这个赛季，曼联在38场比赛中，取得了25胜8平5负的战绩，以83分夺得冠军。阿森纳则取得了23胜9平6负的战绩，以78分又一次成为"老二"。

好在，“枪手”在英格兰足总杯上的表现为温格挽回了一些颜面。

2003 年 2 月 15 日，曼联与阿森纳在老特拉福德球场展开足总杯第五轮的大赛。这场比赛之外的故事比这场比赛本身更长久地留存在人们的记忆里。

仇敌相见，分外眼红。比赛进行到第 7 分钟，范尼对劳伦下黑脚，裁判温特对这个恶劣犯规视而不见，维埃拉上前提出抗议，反遭黄牌警告。第 34 分钟，罗伊·基恩对维埃拉犯规，曼联为此付出了代价，埃杜的任意球滑过人墙，打在贝克汉姆的肩头变线入网。这个入球导致了著名的“飞靴事件”，也成了曼联将帅失和的导火索。第 52 分钟，维尔托德接到埃杜传球，摆脱费迪南德和布朗的防守，面对门将巴特兹冷静施射破门。

曼联主场以 0 比 2 完败阿森纳，令弗格森大为光火。赛后的更衣室里，“吹风机”弗格森大发雷霆，他冲着贝克汉姆骂道：“阿什利·科尔把你搞得像头蠢驴！”也不知道贝克汉姆吃错了什么药，他立马反击道：“温格把你搞得像头大蠢驴！”温格？蠢驴？其他球员被小贝的话惊得目瞪口呆，紧接着，更令人吃惊的事情发生了，弗格森飞起一脚将一只球鞋直接踢向了小贝，这就是著名的“飞靴事件”。

这个更衣室里的精彩故事，媒体自是不会放过，在看到了媒体的大肆宣扬之后，温格又从中加了一把火，他含沙射影地说道：“人是一种高级动物，人与动物的最大区别就在于，人能控制自己的情绪。”

弗格森事后解释道：“那是一次神奇的意外，再让我踢 100 次甚至 100 万次也不会发生这样的事情。如果我能故意踢中他，我应该穿上那双鞋上场比赛才对！”

情感的裂痕一旦出现，再高级的“焊工”也无法修复如初。小贝在维多利亚的怂恿下与老爵爷开始了公开对抗，曼联只好让小贝走人。在小贝离开曼联后，有记者问弗格森：“如果给你一把枪和一颗子弹，你会射死维多利亚还是温格呢？”弗格森回答：“你能给我两颗子弹吗？”

2003 年 5 月 17 日，阿森纳与南安普顿展开了英格兰足总杯的最后决战。

这是阿森纳连续 3 个赛季打进足总杯决赛，参加决赛次数达到了创纪录的

16次。南安普顿则是自1976年夺冠以来首次入围决赛。赛前，颁奖嘉宾老罗布森与双方球员、教练一一握手。希曼第564次代表阿森纳出场，温格让他戴上了队长袖标，这是他最后一次代表“枪手”出场。坎贝尔仍然停赛，基翁伤愈与卢兹尼搭档中卫。第38分钟，帕洛尔右侧斜传，亨利在禁区内前沿拿球，背对球门吸引住对方后卫，博格坎普从他右侧插上，亨利巧妙把球分出，博格坎普右脚将球挑给左路跟进的永贝里，永贝里前点射门被门将挡出，中路包抄的皮雷在门前7米处得球，右脚扫射打进球门右下角，阿森纳1比0领先。

无法用语言来描述这个进球的精致之美，五个“枪手”在一连串的穿插跑动中，以舞蹈般的技术动作和音乐般的节奏演绎了一幕美妙的音乐舞蹈剧。

当皮雷射出的足球越过球门线时，温格从座位上站了起来，走向球场边线，表演了他最常用的庆祝动作：轻轻地挥舞了一下紧挨的双拳，然后回到教练席，再度坐下。

皮雷的进球帮助阿森纳1比0小胜对手，并蝉联足总杯冠军。

温格度过了大喜大悲的一年，足总杯冠军并不能消除他内心的郁闷。联赛硝烟散尽，亨利压倒曼联的范尼，被球员工会和记者协会评为年度双料最佳球员。温格还是忘不了替自己挽回一点颜面，他说：“这是最有价值的个人奖项，比金靴奖更有价值。”亨利在这个赛季的所有比赛中攻入32球，贡献了23个助攻。

夺得联赛冠军的弗格森不会放弃任何与温格隔空对话的机会，他对媒体说：“他对我们的成绩没有半点承认，这让我很失望。他对我们吹毛求疵不会给别人留下什么好印象。”

门将变更

卫冕失利，温格冷静下来。

2003年夏天，温格从德甲多特蒙德足球俱乐部（以下简称多特蒙德）以250万英镑签下了门将延斯·莱曼，以接替希曼据守的大门，温格称之为“阿森纳最伟大的签约”。同时，温格还以25万英镑将盖尔·克利希从法国康城足球俱乐部带到了阿森纳。

延斯·莱曼，1969 年 11 月 10 日出生于德国的埃森，身高 1.90 米，体重 87 公斤。莱曼成名于德甲沙尔克 04 足球俱乐部，当年联盟杯决赛中莱曼点球大战发挥出色，帮助球队力克国际米兰赢得冠军。1998 年加入了 AC 米兰，随后一年，又转会到多特蒙德。莱曼以防守面积大、善于扑点球而著名。

“枪手”的门神希曼在这个夏天转会曼城，至此格拉汉姆打造的后防全部退出了“温格军团”。

“我想约翰·卢基奇是英国比较好的三位门将之一，但是希曼才是最好的。”这是 1990 年媒体传言阿森纳与希曼走得很近时，格拉汉姆发表的言论。当时，球迷并不这么认为，他们纷纷表示：“我们都得同意，卢基奇要比希曼好！”

阿森纳不可能被球迷左右，他们还是花了 130 万英镑买来了希曼，这是当时英格兰门将转会的最高身价。有些人觉得这钱花得不值。希曼靠他稳健的表现很快就赢得了球迷的欢心。他身体的柔韧性极强，位置感很好，判断精准，勇猛果断，与“后防四老”的配合日益默契，阿森纳保持了 23 场不失球的纪录，而且在整个 1990—1991 赛季仅仅丢了 18 个球。其中他在对阵热刺和利物浦时的表现更令人刮目相看。在挑战桑德兰的比赛中，天降大雨，足球非常湿滑。桑德兰球员加里·欧维斯雨中怒射，球直奔龙门而去，此时希曼做出了一个漂亮的扑救，他用指尖碰了一下足球，确保球门不失。这个扑救也成了他的代表作之一。虽然在大部分的比赛中都不需要希曼救险，然而他总是能够在危险出现的时候力保球门不失。这样非凡的表现帮助“枪手”实至名归地获得了该季的英超冠军。

随后的七年间阿森纳都没能获得英超冠军，但是希曼的表现保证了阿森纳能够在英国甚至欧洲的杯赛中称王。在当时那支阿森纳中，赖特作为箭头冲锋陷阵，而希曼则和后来的“后防四人”保卫着阿森纳的球门。

希曼职业生涯的代表作出现在 1994 年欧洲优胜者杯的比赛中。即使受到肋骨伤患的困扰，希曼在打了封闭针之后也依然带伤上阵。在面对拥有佐拉、布洛林和阿斯普里拉的帕尔马时，他用出色的表现帮助球队在处于劣势的情况下守住了微弱的优势，将优胜者杯捧回了伦敦。

阿森纳在 1995 欧洲优胜者杯的半决赛中遇到了桑普多利亚。起伏不定的第二回合加时赛结束之后，阿森纳凭着希曼在点球决战中三次技惊四座的扑救进军决赛。虽然“枪手”在面对皇家萨拉哥萨足球俱乐部的决赛中被原热刺的纳依姆 50 米外一脚世界波击败，但是希曼的表现还是深入人心。

希曼很快将在俱乐部的优异表现移植到了国际赛场上，他在 1996 年欧锦赛上成为英格兰的国家英雄。凭借着在对阵西班牙和苏格兰的比赛中扑出的点球，希曼成为无人不晓的足球明星并在英格兰门将的位置上坐了整整八年，直到在 2002 年世界杯上被小罗打进那个诡异的进球之后他才退出英格兰代表队。

希曼在温格入主阿森纳之后，焕发了“第二春”，成为温格最信赖的门将。尽管进入 2000 年以后，他的反应和判断一直遭人诟病，但是希曼用精彩的扑救和冠军回应了人们对他的质疑。

那是 2003 年 4 月的时候，希曼当时年近“4 张”，“枪手”们在足总杯对阵谢菲尔德联的半决赛中竭力保持着 1 比 0 的胜果。比赛的最后阶段，对方射手保罗·佩什索里多骗过了阿森纳的后卫，眼看就要进球了。但是希曼用身体挡住了足球，足球最终越过门楣而出。这个精彩的扑救成为希曼的绝唱，他也借此很好地回应了评论家们的非议。

希曼共代表阿森纳出场 564 次，获得过 8 个大赛奖杯。

搅局者切尔西登场

值得一提的是，这一年的七月，发生了一件对英超以及温格来说都影响深远的事情。俄罗斯人阿布拉莫维奇以 1 亿 4000 万英镑从贝茨手中买下了切尔西。阿布拉莫维奇接手切尔西后一连串近似疯狂的举动震惊了世界足坛。

2003 年 6 月 11 日，切尔西免费将佐拉送给了卡利亚里足球俱乐部；7 月 15 日以 600 万英镑从西汉姆联足球俱乐部（以下简称西汉姆联）买下了格伦·约翰逊；7 月 16 日，以 690 万英镑从皇家马德里购得格雷米；7 月 21 日，以 700 万英镑签下了南安普顿的布里奇；7 月 21 日，以 1700 万英镑买下了布莱克本的达夫，以 50 万英镑从南安普顿引进了勒索克斯；8 月 6 日，用 660 万英镑从西汉姆联挖来了乔·科尔，以 1500 万英镑收购了曼联的贝隆；8 月 14 日，又以 1580 万英镑从帕尔马足球俱乐部买到了穆图；8 月 25 日，以 345 万英镑从波尔多足球俱乐部买下了斯梅尔京；8 月 26 日，以 1680 万英镑从国际米兰买下了克雷斯波；8 月 31 日，以 1600 万英镑从皇家马德里转入了马克莱莱。

俄罗斯人的挥金如土，掀起了英超层层波浪，究竟是福是祸，人们看法各异；到底是喜是忧，各自感受不同。人们只能接受这样的事实："蓝军"的一切都打上了俄罗斯人的烙印。所以，他们称切尔西为"切尔斯基"或"卢布军团"。

如果说切尔西是"大资本家"，那么阿森纳顶多算是"富农"。阿森纳平常的日子还过得去，一旦碰上笔大开销，就得四处借贷了。

为了建设阿森纳的新主场，阿森纳的管理层及大股东动用了各种资源，总算于 2003 年 3 月找到了最大的贷款方苏格兰皇家银行。

苏格兰皇家银行为阿森纳提供了 2.6 亿英镑的贷款，还款期限为 14 年。

这时候，戴恩提出了不同的意见，他希望对球场建设与俱乐部发展做新的评估。戴恩对建设新球场的热情下降，而主席希尔·伍德及大股东菲兹曼的积极性却高涨起来。

俱乐部高层的意见分歧，很快在俱乐部内外传开，一时间传闻四起。2003 年秋天，伍德主席接受了记者的采访，他说："新球场是一个巨大的项目，不能说对俱乐部生死攸关，但是，肯定关系到阿森纳能否成为真正的欧洲豪门。我不知道戴恩是否对我们后期的一些操作满意，毕竟他现在的俱乐部分工是'足球相关业务'。至少他对我们提出的各种议案都表示同意，所以我不认为戴恩干扰了这项工程。"

温格当然希望阿森纳有欧洲一流的球场，但他知道要实现这个愿望，自己能做的就是让"枪手"有更完美的表现。

阿森纳神话

2003—2004 赛季，温格终于创造了阿森纳神话。

2003 年 8 月 16 日，英超联赛拉开战幕，阿森纳主场迎战埃弗顿，38000 名球迷涌进海布里球场，一睹“枪手”新赛季的风采。

这场比赛，门将莱曼身穿 1 号球衣首发出场，三名后卫是 3 号科尔、23 号坎贝尔、28 号图雷，中场五名球员分别是 4 号维埃拉、7 号皮雷、8 号永贝里、12 号劳伦和 19 号吉尔伯托，11 号维尔托德与 14 号亨利搭档出任前锋。替补席上坐着 13 号斯图尔特·泰勒、5 号基翁、15 号帕洛尔、9 号杰弗斯和 10 号博格坎普。科尔原本是阿森纳的前锋球员，此时已经被温格改造成一名优秀的后卫。

“枪手”的球迷们看着强大的替补球员心里都觉得踏实。但是，25 分钟后，他们的心却悬了起来。

埃弗顿的格拉维森在中路形成突破，坎贝尔只好在禁区前沿采取战术犯规，裁判哈尔希掏出了红牌，直接将坎贝尔罚下。坎贝尔上前争辩，他说：“劳伦正在回防，因此他并不是最后一名后卫，顶多是一张黄牌。”但哈尔希不予理会。这是温格上任以来阿森纳队得到的第 51 张红牌。

温格无奈用基翁换下维尔托德，以稳固后防。

这时候，“第十二人”的力量显现出来了，“枪手”迷们没有和裁判较劲，而是给“枪手”加油鼓劲。“阿森纳，加油！”3 万多人的呐喊如同航母上的弹射器，瞬间把场内 10 名“枪手”的力量激发出来。仅仅过了 2 分钟，亨利在禁区内试图把球挑过斯塔布斯，球却打在斯塔布斯的手臂上，哈尔希判罚了点球，亨利操刀主罚，起右脚将球打进球门左下角，阿森纳 1 比 0 领先。冷静地罚进点球的亨利兴奋异常，边脱球衣边跑向埃弗顿球迷所在的看台，向埃弗顿球迷做了一个胜利的手势。埃弗顿球迷无法容忍这样的“示威”行径，他们将塑料瓶等能够利用的杂物抛向亨利，海布里球场的气氛一时剑拔弩张，保安不得不介入。亨利的行为应该得到黄牌，但哈尔希选择了网开一面。

辱骂更可能激怒裁判，让他一意孤行，而对自己球队鼓劲加油的万众一心，几乎没有人不心生敬畏。

下半场，埃弗顿面对少一人的阿森纳，反而越发不能专注于比赛了，球员的脑子开始不停地开“小差”：“11 个人输给 10 人，多丢人呀！”这越想越急，越急越想，踢球就没了章法。第 58 分钟，埃弗顿后防空虚，吉尔伯托的抽射被门将扑出，维埃拉补射，再次被挡在门外，一番混战后，皮雷最终将球推进球网，阿森纳 2 比 0 领先。随后，埃弗顿队由拉津斯基扳回一分。最终，比分定格为 2 比 1，阿森纳首战告捷。

赛后，温格感叹道：“阿森纳的历史超过了 130 年。一个球迷对一个俱乐部的支持是全身心的。忠诚是英国足球的最高品格，球迷绝对不会对自己的球员吹口哨或者嘘他们，而且，支持一个俱乐部就是一个球迷一辈子，甚至是一个家庭祖祖辈辈的事。足球是大家每天都在谈论的话题，是一种黏合剂。英国的孩子，从出生那一天就用印有俱乐部标志的东西，家长们用它来培养孩子对俱乐部的热爱。看看现场的球迷，看看每年我们的专卖店里要卖出多少纪念品，就知道我们在场上的一举一动对人们的生活影响有多大，我们不能不付出更大的努力。”

同一天，曼联在主场以 4 比 0 狂胜博尔顿，暂列积分榜头名。

8 月 24 日，阿森纳客场挑战米德尔斯堡足球俱乐部（以下简称米德尔斯堡）。温格使用了与首场比赛完全相同的阵容，比赛完全被“枪手”控制，始终演奏着温格“完美足球”进行曲。曲子演奏到第 5 分钟，出现了一个小高潮，维埃拉中场斜传右侧空当，永贝里高速跑动中右脚停下足球，在门前 16 米处，右脚一记抽射，足球直奔远角，门将施瓦泽反应敏捷，飞身倒地单手将球封出，亨利左侧及时插上，在门前 4 米处右脚轻轻一推，足球滚进空门，阿森纳 1 比 0 领先。

又过了 11 分钟，阿森纳又表演了一段经典的足球探戈。科尔与皮雷左路配合，三传两递，科尔带球下底，吸引了米德尔斯堡的防守力量，科尔做了个突破的假动作，将球推给皮雷，皮雷停球回扣传到后点，已经无人看守的吉尔伯托在 14 米外右脚凌空打门，球箭一般射进球门左下角。

比赛进行到第 22 分钟，阿森纳的“法国帮”上演了一段小插曲。米德尔斯堡在反击中，出现一个莫名其妙的横传失误，阿森纳顺势于回防中打出了一个漂亮的反击，皮雷后场直传空当，亨利突入禁区左侧，右脚巧妙将球挑传至门前，维尔托德在门前 6 米处用右脚内侧凌空垫射，足球直挂大门远角。

第 60 分钟，坎贝尔中圈附近一脚直传，穿透对手防线，永贝里反越位成功，突入禁区右侧，将球横推门前，维尔托德在门前 5 米处右脚将球推进空门，阿森纳 4 比 0 大胜米德尔斯堡。

此轮比赛，曼联客场 2 比 1 战胜纽卡斯尔，与阿森纳、曼城积分相同，曼城以净胜球优势，暂列榜首。这时候，球迷已经开始谈论曼联与阿森纳谁会笑到最后，他们各自想象着双方直接对话的情景，探讨或辩论曼联与阿森纳的实力与前景成了球迷最重要的话题。

8 月 31 日，阿森纳奉献了一场更富戏剧性的比赛，因为这场比赛让世界球迷记住了一个名字——劳伦。联赛第四轮，三连胜的阿森纳客场挑战曼城。

这场比赛的结果是 2 比 1，三个进球均来自“枪手”。另外，比赛还创造了“世纪最佳乌龙”，成为球迷们街谈巷议的热门话题。

比赛开始，曼城士气高涨，全场的贴身紧逼搞得“枪手”很不适应。有耕耘必有收获，曼城很快迎来了自己的进球，不过这个进球是由“枪手”创造的。是时，曼城的迪斯丁一脚精准长传，足球直奔阿森纳禁区，锋将辛克莱拍马向前，阿森纳的劳伦快速启动，高速回防抢在辛克莱之前，将球一蹚，取得了对球的控制权。接下来，见证奇迹的时刻到了：劳伦带球一路向前，甩掉了曼城前锋的“抢截”与“骚扰”，面对自己的守门员莱曼，一脚亨利式的射门，足球刁钻地射入莱曼把守的大门。双方球员与现场观众集体惊呆！这一粒射入了绝对死角的“乌龙球”，以其极高的技术含量，被称为“世纪最佳乌龙”。

赛后温格说，劳伦背后遭到了辛克莱的推搡，这导致他本来要将球开出界外的一脚变成了致命的乌龙球。

失球后阿森纳愈加被动，直到上半场临近结束，才缓过劲来，接连发动了几次猛攻，但希曼的防守无懈可击。

中场休息时，温格要求球员下半场的打法一定要更为简练、直接。

下半场开场仅仅 2 分钟，整个上半场都被赖特·菲利普斯压制的科尔杀入对方腹地，接到皮雷的妙传后把球直塞给了维尔托德，后者打入了扳平的进球。此后，双方进入僵持阶段，曼城的西别尔斯基和阿内尔卡都有机会，但阿森纳凭借门将莱曼和后卫基翁的出色表现，力保球门不失。

第 73 分钟，永贝里在禁区前沿横传亨利，亨利一个直塞，心领神会的皮雷立即跟进，孙继海尽管卡住了身位，但却和出击的门将希曼发生误会，希曼用膝盖碰到足球后倒地，果断插上的永贝里把球打入。2 比 1，阿森纳完成了逆转，兴奋的永贝里冲入阿森纳球迷中庆祝自己的进球。

此后，阿森纳仍有扩大比分机会。曼城小将巴顿犯下致命错误，他的传球被断，让亨利获得了单刀机会，亨利在面对门将时稍微一犹豫，回追的孙继海把球大脚开出，化解了危机。

温格赛前就曾担心："我的射手会不会在面对门将的一刹那突然看到了希曼，因而中止了射门？"温格果然是"心想事成"。

五轮比赛下来，阿森纳 4 胜 1 平，曼联 4 胜 1 负。阿森纳比曼联高出了一个头尖。

遇阻曼联

2003 年 9 月，温格将塞斯克·法布雷加斯从巴萨的拉玛西亚青训营带到阿森纳。法布雷加斯与梅西是青训营的同学兼好友，1987 年 5 月 4 日出生于西班牙的阿雷尼斯。

年仅 16 岁、身体瘦弱的法布雷加斯来到英伦，几乎所有人都对温格的决定感到诧异，英国媒体嘲讽道："温格选人也有犯昏的时候。"

亨利坚定地站在恩师一边，预言小师弟前途无量。

温格对法布雷加斯说："球员几乎天天都在重复相同的工作，每天都是那些相同的动作，你觉得都掌握了，你会感到枯燥，然后，进步就停住了。大家都在进行同样的训练，为什么每个人的水平会有不同，是天赋的差别吗？是的，天赋的确重要。但我要说的是，比天赋更重要的是态度，是把简单的动作做得熟练、运用自如、精益求精。任何一个动作都存在更合理的可能，每一个细节都有更完善的空间，改进、改进、再改进，就会与众不同。甘于平淡，认真做好每一堂训练、每一个细节，成功自会不期而至。”

10 月 28 日，法布雷加斯身穿 57 号球衣代表阿森纳征战联赛杯，以 16 岁 177 天创造了阿森纳最年轻的出场球员纪录；12 月 2 日，法布雷加斯在联赛杯与狼队的比赛中破门，创造了阿森纳最年轻的进球球员纪录，这时，他才 16 岁 212 天。

法布雷加斯愈加珍惜温格的提携与信任，在训练与生活中自觉地严格要求自己。

法布雷加斯的发型非常“前卫”，队友雷耶斯嘲笑他，第二天，他就把头发理得端端正正。

2003 年 9 月 21 日，联赛进行到第六轮，球迷们终于迎来了翘首以盼的焦点之战，曼联在老特拉福德摆下擂台，与阿森纳一决高下，67000 多名球迷来到了现场。弗格森清楚，阿森纳处在最好的时期，与上个赛季一样，要战胜它还是得靠心理战，或者说，现在英超没有球队具备打败阿森纳的实力，能够打败阿森纳的只有它自己。弗格森隐隐觉得，这可能是一个转折点，如果不能在主场击败它，从容起来的“枪手”将是令人恐怖的。

不出弗格森所料，“枪手”的心理素质以及由此带来的作风问题再次表现出来，在老特拉福德球场，“枪手”比较容易变得火爆，丢掉了往常的节奏、灵动与优雅，而陷入曼联喜欢的比赛方式之中。这是一场缠斗，双方谁也无法把球流畅地运转起来，上半场，双方都没有创造出好的射门机会。

下半场，追求艺术足球的“枪手”渐渐被缠得心烦意乱，动作越来越大。第 54 分钟，图雷踢中范尼小腿肚子，被黄牌警告。犯规也是一种具有传染性的行为。第 61 分钟，基翁飞铲福琼，被黄牌警告。第 79 分钟，维埃拉侵犯福琼，主裁判本内特先是口头，之后又亮出黄牌，维埃拉把一口怨气埋在了心里。

第 81 分钟，范尼争顶时用身体将维埃拉压倒在地，维埃拉倒地用后脚踢范尼，范尼身子一让避开了，莱曼跑上去指责范尼，主裁判本内特向维埃拉亮出第 2 张黄牌，将其罚出场外。阿森纳在最近与曼联的三次交锋中，每次都有球员被罚下。

比赛还剩下不到一分钟，眼看一场平局就要到来，裁判判给曼联一个稍带疑问的点球，范尼面对擅长扑点球的莱曼，将足球精准地踢到横梁上，错失了绝杀“枪手”的良机。

在球场上，面对无礼与挑衅，一般有三种选择：一是以牙还牙，二是暂且忍让，三是宽恕。以牙还牙，最可能的结果是双输；暂且忍让，一旦到了忍无可忍，就会因情绪爆发而自毁好局；宽恕则可以让自己集中精力去踢球并且赢得尊重。忍，必然会有“忍无可忍”之时，必然会做忍无可忍之事。宽恕既是最好的选择，又是最难的修炼。

比赛结束了，但故事还没结尾，结果是 0 比 0，故事却被永远铭记。“枪手”认为是范尼用高超的演技骗得点球，满腔的怒火都在憋着。比赛结束后，阿什利·科尔在 C. 罗纳尔多面前学猴子跳，以此讥讽他的表现。老将基翁以欢呼雀跃之表，行用手臂拍打范尼后脑之实。范尼还处在射失点球的懊恼之中，一时没有什么反应。接着，阿森纳球员一哄而上，帕洛尔、阿什利·科尔、劳伦和莱曼都加入进来，最终这些球员总共接到了 17.5 万英镑的高额罚单。

在比赛中，小动作之类的“次暴力”往往可以躲过处罚，被“次暴力”者往往先是忍让，积累到一定程度后，则直接以暴力释放自己的怨气，那么他不可避免地会遭到处罚，而且也让实施“次暴力”者降低了受到道德审判的风险与压力。

弗格森是个粗中有细的人，对付儒雅的温格，他知道最有效的方法就是将他激怒，让温格自己打败自己。这一次，弗格森得逞了一半，而另一半只差一个横梁的距离，否则，他便大功告成。

不败夺冠

阿森纳回到海布里，以3比2力克纽卡斯尔，将积分领先优势扩大到4分，队长维埃拉与后卫科尔受伤下场，永贝里右脚踝受伤，因无换人名额，只好坚持到了终场。

阿森纳的板凳深度显现出来，尽管维埃拉与永贝里因伤缺阵，“枪手”依然以2比1的相同比分，力克劲敌利物浦和切尔西。

2003年11月，切尔西赢得了两场重要的胜利。切尔西在罗马以4比0战胜了拉齐奥足球俱乐部，创造了外国球队在意大利最大比分取胜的新纪录；11月30日，主场1比0战胜曼联，登上了联赛积分榜榜首。

阿森纳越打越顺，在比赛第二十轮阿森纳客场被埃弗顿逼平之后，打出了一个9连胜的高潮，继续保持着不败纪录。遗憾的是在欧洲冠军联赛四分之一决赛中，阿森纳在主场被切尔西淘汰。这是阿森纳与切尔西最近的17次交手中第一次败北。

阿森纳的9连胜中，有一场比赛是不得不提的，因为这场球是属于亨利的。这场比赛发生在2004年2月11日，阿森纳主场迎战南安普顿。第31分钟，亨利率先破门，创造了他在英超联赛的第100粒进球，成为第11位英超联赛攻入百球的球员，也成为继约克之后第二位攻入英超百球的外籍球员。比赛进行到第90分钟，皮雷传球穿透了南安普顿的中场，亨利在左前场接球后，迅速前蹿，南安普顿的后防队员里只有肯顿还勉强追得上亨利的脚步，但最后力不从心的肯顿只能目送着进了禁区的亨利用左脚搓出一个漂亮的弧线，球直奔球门远角破网，南安普顿守门员涅米只能仰天长叹。这个进球不仅创造了单刀球的经典，也让亨利以19个进球，独占英超本赛季射手榜头名。凭借亨利的梅开二度，阿森纳以2比0战胜对手南安普敦。

阿森纳在联赛中保持着良好的竞技状态，不过，切尔西的强大让联赛的局势变得复杂起来，三支队伍的积分始终没有拉开，谁也不能稳坐头把交椅。12月，形势才开始向有利于阿森纳的方向发展。

球队的成绩在上升，俱乐部的运作也有了喜讯，2004 年 2 月 23 日，俱乐部宣布新球场开工建设，这是阿森纳俱乐部历史上又一个里程碑式的时刻。温格与球员们听到这个消息都稍稍有些兴奋，新球场的前期工作已经开展了接近四年，他们的期待都快“发霉”了。

切尔西在赛季初期势头相当强劲，并曾经一度占据榜首位置。但自从 2003 年 12 月 6 日客场战平利兹联以后，进入了联赛 7 战 2 胜 2 平 3 负的低潮，彻底退出了冠军争夺。

切尔西输在了心态不稳，而曼联则是自毁长城。在 2004 年 1 月 17 日客场对阵伍尔弗汉普顿流浪者足球俱乐部（以下简称狼队）之后，曼联还是联赛的领头羊。在这场比赛之前，曼联的主力中后卫里奥·费迪南德因缺席药检被判了停赛 8 个月的“重刑”。曼联在客场 0 比 1 小负狼队。自从失去里奥，曼联的防守便成为球队最大的软肋。

伴随着“里奥事件”的还有弗格森与赛马大亨马格尼尔之间的官司，弄得俱乐部内外沸沸扬扬。

身价过亿的马格尼尔和商业伙伴麦克马努斯共同拥有曼联 23.15% 的股份。这位爱尔兰人过去一直是爵爷的私交密友，但是去年双方在赛马“直布罗陀岩石”所获奖金和配种收益分配问题上产生了分歧，导致爵爷将对方告上了苏格兰法庭。关于弗格森下赛季是否续约的各种传闻不断见诸报端，俱乐部上下各种不稳定因素毫无疑问地影响了球队，整个下半段赛季，曼联在 18 场比赛中 7 胜 5 平 6 负，只拿到 26 分，和上半段 19 战积 46 分的成绩差了老大一截，这也是英超成立以来曼联取得的最糟糕的半程战绩。

第 30 轮，阿森纳在主场展开与曼联第二回合的较量。亨利在第 50 分钟的一记远射，帮助主队取得领先。比赛进行到第 86 分钟，阿森纳的球迷已经开始欢庆胜利时，曼联的萨哈在禁区前的一个抽射扳平了比分。阿森纳收获了一场平局，仍保持着不败“金身”。切尔西在本轮比赛中以 5 比 2 战胜狼队，把与阿森纳的比分差距缩小到了 7 分。

2004 年 4 月 9 日，阿森纳与利物浦之间原本是第 32 轮的一场比赛提前进行。比赛的进程一再地出人意料。开场不到 20 分钟，利物浦的海皮亚和欧文就分别攻入一球，阿森纳 0 比 2 落后。就在大多数球迷认为阿森纳的不败纪录将要终结的时候，属于亨利的时刻来到了。第 31 分钟，皮雷左路斜传禁区，亨利门前面对杜德克左脚穿裆巧射，足球擦远门柱入网。第 49 分钟，亨利直传永贝里，后者左路禁区边缘精准传中，皮雷倚住卡拉格尔左脚扫射破门。仅过 70 秒，亨利在利物浦半场带球突破，先后摆脱哈曼和卡拉格尔之后在门前冷静施射破门，阿森纳反超了比分。第 78 分钟，博格坎普右路过顶传中，亨利门前的劲射被杜德克扑出，又打在亨利腿上反弹入网，帮助阿森纳锁定胜局。

阿森纳保持着 7 分的领先优势。

联赛最后七轮，阿森纳的战绩 4 胜 3 平，连胜的势头明显减弱，但切尔西与曼联的表现却更差。最终，阿森纳拿到了 90 个联赛积分，以超出第二名切尔西 11 分的优势夺得冠军，曼联则以 75 分收获了季军。

这个赛季，阿森纳自温格执教以来第一次在攻击力上超越曼联，成为联赛攻击力最强的球队。“枪手”共打入了 73 粒进球，场均进球 1.92 粒；同时，阿森纳在防守能力上保持了自己的传统优势，依然是防守最好的球队，仅失球 26 粒，场均失球 0.68 粒。

这个赛季，亨利以优异的表现，再度当选英格兰双料足球先生（足球先生及球员先生），再次成为 2004 年世界足球先生亚军。亨利在全赛季各项赛事中共射入 39 球，在世界各大联赛球员中的进球数均独领群雄，赢得欧洲金靴奖。

这个赛季是值得阿森纳为之骄傲的一个赛季，他们夺取了俱乐部历史上的第 13 座联赛冠军奖杯。整个赛季里，阿森纳高歌猛进，在联赛中保持不败，创造了令人吃惊的神话。

一旦让温格的团队从容起来，“完美足球”的能量是令人迷醉与畏惧的。英超比赛路数大多以刚猛为主，温格的“温式剑法”，不仅攻势凌厉，而且讲究超凡脱俗，姿势娴雅，让人一眼瞧来，实在美艳丽绝。

温格踌躇满志，英超冠军并不是最终梦想，他的梦想是在阿森纳培育“完美足球”的艺术之花，让它盛开在英国，盛开在欧洲，盛开在世界各地，让它芬芳艳丽，经久不衰。

铿锵三人行开幕

2004 年夏天，又一名荷兰少年被温格收至帐下，这个荷兰人名叫罗宾·范佩西，生于 1983 年 8 月 6 日，身高 1.86 米，体重 71 公斤。阿森纳为范佩西支付了 275 万英镑的转会费。

温格表示，范佩西在阿森纳队内的位置将从他过去习惯的左边锋改到中路，成为博格坎普的接班人，主要在亨利的身后活动。

世事难料，媒体的宠儿曼联和阿森纳突然之间便失去了宠爱，切尔西变成人们的新宠。

主教练拉涅利将被解雇的传闻四起，接替人选的猜测不断，最终的结果也是相当让人感叹：俄罗斯人阿布拉莫维奇支付给了拉涅利 600 万英镑的违约金，为聘请有合同在身的穆里尼奥又支付给波尔图足球俱乐部（以下简称波尔图）600 万英镑的违约金。同时，穆里尼奥还从波尔图带来了两名球员卡瓦略和费雷拉，阿布拉莫维奇分别支付了 1985 万英镑和 1320 万英镑的转会费。

阿布拉莫维奇似乎是在不断挑战英国人的心理极限，爆炸性新闻一个接着一个，一个个天价球员在他那里就如红薯一般。

温格八年呕心沥血，千辛万苦才打造出阿森纳的“温式枪手”，而阿布拉莫维奇一夜之间便让切尔西旧貌换新颜。温格显然不服，他说：“如果俄罗斯人抽身而去，切尔西将什么也不是！”

温格与弗格森大战了八年，胜少负多，他不服也不甘，不觉得自己输给了弗格森，而认为自己是输给了曼联的英镑，他用自己的智慧和辛勤与英镑赛跑，就在他刚刚要逆转局势的时候，切尔西漫天飞舞的卢布又一次遮蔽了他的光芒。

一天，队长维埃拉对温格袒露心扉：“我们要夺冠就需要签几个世界级球星。”温格答道：“维埃拉，我当年买你的时候，你并非世界级球星。”

温格是一个理想主义者，他像藐视曼联的英镑一样藐视切尔西的卢布，他以为自己可以像击败曼联一样打退切尔西的金钱攻势。

从穆里尼奥入主切尔西开始，英超这出大戏就由弗格森与温格的“二人转”，变成了穆里尼奥、弗格森和温格的“铿锵三人行”。一个“狂人”，一个“吹风机”，一个教授，个个个性鲜明。一个总是不停地发动语言进攻，一个会有选择地使用语言进攻，一个总是以守代攻。

穆里尼奥刚到伦敦，便露出“狂人”本色，他对记者说：“请别说我傲慢，我是欧洲冠军，所以我想我是很特别的一个。”

穆里尼奥第一次带队训练，便对球员们说：“我，是功勋卓著的教练，而你们，什么也不是！”

穆里尼奥在新赛季开幕之前，再次放出狂言：“切尔西是一支最好的球队，如果这听上去有点狂妄自大，那么请大家原谅：现在的切尔西更有了一个最好的主教练。”

在弗格森眼里，1963 年出生的穆里尼奥还是个“半青”，面对穆里尼奥的咄咄逼人，弗格森表现出了少有的忍耐。老江湖弗格森在寻找出击的时机。

温格温柔依旧，他不会把有限的时间与精力放在关注别人上，他认为那是愚蠢的表现。不管外面兔子如何叫唤，温格都会专心种他的“黄豆”。温格的“黄豆”就是“完美足球”。

弗格森与穆里尼奥在联赛中首次交手，便败下阵来，“老爵爷”一副长者风范，他赛后这样评说穆里尼奥：“他真的很顽皮，第一回合赛后，他管我叫‘老板’‘大人物’，但如果他能为我带来一瓶上好的葡萄酒，他的问候才管用。他给我带的是脱漆剂。”

49 场不败终结

2004—2005 赛季刚开始时，“枪手”的表现依然强劲。2004 年 8 月 8 日，社区盾杯决赛，阿森纳 3 比 1 击败曼联。温格安排了范佩西首发出场，他要靠“枪手辈出”来对抗英镑与卢布。联赛前 9 轮，阿森纳 8 胜 1 平，缔造了英格兰顶级联赛连续 49 场不败的新纪录。

2004 年 10 月 24 日，英超第 10 轮进行的最后一场焦点战役在曼联与阿森纳之间打响。比赛一如既往地火爆热烈，上半场双方都是竹篮打水一场空，比赛进行到第 72 分钟，鲁尼在禁区内试图突破坎贝尔时摔倒，裁判判罚了点球，“枪手”当即群起抗议，温格也在场边挥舞拳头，但裁判没有改变自己的判罚，范尼主罚一蹴而就。第 93 分钟，鲁尼攻破阿森纳球门，为曼联贡献了他的首粒英超入球。阿森纳 49 场不败之旅在老特拉福德球场正式谢幕。此役后，阿森纳虽然依然占据积分榜榜首，曼联将比分差距缩小至 8 分。不过，“枪手”对这场失利有着一肚子的怨气，他们觉得鲁尼在欺骗，裁判也许是被骗也许是合谋，总之，曼联赢得了一场不光彩的胜利。

坎贝尔怒斥鲁尼的点球为“脚抡出的风把他刮倒了！”赛后，双方在球员通道上演了著名“飞饼门”。

双方球员、教练在球员通道里发生了激烈冲突，各种版本的报道迅疾充斥英格兰报端，或豌豆汤，或三明治，或比萨饼，或三者的混合物。总之，“老爵爷”弗格森是在剑拔弩张的球员通道里被什么东西扔了一身，至于肇事者是哪个球员，当时没有任何一家报纸给出明确的说法。

10 月 27 日，《太阳报》说它掌握了真相。这家日销量高达 300 万份的英国著名八卦小报在头版登出文章说，“飞饼门”的制造者是阿什利・科尔。报道还说，阿什利・科尔的目标原本是在比赛中对他故意犯规却逃过裁判法眼的“红魔”射手范尼斯特鲁伊，怎料这位英格兰后卫的手上功夫远不到家，竟然错过了原定目标而击中了弗格森。

而后来阿什利・科尔在自传中却说“飞饼门”的制造者并非他。科尔确认，扔比萨饼的不是英格兰或者法国的球员。科尔写道：“这块比萨饼飞过我的头顶，直接打在了弗格森的头上。”

“清脆的一声，响彻了通道，一切都静止了，打架、喊叫，一切都静止了。所有的眼睛都朝着弗格森的方向睁着，所有的嘴巴都朝着弗格森的方向张开着，看着那块比萨饼从那张著名的深褐色脸上滑下来，最终掉在他的黑色套装上。”

“我以为弗格森会爆发，但他却嘴里嘟囔着走回了曼联的更衣室，一边用手撸着衣服。我们都回到了更衣室，感觉想大笑。”

“我所能说的是，这块饼不是英格兰或者法国球员扔的，这也许是能缩小的最小范围了。”

“通道内一片杂乱，有人喊叫你们这些骗子，球员们也在拥挤跑动，我被夹在中间。我听到温格和弗格森在争吵，夹杂着一些法语，两个人在口头上进行着激烈的交锋。”

面对媒体，温格罕见地指责了当值主裁莱利偏袒曼联，并且为曼联射手范尼贴上了“欺骗”的标签。

第二天，弗格森与温格通过媒体进行了一场“隔空”对话。

弗格森：“他（温格）是一个耻辱。”

温格：“我将永远不会再回答任何有关此人的问题。”

弗格森：“他跑到我面前，并举起手说：‘你到底想做些什么？’”

温格：“我怎么会那么做，难道亚历克斯（弗格森）没有做过什么吗？本来没人和我争吵的。当然，我很高兴他改变了（退休的）主意。我享受我们的竞争，这对阿森纳也好，对曼联也好，对于我们两个来说都好。”

弗格森：“不为自己球员的恶劣行为向另外一名主教练道歉是不可想象的，这是一种耻辱，但我不会期望温格道歉，他就是这样的人。”

输给宿敌曼联之后，“枪手”的情绪受到打击，开始起伏不定。在之后的6轮比赛中，1负3平2胜，积分被切尔西超越。此后，阿森纳再也没能实现反超，最终切尔西以29胜8平1负，积95分夺得冠军，阿森纳以25胜8平5负，积83分又一次成为“老二”，曼联则以22胜11平5负，积77分退居第三。阿森纳依然是攻击力最强的球队，共打入了87粒进球，场均进球2.28粒；切尔西则成为防守能力最强的球队，仅失球15粒，场均失球0.39粒。

2005年5月21日，英格兰足总杯决赛在加的夫千年体育场展开争夺。“枪手”在足总杯半决赛中点球淘汰了谢菲尔德联队，进入决赛。另一支进入决赛的队伍是老冤家曼联。在决赛中，两队经过120分钟的鏖战互无建树，双方进入最残酷的点球大战。第一轮，范尼一蹴而就，劳伦也同样将点球射入；第二轮，斯科尔斯的点球被莱曼扑出，永贝里将点球射入，阿森纳2比1领先；第三轮，C. 罗纳尔多和范佩西均射入点球；第四轮，鲁尼和阿什利·科尔皆将点球射入；第五轮，罗伊·基恩罚入点球，但维埃拉射入关键点球令阿森纳5比4战胜曼联夺冠，这是阿森纳历史上第10次足总杯冠军。相对于两手空空的弗格森，温格心里稍稍有了一丝宽慰。

每一个赛季都有让球迷伤心的事情发生，2005年7月14日，阿森纳的队长维埃拉转会至意甲豪门尤文图斯，球迷们涌向俱乐部，泪别这位从1996年至2005年为"枪手"效力9年，出场279场联赛，攻进29球的功勋球员。亨利挑起了"枪手"队长的担子。维埃拉走了，为阿森纳留下了1300万英镑的转会费。

2005年6月28日，阿森纳以斯图加特足球俱乐部（以下简称斯图加特）无法拒绝的1500万欧元的身价得到了赫莱布，合同期限为4年。亚历山大·赫莱布是白俄罗斯球员，生于1981年5月1日，身高1.78米，体重69公斤，他具有东欧球员的强悍作风，司职中场，是德甲2004—2005赛季的助攻王。

切尔西崛起

得中场者得天下，温格精心打造着更理想的阿森纳中场。穆里尼奥则从来不会忘记"搂草打兔子"，他在带队作战的过程中，除了用脚战斗，也决不会放弃用嘴来战斗。"枪杆子"与"笔杆子"，是穆里尼奥闯荡江湖的"两杆子"。

2005年8月，新赛季尚未开战，穆里尼奥公开指责阿森纳俱乐部副主席戴恩利用兼任英足总董事会成员的职位权力在赛程中暗助阿森纳。他提出的论据是，2005—2006赛季欧联赛小组赛及随后进行的英超联赛，阿森纳被安排了5主1客，对手全是升班马或前赛季的保级球队，而且唯一客场还是在欧联晋级形势明朗的最后一轮之后。

弗格森也趁机推波助澜，难得地与穆里尼奥站在了同一个战壕，他紧接着声称："这件事我已经指责了六七年，现在终于有人出来与我并肩作战了！"

2005年10月，穆里尼奥又直接向温格发起了挑衅："我想他是个偷窥狂，他喜欢偷窥其他人。总有这种人，他们喜欢待在家里，通过一部超大型望远镜偷窥其他家庭发生了什么事。他总是不停地唠叨切尔西。”穆里尼奥这番话掀起一场轩然大波，最后以穆里尼奥向温格道歉而告终。

温格对记者说：“他是有毛病的，说的与事实不相符而且不尊重人。愚蠢的人获得成功，有时候会使他们变得更愚蠢，并且不再聪明。”

“狂人”自有狂人的本领，多数情况下，他都能达到目的。以赢球为中心是“狂人”穆里尼奥的执教逻辑，当然也是他的足球逻辑。切尔西在联赛进行到不足一半时，便确立了自己的领先优势。切尔西在联赛中双杀“枪手”，并在社区盾杯决赛中以 2 比 1 取胜。一个赛季，阿森纳与切尔西三战皆负。

媒体对“狂人”是又爱又恨，不少媒体开始指责穆里尼奥的切尔西足球太过功利。但“狂人”的脑子里可不缺智慧，他一“嘴”就把球开出了自己的“禁区”，他说：“切尔西足球并不是我想要的那种足球，但却是最可能在英超获得成功的一种模式。主教练不能只根据自己的爱好设计战术，而是要根据所在联赛的具体特征作出决定。所有人都希望切尔西输球，如果某天我们输了，他们会把那天定为公众的节日。”

失去了队长维埃拉，阿森纳的中场发动机有些“马力”不足。2006 年 1 月，温格以 200 万英镑引进了中场球员迪比亚。1986 年 5 月 11 日出生的迪比亚是温格的法国老乡，13 岁时入选巴黎圣日耳曼俱乐部，一年后又到了欧塞尔。曾经担任法国 U19 国家队的队长。

2006 年 4 月 29 日，切尔西主场 3 比 0 痛击曼联，提前蝉联英超冠军，鲁尼也因为在这场比赛中受伤而险些错过了德国世界杯。赛后，穆里尼奥说：“当我与另外一个人一起在湖中划船，距离岸边有一英里远，这时我直接跳下水向岸边游，因为我是个游泳高手，而那个人则紧跟不放。我用了很多泳姿最后上了岸，那个人也到了沙滩，不过他已经淹死了，这就是所谓的‘死在沙滩上’吧？如果他当初留在船上老实待着，估计就没事了。”

温格怎么也没有想到，自己苦心经营的“枪手”竟在 2005—2006 赛季创出了他执教阿森纳以来的最差战绩。由穆里尼奥率领的“蓝军”取得了 29 胜 4 平

5 负的战绩，积 91 分蝉联冠军，曼联积 83 分获得亚军，利物浦以 82 分收获季军，阿森纳仅积 67 分，排名第四。切尔西成了联赛攻击力与防守最强的球队，共打入了 72 粒进球，场均进球 1.89 粒，仅失球 22 粒，场均失球 0.57 粒。

穆里尼奥把他的冠军奖牌抛给了切尔西的球迷。他说："这样的金牌我去年已经有了，我不喜欢一样的东西。"

穆里尼奥率领的切尔西在成长，而温格统领的阿森纳与弗格森带领的曼联自身都出了一些问题，这才让切尔西以绝对的优势夺冠，而利物浦也借机挤进了前三名。

"枪手"在维埃拉离开之后，球队便进入了一个不稳定状态。亨利是一位好射手，也是一位好大哥，但他离领袖还差着一段距离。而对亨利而言，队长的责任使他不得不观察全队，反而影响了自己的发挥。儒雅内向的温格更需要一位果敢外向的球队领袖。另外，关于科尔私会切尔西老板的传闻也让球员之间的信任出现了裂痕。

大山崩于前而心不惊、智不乱，修炼出这样的功夫不知道得经受多少历练。在压力面前，老江湖弗格森也难免自乱阵脚。2006 年 4 月，队长基恩在更衣室里向队友"开炮"，他大声指责道："我们必须扪心自问有没有百分之百尽力，我敢肯定不是每个人都问心无愧，这就是犯罪！"

在卡灵顿训练中心恢复训练时，弗格森的"吹风机"再次开动。他把在诺维奇两次失误造成失球的小将鲁尼单独叫到办公室狠狠教训了一通。曼联与阿森纳一样，媒体中有关球员之间矛盾，以及跳槽的传闻不断。弗格森在联赛的最后一轮竟把范尼赶出了更衣室。后来，弗格森解释说："这是一个重要的日子，我们希望每个人都团结在一起。在这种情况下，我最好还是把鲁德（范尼）赶走。"

幸好，阿森纳在外战中的成绩有了新的长进，他们在欧洲冠军杯八分之一决赛中战胜了皇马，在四分之一决赛中遭遇了尤文图斯，首回合阿森纳在主场以 2 比 0 完胜对手，法布雷加斯和亨利各入一球，次回合双方战平，阿森纳杀入半决赛。

2006 年 4 月 20 日，在伦敦海布里球场开始的欧洲冠军杯半决赛首回合比赛中，阿森纳主场 1 比 0 小胜比利亚雷亚尔足球俱乐部（以下简称比利亚雷亚尔），将冠军杯赛不失球纪录增加到 829 分钟，比利亚雷亚尔 3 年前首次参加欧战以来，对英国球队（包括苏超球队）9 场不败的战绩被终结。次回合阿森纳与比利亚雷亚尔在情歌球场以 0 比 0 握手言和，阿森纳挺进欧洲冠军杯决赛。

5 月 18 日，在巴黎法兰西大球场开始了第 51 届欧洲冠军杯决赛。开场仅 19 分钟，小罗纳尔多妙传制造杀机，莱曼冲出禁区扑倒埃托奥，被红牌罚下，阿森纳只好以 10 人应战。随后，温格用阿穆尼亚将皮雷换下，皮雷面露不满，此前皮雷已经多次没能在欧洲冠军杯赛中首发出场。第 37 分钟，比赛再次出现戏剧性转折，快马埃布埃右路突破被普约尔放倒，亨利主罚任意球，右脚内侧踢出弧线球越过三名防守队员头顶，坎贝尔抢在奥莱格前面，在门前 7 米处甩头顶进远端死角，阿森纳 1 比 0 领先。上半场结束前，埃托奥接小罗直传射中门柱。下半场时，巴萨拉尔森助攻，埃托奥将比分追平，终结了阿森纳冠军杯连续 1005 分钟不失球的纪录，另一位替补贝莱蒂随即完成逆转。阿森纳收获了欧洲冠军杯亚军。

“霹雳组合”分解与博格坎普退役

2006 年的夏季，温格非常不爽。原因就是被巴萨苦苦追了两年的亨利萌动了“春心”。尽管温格已经习惯了阿森纳“低进高出”的经营策略，但这次是真舍不得放走爱徒亨利。温格找到戴恩商量对策，但戴恩此时的心情也很不愉快，在刚刚结束的英足总换届选举中，戴恩意外落选，而取代戴恩入选的是曼联俱乐部总经理吉尔。戴恩在英足总失去了位置，与阿森纳俱乐部高层的摩擦也越来越多，已经有些心灰意冷。

戴恩这儿已经指望不上，温格只好依靠自己。他一边在亨利这儿大打感情牌，以情留人，一边在俱乐部那儿为亨利要求提高薪金，竭力往中间撮合。

皮雷也要走人。温格虽然也有点恋恋不舍，却也没有全力挽留。

一眨眼的工夫，皮雷已经 33 岁，知道自己的足球时光已经不多，从欧冠赛多次沦为替补，到决赛不过 20 分钟就被换下，皮雷走的想法就涌上了心头，越来越强烈。

由板凳到主力，再由主力到替补，然后是被淘汰。这是每一个职业球员的生存轨迹。只是少数人能够坦然、优雅地运行，多数人难免要挣扎。

人，越是到了青春的结尾，就越是想抓住青春的尾巴，越是拼命地去抓青春的尾巴，就越是加快了青春的收尾。

青春是乐在当下的，不愁未来。皮雷的青春时光也曾好玩。他的叔叔何塞曾经是一位前途无量的职业球员，却因寻欢作乐提前结束了前程。皮雷十七八岁的时候，也颇有叔叔当年的风范，渴望自由，去夜店狂欢到凌晨四五点，完全不顾当天下午还有比赛。幸好，皮雷有一位“野蛮”妈妈。

皮雷的“野蛮”妈妈时常以叔叔何塞为反面典型，教育皮雷，和风细雨少，严厉的训斥与管束多。到 20 岁时，皮雷终于被妈妈的“野蛮教育”打败，完成了“浪子回头”。再到遇上温格，皮雷达到了足球生涯的巅峰。

阿森纳成就了皮雷的非凡，皮雷也成就了阿森纳的完美。经过英超赛场一个赛季的打磨，皮雷逐渐成为当时欧洲最令后卫胆战心惊的左翼前锋，成了右脚选手踢左路的典范。维拉公园一役中面对守门员的轻灵一吊、对阵布莱克本和热刺时的惊艳表现无不显示了这位法国球员的天才。亚当斯说：“皮雷是我共事过的最有天赋的球员，但也是一个表演艺术家。”

皮雷总是用他充满想象的方式，羞辱着对方的边后卫。他的过人不像爱尔兰的达夫，一味依靠速度突破；也不像巴西的小罗纳尔多，舞蹈元素多于足球。他喜欢用最简单的方式去征服，不紧不慢，在前场密集的人群中寻找出空隙，在空隙穿行中展示着迷人的盘带突破技巧，并不时用让人意想不到的分球，让人惊叹他敏锐的洞察力。皮雷不仅在边路的突破传中能力俱佳，在门前抢点和远射也都有独到的功力，是一名能力全面的中场球员。他与阿什利·科尔、亨利的左路三人组的配合所向披靡，被认为是欧洲大陆最优秀的组合。而他与亨利的“霹雳组合”，如梦似幻，二人在 2003—2004 赛季联手奉献了 57 个进球。

皮雷为阿森纳总共出场 284 次，攻入 84 个球。2002 年荣膺英格兰记者评选的英超年度最佳球员，阿森纳队中只有 5 人享受过这一荣耀。从 2000 年夏天加盟阿森纳到 2006 年 5 月确认离开，皮雷总共帮助球队拿到 4 座冠军奖杯，两次英超冠军（2001—2002 赛季和 2003—2004 赛季）和两次足总杯冠军（2003 年和 2005 年）。在阿森纳创造不败神话的 2003—2004 赛季，皮雷是球队中不可或缺的球员，是球队中仅次于亨利的二号射手并且是英超联赛的中场杀手王。

2006 年 5 月，皮雷脱下了“枪手”的战袍，离开了北伦敦，远赴西班牙，开启在比利亚雷亚尔的新征程。伤心总是难免的，球迷们只能含泪与皮雷说再见。再见了，皮雷那一头飘逸的长发；再见了，皮雷那可爱的“一字胡”与“鸭子步”；再见了，皮雷与亨利的世纪绝配与奇幻进攻！

皮雷临别时对球迷说：“我在阿森纳度过了 6 年的美妙时光，其中每一刻都是完美的，不可思议的！现在我已经决定接受比利亚雷亚尔提供的为期 2 年的新合同。我要感谢温格，感谢队友，感谢球迷，在这 6 年中给我的支持。”

让温格不爽，令球迷伤心的还不仅是皮雷的远走他乡，在这一年的 7 月，博格坎普宣布正式退役。

早在 2005 年夏季，博格坎普就表示 2005—2006 赛季将是他在海布里效力的最后一年。虽然温格与阿森纳的球迷早有心理准备，但当这一刻真正来临，仍不免有剜心割肺之感。

博格坎普是海布里最优雅的骑士，对阿森纳来说，他是王冠上的那颗明珠，是巨龙头上的那双眼睛，是美人脸上的一双“秋水”，是花朵中最精华的花蕊。他让阿森纳的足球变成美的，让阿森纳的比赛成为艺术，让阿森纳的胜利成为一壶壶老酒，变得值得收藏、值得回味！博格坎普自己说：“我改变了英国传统的长传冲吊足球。”

博格坎普是当今充满功利的世界足坛上少有的坚持艺术足球的超级球星，是继克鲁伊夫和范巴斯滕之后又一位出类拔萃的荷兰前锋，是荷兰足球与世界足坛在 20 世纪 90 年代最优秀的球员之一，是绿茵场上的哈利·波特。冷静的头脑，曼妙的过人，犀利的直传，纤巧的射门，无限的想象力总是以极致的美感绽放在世人面前。他的面孔酷似德国人，冷峻、淡然、不苟言笑，他的内心又极为“郁金香”，赤诚、炽热、追求完美。不经意的潇洒，冷静的帅气，只有他才配得上“冰王子”的美誉。

曾经的王子老了，但依然优雅，尽管没有了很多的进球，没有了更多的个人光环，但球队依然少不了他。2004—2005 赛季，荷兰艺术足球大师出场 38 次，奉献了 8 粒进球。不过博格坎普的作用更多体现在其为锋线杀手们输送炮弹，体现在让“枪手”的足球更加流畅连贯、更富观赏价值。博格坎普为阿森纳效力 10 年，贡献了 124 次助攻，比他的进球多得多。

如果说齐达内是球场的舞蹈家，博格坎普则是在球场上用足球舞蹈、绿茵艺术表达思想的哲学家。在球场上，他不是最引人注目的，你可能很久看不到他的身影，但只要他进入你的视线，你就会看到经典，就会感叹神奇。温格这样评价他的爱将：“他得分前触球的次数比普通人更少，有时候只需要一次，有时候是两次或者三次。”博格坎普说：“在每次触球前，你必须先好好思考一番。”

《独立报》称赞博格坎普是阿森纳的施礼约翰。温格说：“他是球场上最好的球员，尽管他还不是公众人物。这可能是因为他在球场上总是默默地踢球，并且从不向媒体发表长篇大论。我认为他喜欢这样的方式。”英国球星莱因克尔说：“天才总会与偏执为伴，博格坎普有过一些恶意犯规，但是绝对不能成为诋毁他超世绝俗的证据，反而应该被理解为博格坎普一心追求理想主义足球的消极后果。”伊恩·赖特这样评价自己的队友：“如果他在《星际旅行航海家》（电视剧）里，那么无论他到哪个星系，他都将是最好的球员。”亨利则曾这样评价自己的伙伴：“我已经说了很多次了，博格坎普是我碰见的最好的搭档，他从不贪功，从第二个进球中就能看出这一点。他可以争取自己射门，因为今天是博格坎普日，但他没有这么做。他欺骗了门将，将球传给了皮雷，后者将球攻入。而这就是一支队伍中最重要的东西。这也是我崇拜他的原因，要知道他一直以来都是这么做的。我总是说他是我碰见过的最好的，有的时候你和一些人配合不需要用语言，只需要用眼神，丹尼斯（博格坎普）就是这样的人。如果你在替补席或者在电视上看比赛，你会想着如何向他学习。他用一脚传球就将对手击毙，太令人惊讶了！他在球场的每个角落都能做出这样的事情。”

2006 年 7 月 22 日，博格坎普的告别赛在新落成的酋长体育场进行，而博格坎普的告别赛也是阿森纳新球场的启用仪式，这也是阿森纳俱乐部对他 11 年热诚奉献的最好嘉奖。为阿森纳助阵的是阿贾克斯，在博格坎普 20 年的职业足球生涯中，阿贾克斯与阿森纳分别是他效力的第一支和最后一支球队。

新落成的可以容纳 6 万人的酋长体育场座无虚席，球迷们希望看到“冰王子”最后的完美演出。上半场，阿贾克斯的亨特拉尔首开纪录，但下半场亨利和卡努的进球帮助阿森纳反超，博格坎普虽然没有进球，但风采依旧，如梦似幻的精彩表演陶醉了整个球场，球迷们眼含热泪，高喊着“再踢一年”，希望留住“冰王子”。

赛后，阿森纳、荷兰国家队与阿贾克斯三方都赠予了博格坎普纪念品，表彰他对俱乐部与国家队做出的贡献，“冰王子”自始至终淡定从容。

谢谢你，“冰王子”！是你，给足球注入了灵魂，让“枪手”卓尔不群，使“郁金香”全球风靡；是你，让球迷体会到了足球的另类激情，看到了足球的高贵优雅！

谢谢你，“冰王子”！你用神奇的双脚演绎的绿茵“提琴”晨曲，如此清新，如此迷人，让球迷如饮甘醇！你用睿智的头脑在绿茵场上演绎了无数生活哲学，那么潇洒，那么深邃，让人们如沐春风！

谢谢你，“冰王子”！感谢你创造的如诗如画的足球艺术，它是世界足坛不朽的经典！感谢你在荷兰国家队和阿森纳俱乐部缔造的足球传奇，它将是后人超越的动力！

博格坎普退役之后，进入服装行业，开始了二次创业。他自己设计、制造和代言以“冰山”为品牌的男士服装。“冰山”上市之后受到球迷的热烈追捧。他先后在荷兰各大城市开设了 37 家专卖店，销售业绩逐月上升，阿玛尼、BOSS 和 GUCCI 等世界著名品牌在短短两个月内先后宣布退出荷兰市场。博格坎普成为职业球员“下岗再就业”的典范。

酋长球场

球迷总会不断地悲伤着自己的悲伤，也总是会快乐着自己的快乐。他们泪别“冰王子”的同时，也在阿森纳的新球场里找到了安慰，他们的球场终于超越老特拉福德球场，这种自豪感甚至淹没了对“冰王子”的不舍。

新球场由 HOK SPORT 公司设计，这家公司曾经设计悉尼澳洲球场以及温布利球场。新球场可以容纳 6 万名观众，比海布里球场的容量翻了一番；球场共有 150 个贵宾包厢，而海布里球场只有 53 个；球场还专设了 250 个轮椅座位，以方便残障人士看球；场内布置了 41 台摄影机，以及 215 个记者座席。

为了建造这座现代化球场，阿森纳欠下了一屁股债。只要能仔细体会一下，抱着一个大元宝却没现钱买面包的心情，就能知道阿森纳为什么把票价定得那么高！酋长球场是世界首个足球比赛票价超过 100 英镑的球场，也是一座全年比赛日收入接近 1 亿英镑的球场，同时也是一座俱乐部需要每年还贷几千万英镑的球场。

阿森纳建造新球场的债务主要有两部分。第一部分债务是修建球场本身及其周边设施花了大约 2.6 亿英镑。其中 2.1 亿英镑为 30 年期固定利率贷款，每年需还款 1800 万英镑左右。另外 5000 万英镑是浮动债务，最迟要在 25 年内还清。第二部分债务是用于海布里旧址改造的 1.35 亿英镑，用的是常规商业贷款，利息高，每年的还款额也大。这些贷款给阿森纳带来了巨大的经营压力。阿森纳必须接受一年一次的偿还能力评估以及现金流的监控。一旦在转会市场进行风险较大的大额引援，银行随时可能介入。

都说“男子汉大丈夫，行不更名，坐不改姓”，那是没让钱难为着。有钱能使鬼推磨，没钱愿给鬼扛活。阿森纳出卖新球场的冠名权，也是让债务逼出来的。

新球场为何叫“酋长球场”？

在新球场即将建成启用之前，阿森纳与阿联酋航空公司签下赞助合同，阿森纳出售新球场 15 年的冠名权，阿联酋航空公司支付 1 亿英镑的冠名费。此外，从新球场启用的首个赛季开始，阿航将成为“枪手”球衣主赞助商，期限为8年。

签下合约，阿森纳算是稍稍松了一口气，俱乐部总经理艾文感叹道：“合约的金额和规模对兵工厂来说是个难得的机会，我们很荣幸阿航成为我们的合作伙伴和赞助商。阿航是一家优秀的航空公司，是一个全球性的品牌，本次的长期合作对双方而言是一个绝佳的机会，兵工厂可以借此发展新市场，巩固我们现有在全球各地的球迷基础。很高兴阿航信赖我们，我们期待与他们合作共事。”

的确，这是英超有史以来金额最高的一份赞助合同，除了石油大亨们，谁也难有这样的胸怀和气魄!

“不差钱”的阿联酋航空公司（以下简称阿航）主席阿迈德酋长也很高兴，他说：“兵工厂已证明了是世上最顶尖的球会之一，在英格兰超级联赛中拥有辉煌的战绩，而且还保持着联赛连续49场不败的纪录。兵工厂的理念和成绩，正好与阿航的志向和成就不谋而合。我们热切追求优良的服务，一切力臻完美，这些都是我们与兵工厂之间合作的重要元素。”

就在阿森纳上下在新球场憧憬未来的时候，弗格森开口说话了，他嘲讽道：“我不会怀念海布里的，我认为那是一块小球场，对于顶级的足球队来说，这块球场太小了，我认为在欧洲赛场上，这块球场帮了阿森纳不少忙。”

面对切尔西与阿森纳的双重压力，弗格森的话也越来越多，他忘不了及时打心理战：“搬到一个新的球场对他们是有帮助的，因为这意味着比赛的质量将提高，会有更多的空间进行比赛。不过我很感兴趣的是，如果阿森纳的成绩有些波动，他们的球迷还会不会把这个新体育场坐满，还会不会像曼联那样，仍然有六万名观众去老特拉福德球场观看比赛。”

阿森纳这边听了，全当是弗格森眼热心急，这个时候，谁也不会想到，阿森纳有了超越曼联的新球场，却没能创造出超越曼联的比赛成绩。

皮雷与博格坎普的离去，使温格不免伤感，但他很快就从这种情绪中走了出来，他的心是被足球统治的。更让温格舒心的是，亨利决定留下了。

俱乐部专门为此召开了新闻发布会，温格和俱乐部副主席戴恩陪同亨利出席，队长在这里与英国媒体坦诚相见。患难与忠诚，诱惑和背叛，还有希望和爱，成了发布会上的主题。

亨利说："我是个诚实的人，所以如果我离开这里，巴萨也许就将成为我的下一个落脚地。通常，那些糟糕的经历比愉快的经历让你明白更多。我们在联赛中经历了三连败和客场不断地输球，这些事情是我过去从没有想到过的。我想到过离开，但这时候我的心告诉自己，我要留下。"

有人认为 11 万英镑的高额周薪是亨利留在伦敦的因素之一，亨利回答："即使我离开，或者别的什么，这也和钱无关。人们习惯性地在球员身上贴上金钱的标签，哪里都是钱、钱、钱。可是实际情况并非如此，无论你留下或离开，都和钱无关。对我来说，我的家庭、我对俱乐部的爱和对英格兰的激情，这些东西在别处是找不到的。"

巴萨主席拉波尔塔已经在第一时间获知了这个噩耗，此时此刻，也只能祝福亨利了。他对记者说："他的决定就说明了他是个怎么样的人。他曾经一度对来巴萨表现出兴奋，但是他觉得自己欠了阿森纳球迷太多。"

穆里尼奥也对亨利的决定竖起了拇指，他说："我觉得，他应该是每个球员的榜样。虽然阿森纳有了他就更强大了，但我仍然感到高兴。英超应该为有亨利这样的球员而感到自豪！"

温格对阿森纳的未来充满信心，新球场的建成启用，法布雷加斯与范佩西的成长，让这种信心又增添了几分。温格显然低估了金钱的力量，低估了切尔西与曼联的金钱能量。

富有浪漫情怀与理想主义精神的人，永远都不会正视金钱的力量，他们因此而美，因此而伤！

金钱制造快感，精神成就经典。金钱制造的快感如烟花般绚丽，精神创造的经典如圣殿般深邃；烟花般的绚丽，让人不由得飞蛾扑火，圣殿般的深邃，使人不由得接受洗礼。

经典在寂寞中永恒，绚丽在喧闹中猝死。多数人在追逐永恒中意外猝死，少数人在享受寂寞中成就了精神不死。

喧哗有多热烈，死亡就有多迅速；寂寞有多沉重，经典就有多厚重。

完美足球

2006—2007 赛季，温格一如既往地辛勤工作，一如既往地充满信心，一如既往地打造他的“完美足球”。

2006 年 5 月 23 日，阿森纳宣布，捷克天才中场罗西基已经从多特蒙德正式加盟。阿森纳为罗西基付出了 1000 万欧元的转会费。

温格对罗西基的到来表示了欢迎：“我们欢迎罗西基的到来，他技术出众、传球准确、团队精神强，是我们需要的球员。而且他拥有在欧洲强队踢球的经历，我们热烈欢迎他的到来并祝福他在世界杯赛上好运！”

罗西基的同胞，曾为凯泽斯劳滕足球俱乐部和斯图加特冲锋陷阵的世界级前锋帕维尔・库卡说过：“在我不算短的职业生涯中，遇到的像罗西基这样的天才球员可以说是寥若晨星。他能做一切世界级中场所应该做的事。凭借精湛的技术，罗西基处理球时显得很高雅和轻巧。另外，他还具备一种后天无法学到的天赋：在适当的时机传出适当的球。”

捷克国家队教练科瓦内奇更是对罗西基赞赏有加：“托马斯（罗西基）具有成为一名国际一流的中场核心所必需的一切条件。他的大局观真是太棒了。”

罗西基给人的第一印象是瘦弱，这个年轻的捷克人长了一张娃娃脸，只有 1.75 米的身高和不足 67 公斤的体重，青涩的面容与羞涩的举止让人觉得他还是个孩子。《图片报》在第一次报道罗西基时用的标题是：“孩子，多吃点肉！”别看他柔弱，在球场上，罗西基却是不折不扣的指挥官，是绿茵场上的领舞者，并且在与对手直接的对抗中，成功率高达 54%。他在 2001 年和 2002 年两度荣获捷克年度足球先生，被捷克媒体称作“足球莫扎特”。

就在新赛季的转会窗口即将关闭的前一天，一对冤家——阿森纳与切尔西却上演了一场球员交换的重头戏。阿森纳的后卫阿什利・科尔与切尔西的后卫威廉·加拉斯互换了东家。科尔与阿森纳因薪酬问题闹翻，加拉斯则是因为失去了主力位置而萌生去意。切尔西以“500 万英镑 + 加拉斯”换来了阿森纳的科尔。

加拉斯在阿森纳穿上了博格坎普留下的 10 号球衣，这遭到了一些球迷的质疑。温格在谈到这个决定时说：“加拉斯不喜欢 3 号，其他号码又都给出去了，后来我想给他 10 号也许是个好主意，如果把这个号码给前锋，那么他就需要承受与博格坎普相比较的压力。”

老少“枪手”

温格在寻找皮雷的替代者，而锋线上他也想尝试不同的组合与方式，甚至他已经在谋划“后亨利时代”的阿森纳。

温格还是那个温格，而英超已经不是曾经的英超，英超已经变成了赤裸裸的“货币战争”。

富豪们接手英超之后，功利色彩越来越重，还是让温格心生失落。他在接受记者采访时说：“赛场上的激变刺激着我的身体和神经，有的时候真是感觉心力交瘁。你知道吗？10 年之内，我会离开绿茵场。一直以来使我不放弃的原因就是对明天会更好的向往和完善自我、提高球队战斗力以及踢出漂亮足球的抱负。一旦失去这些，那么我做教练根本毫无意义。”

“要做好教练这项工作，体能、旺盛的求胜欲，对整个团队的影响力，一个都不能少。当教练就是一份需要保持持久的激情的职业，这就要求我们必须成为自我中心主义者。但是随着年龄的增长，睾酮的分泌会逐渐减少，关节炎之类的毛病越来越多，体质越来越差。我今年 57 岁了，恐怕撑不了太久。”

戴恩在英足总和阿森纳失势后，还是给“枪手”带来了不小的影响。这次欧联小组赛阿森纳的赛程多是客场。

2006—2007 赛季，温格的“枪手”军团进入了新一轮新老交替的磨合期。

年轻球员缺少联赛的经验，有过夺冠经验的球员又大多过了巅峰期。

不出人们所料，阿森纳出师不利。“枪手”在冠军联赛中客场以 3 比 0 大胜萨格勒布迪纳摩，却在联赛中创造了温格执教以来的最差开局。联赛前三轮，先是主场平了阿斯顿维拉，客场输给了曼城，回到主场又被米德尔斯堡逼平。

在阿森纳客场挑战曼城的比赛中，罗西基首次为阿森纳出战英超，尽管比赛输了，罗西基的心情仍然不错，他赛后说："我真的很高兴能在阿森纳踢球，今天对于我来说是伟大的一天。阿森纳在上周冠军联赛决赛的表现给我留下了深刻的印象，他们拥有很多才华横溢的新星。下赛季我们肯定能做得更好，我将为阿森纳奉献我的所有。"

2006 年 9 月 17 日，阿森纳客场挑战曼联，这又是一个冤家聚首的日子。比赛进行到第 11 分钟，吉尔伯托·席尔瓦罚失了点球，一向沉稳的温格在场边跳起来。第 85 分钟，阿德巴约攻入全场唯一一球，阿森纳战胜曼联，从虎口里拿到宝贵的三分，并一鼓作气取得了联赛的五连胜。

10 月，温格一改逃避媒体的态度，接受了《世界新闻报》记者的采访，他说："我很自豪能够在执教过程中，签订的所有合约都可以盈利，没有一家俱乐部在赛季末遭遇财政赤字。想要在联赛中成功，或者要赢得冠军而花费 3000 万英镑，或者是拿未来的支票做抵押，这在我的字典里就是欺骗。对于主教练的考验是在有限的预算下，能够完成什么样的成绩。我认为好的主教练能够在现有的条件下取得最好的结果。在阿森纳，他们告诉我有足够的资金去引进球员，但我不会那么做。"

温格向弗格森和穆里尼奥发起攻击，因为曼联和切尔西最近几个赛季都花了超过 3000 万英镑的球员转会费。温格的目的很明显，一是阐述他的足球观，希望得到球迷的理解；二是向对手施加压力，并以此来消解阿森纳的压力。

"三人"再交锋

2006 年 11 月 27 日，曼联主场被切尔西逼平，12 月 11 日，阿森纳客场与切尔西以 1 比 1 握手言和。

骑驴的不知道步行者的辛苦，步行的理解不了骑驴者的闲愁。温格、弗格森和穆里尼奥演绎的"英超铿锵三人行"，可以说是互相碰撞、互相挤对，又互相激发、互相启发。

金钱与大牌球员的到来，让切尔西球迷有了更高的期待，过去切尔西能进联赛积分榜前三名，球迷就像中了大奖一样高兴，如今切尔西如果不能夺冠，球迷就会非常不满。已经让切尔西两连冠的穆里尼奥同样是如履薄冰。因为，球迷已经不能容忍曼联走在切尔西的前头。

球迷是看热闹的，他们并不关心实际情况。但有时候他们并不认为自己是看热闹的，他们认为自己是球员的教练，也是教练的教练。无论你输了还是你赢了，他们都会看似专业地批评或赞美一番教练，指点一番球员。切尔西被曼联超越，穆里尼奥的“轮换制”不断受到批评。

“狂人”立刻以他的方式来回应：“如果我家里有两部车，一部是宾利，另一部是阿什顿·马丁，如果我每天就开着宾利出去，而一直把那部阿什顿放在院子里生锈，那我就是傻瓜。适当地让车休息会儿是一种保养，这可以使它们以后驾驶起来更容易。最关键的是，我首先得同时有两部好车。”

有媒体评论穆里尼奥的换人过于疯狂，没有章法，穆里尼奥理直气壮地回答：“换人是个赌博，如果某一天它没发生作用，就像我第一年在纽卡斯尔那样，我会受到批评，但我仍会睡得很香，因为我尝试了。生活中最糟糕的事情不是冒险失败，而是你根本没去尝试，这也是我时刻传递给队员们的信息。”

“狂人”并不喜欢当球迷的学生，他更喜欢老师的角色，他对球迷们说：“家庭和睦与世界和平都比足球重要太多了，和爱情、亲情、友情比起来，足球只不过是一种游戏而已！”

2007 年 1 月 22 日，阿森纳在主场与曼联展开了联赛第二回合的较量，令人关注的是这场比赛是曼联与阿森纳的第 200 次交锋。曼联、阿森纳的比赛，从来都不会平静，这次也不例外，双方球员身体冲突不断，阿森纳后卫图雷和曼联前锋鲁尼甚至互打耳光，但裁判选择了宽容。

中场休息时，温格对他的球员们说：“曼联是一支只会踢 70 分钟好球的强队，我们一定会取得最后的胜利！”

下半场开场 8 分钟，由鲁尼首先攻破阿森纳球门，阿森纳展开了疯狂反攻，多次在曼联门前制造威胁，但都被曼联成功化解。就在曼联距离胜利还差 10 分钟时，场上风云突变。第 82 分钟时，罗西基快速传球至对方门前，替补上场的范佩西突然启动，甩开看守他的内维尔，冲到门前一记劲射将比分扳平。伤停补时阶段，亨利头球破门，“枪手”反败为胜，再次从“红魔”手中抢走 3 分，取得了一场戏剧性胜利。曼联近五年客场对阵阿森纳的不败纪录就此作古。

阿森纳的这场胜利不仅让主场球迷欣喜若狂，也给他们在伦敦的死对头切尔西送去了喜悦。切尔西在前天的比赛中，客场以 0 比 2 负于利物浦。如果曼联这次战胜阿森纳，他们将领先切尔西队多达 9 分。本轮比赛结束后，曼联积 57 分，领先第二名切尔西队 6 分，利物浦和阿森纳分列第三、四位，积分为 46 分、45 分。

“枪手”为这场胜利付出了惨重代价，范佩西右脚的第五根跖骨受伤，最起码要休息 6 周。如果伤势恢复情况不理想，他甚至有可能出现错过本赛季全部剩余比赛的情况。

原本沉浸在胜利喜悦中的温格听到这个消息感到非常失望，他说：“出现这样一种情况，对于我们是最大的遗憾。他打进了一个不可思议的进球，但却为此而受伤，实在是太不幸了。”

范佩西安慰温格和关心他的球迷，他说：“也许情况没有想象的那么糟糕，我现在的唯一愿望就是尽快重返赛场。阿森纳本赛季具有一系列伟大的目标，我们还将在欧洲冠军联赛中面临激战，我希望自己能够尽快上场去为球队争取胜利。”

球员之间的战争结束了，教练之间的战争却没有终场哨声。阿森纳中场球员弗拉米尼无意间把温格中场更衣室里的“动员讲话”透露了出去，他说：“中场休息的时候，主教练告诉我们‘红魔’会在 70 分钟之后发生变化，他们将不会有上半场那么出色的发挥。”

消息很快就传到弗格森的耳朵里，他显示出难得的冷静，“我不清楚他到底说了些什么。”不过随后弗格森就显露出本性，反击道：“也许他要证明自己有多么英明，我是伟大的温格教练！你可以根据技术统计来判断真伪，他的话纯属无稽之谈。”

但弗格森无法回避曼联在最近的比赛中，领先的形势下被追平甚至反超的情况时有发生，他解释道：“我们在取得领先的情况下，队员们提前放松了自己，给了对手太多的空间，所以才造成这种情况。运气也在一定程度上决定了结果，在客场被纽卡斯尔2比2逼平的比赛中，曼联球员创造了许多绝佳的得分机会，但最后仅仅攻入2球，这也间接导致了球队被‘喜鹊’逼平。尽管占据着场上的优势，我们球员缺少凝聚力，精神也不够集中。假如我们比赛中1比0击败阿森纳的话，那温格还有没有机会说这种风凉话？”

矛盾与冲突

队长亨利在这个赛季深受伤病困扰，2007年2月以后，他便因脚伤而连续缺阵。后来，在欧洲冠军联赛阿森纳与埃因霍温的比赛中复出，上场不久又再次拉伤，缺席了这个赛季的剩余比赛。整个赛季，亨利只参与了17场比赛，只有10个进球入账。

2007年2月25日，威尔士首府加的夫千年球场，英格兰联赛杯决赛在阿森纳与切尔西之间进行。英格兰队主教练麦克拉伦和切尔西老板阿布以及俱乐部CEO凯尼恩都亲临现场观战。

第12分钟，“枪手”先声夺人。迪亚比传球给年仅18岁的沃尔科特，后者面对出击的门将切赫冷静推射打破僵局，沃尔科特打进了在阿森纳的“处子球”。第20分钟，切尔西的巴拉克中路斜塞身后球，德罗巴在疑似越位的情况下带球突入禁区，阿森纳球员纷纷示意，但主裁判韦伯并未鸣哨，“魔兽”推射球门中路扳平比分。第84分钟，罗本妙传中路，前点的杜尔冒顶，德罗巴头球将球顶进球门。

比赛中特里在争抢中受伤，停赛的时间较长，第四官员举牌示意下半场补时7分钟。补时阶段，阿森纳后卫图雷后场带球前插，在中场时被米克尔拉了一下，但主裁判韦伯并未判罚。米克尔继续拉拽不休，急于扳平比分的图雷怒火中烧，他与米克尔争执起来，还伴有一个挥臂推搡的动作，米克尔出手还击，等主裁过去试图分开两人时，事态已经无法控制。

兰帕德上前劝架，年轻气盛的法布雷加斯上去揪住了兰帕德的衣领，大力向后拉拽。随后，双方球员立即围在一起，比赛演变成了武打。身高马大的阿德巴约趁乱出拳击打兰帕德，不断有球员在冲突中倒地，直至穆里尼奥和温格双双入场劝解，局势才恢复平静。随后米克尔、阿德巴约和图雷 3 人均被红牌罚下，兰帕德和法布雷加斯也被黄牌警告，一场巅峰对决就这样以一场大规模的冲突而让人永久记忆。

切尔西在先失一球的情况下依靠德罗巴的梅开二度，2 比 1 击败阿森纳，俱乐部历史上第 4 次夺得联赛杯冠军。

两位主教练都谈了对这场比赛的看法，温格用他一贯的“温式风格”说：“我为此道歉，我们失去了理智，这也是队员们成长中的一个过程，但并不是我们愿意看到的。不论发生什么事情，都必须保持冷静。”温格又说：“少数阿森纳球员卷入这次混战，但是我不确定主裁判今晚的判罚是否全部正确。”

穆里尼奥赛后的发言一如既往地不缺霸气，他说：“很显然，阿森纳踢了一场精彩的比赛，今天阿森纳有机会赢球，他们踢得非常出色，而且他们还有一名伟大的教练。不过竞技体育成绩是最重要的，我们赢得了冠军！我想说的是我们理应夺取这个冠军！”

你不理财，财不会理你。但是，你渴望胜利，胜利一定会对你有渴望吗？

渴望胜利，是一支球队前进的动力之一。不过这种动力有时候会让你开“飞”了车，造成“车毁人亡”。

好车得配好油。温格追求“完美足球”，但是，“完美足球”这种跑车需要高品质的油料，而温格只是全心全意地打造更好的“跑车”，显然忽视了燃料的作用。

球队的动力一般有三种：金钱、荣誉与追求超越。

金钱这种动力燃料，适用性强，越是低档次的“车”就越好用，上油快、污染重、稳定性差，不知道什么时候会熄火，而且不可持续。

荣誉这种动力燃料，适应性稍差，中档“车”使用最佳，上油稍慢、污染稍轻、稳定性稍高，有一定的可持续性。

追求超越这种动力燃料，适用性低，只适用于高档“车”，上油平缓、无色无味无污染、稳定性极高、可持续性超强。

所谓追求超越，就是不再单纯为金钱、荣誉、胜利等而踢球，而是追求不断地超越自我，并且懂得在足球这样的团队项目中，只有真心实意地帮助他人超越才能最大化地开发自己的潜能。有了这种追求的人，以及由这类人组成的团队，不论场上出现什么样的局面，不管比分是落后还是领先，都能够专注于用足球表现他们的能力、他们的创造、他们的激情与他们的精神品格。

“完美足球”是一种超越了世俗意义的足球，是一种高档“跑车”，那么演绎“完美足球”的球员则必须有超越世俗的精神追求，或者说这辆“跑车”需要以“追求超越”作为动力燃料。他们追求团队潜能实现的最大化胜于对胜利的追求，他们把为球迷奉献足球艺术看得胜过现实的名与利。

温格着力打造阿森纳的“完美足球”，他的“枪手”军团在比赛中经常遭遇渴望胜利与演绎完美足球的矛盾，时时面对着完美足球与功利足球的冲突，而当这些矛盾与冲突积累到一定程度或在某种环境下，则会以极端的形式爆发。欲求“完美”而不得的焦躁，不可避免地演变成情绪事故、语言斗争与暴力冲突。

温格显然还没有意识到或没有能力为他的“完美足球”这辆豪华“跑车”注入精神动力。温格在球员技战能力的开发上技高一筹，但在团队文化的塑造上总是欠“一口气”。

2007 年 4 月，切尔西在联赛中与纽卡斯尔足球俱乐部战平，比赛中切尔西创造了点球机会，裁判却没有判罚。赛后，穆里尼奥却把矛头对准了曼联，他说：“与曼联比赛是很难获得点球的，但对切尔西却很有可能。如果有人因为我说实话惩罚我的话，那就是民主的末日，我们会回到中世纪。”

曼联在主场对米德尔斯堡的比赛，获得长时间补时，并最终得到一个制胜的点球。

联赛激战正酣，俱乐部的运作也是高潮迭起。美国商人汤姆 · 希克斯和乔治·吉列特出价2.189亿英镑，成为利物浦的新主人，利物浦有了向豪门迈进的新气象。美国富翁斯坦·克伦克从英国ITV电视广播公司购买了阿森纳9.9%的股份之后，有关阿森纳可能步利物浦后尘被美国人接管的传言也越来越盛，英国媒体纷纷猜测这是又一英超俱乐部被美国人收购的序幕。

克伦克是美国体育界举足轻重的人物，他的体育公司旗下还拥有NBA丹佛掘金队和北美冰球联赛的科罗拉多雪崩队。

2007年4月6日，温格不得不召开新闻发布会，他告诉媒体，克伦克购买股份并不意味着阿森纳即将易主。他说："我不认为有人买了阿森纳俱乐部，只是有人买了俱乐部的股份而已。至于未来，你还得看他意图如何。至少目前他已经明确表示并不想买下俱乐部，只是希望合作而已。目前这不会给俱乐部内部带来任何变化。"

温格还强调："我不认为俱乐部需要大量投资，球员们已经证明他们能击败任何人。现在球队战绩不佳，但挫折是他们成长过程的一部分。我不认为钱是解决问题的方法。从长远来说，自力更生总是更好的路子。"

温格还呼吁阿森纳俱乐部抵制商业化和坚持传统，他说："我们一直坚持人性化，注重名誉和尊重球迷，正是这些让俱乐部广受球迷爱戴，这比任何投资都更重要。我之所以喜欢这个俱乐部，就是因为它关注球迷利益甚于商业利益。"

2007年5月6日，阿森纳主场与切尔西战成1比1。5月10日，切尔西与曼联战成0比0。温格在2006—2007赛季与曼联、切尔西的"三国演义"中占了上风，但在整个联赛中却输得很惨。

最终，阿森纳以68个联赛积分排名第四，利物浦收获季军，切尔西排名第二，曼联则以89分再次夺冠。

阿森纳变局

每当赛场上的故事结尾之后，都是俱乐部商场故事进入高潮的时候。

戴恩先是辞去了在阿森纳的副主席职务，接着以 7500 万英镑的价格将自己手中 14.58%的阿森纳股份卖给了俄罗斯富豪阿利谢·尤斯马诺夫与伦敦商人共同拥有的红白公司，并担任了这家公司的主席，阿森纳的未来再度微妙起来。

1983 年，破产的糖果商人大卫·戴恩从希尔·伍德家族用 29.2 万英镑购买了部分股权，20 多年后，戴恩转手时，赚了接近 3000 万英镑。

戴恩离开后，就有传言说，温格会在 2008 年与俱乐部合同期满后走人。

数年如一日对亨利发动“爱情”攻势的巴萨，依然紧追不舍，亨利已是心有所动。

已经打不上主力的永贝里，也收到了西汉姆联足球俱乐部（以下简称西汉姆联）抛出的“橄榄枝”。

一时间，阿森纳又面临着一场狂风暴雨的洗礼。

戴恩出走后，各大英国媒体又披露出一条惊人消息，那便是 F1 掌门人、大富豪伯尼·埃克莱斯顿已经对阿森纳提出了报价。英国《天空体育》报道，埃克莱斯顿方面已经决定要同美国富豪克伦克争夺阿森纳的所有权。《镜报》也在第一时间报道了这一消息，他们透露克伦克出价 6.5 亿英镑收购阿森纳，而财富大约是克伦克三倍之多的埃克莱斯顿的出价会达到 10 亿英镑。

球迷议论纷纷，阿森纳内部也是人心浮动，阿森纳俱乐部执行经理埃德尔曼在官方网站上做了回应：“我们很有信心阿尔赛纳（温格）未来几年将继续担任阿森纳主教练。我们已经和他联系过，他留下来的可能性很大。”

对于美国人购买俱乐部的可能性，埃德尔曼说：“克伦克目前有俱乐部 12.2%的股份，我们欢迎他成为俱乐部股东，但事情的进展也就到此为止了。人们都说，俱乐部需要一个亿万富翁来投资，但俱乐部董事会以及阿尔赛纳一直认为，从长期效应来看，俱乐部必须自力更生，才能真正得以生存。”

埃德尔曼还透露，阿森纳俱乐部董事会一致认为，那些海外投资者无法像本土股东那样爱惜俱乐部，他们的目的无非是从中获益。“如果某些人想从俱乐部挣钱，他们从俱乐部拿走的钱肯定比他们投入的钱要多得多。”埃德尔曼最后说。

亨利远走诺坎普

永贝里与亨利的转会迷局也很快破解了。

2007 年 7 月，永贝里转会到西汉姆联，转会费是 300 万英镑。以后，永贝里又先后效力过美国西雅图海岸者、苏超凯尔特人和日本清水心跳队，直到 2012 年才正式宣布退役。

亨利离队也成定局。

单相思不可怕，怕只怕相思化雨频频洒。只有抗不住的耐心，没有暖不化的芳心，再坚硬的心房也经不起春风细雨不停住。

单相思的春天就在思恋对象的冬季里孕育。在阿森纳的“冬天”，在亨利被伤病困扰的“季节”里，亨利最终没有经受住巴萨的“爱情”攻势，师生情最终输给了“爱情”。2007 年 6 月 25 日，亨利正式转会巴塞罗那，转会费是 2400 万欧元。他与巴萨签下 4 年合约，年薪高达 680 万欧元。

亨利说，戴恩的离开和温格在俱乐部的前途并不乐观，是他离队的主要原因，同时又说：“因为我在队中属老资格，事实上我担任队长，我有时对队友们叫喊传球，当他们传球给我时，我却不在最佳位置。所以在感觉上，我的离开反而对球队起着正面作用。”

人人都会合理化自己的行为，心另有所属的时候，一定能找到一万个“变心”的理由。

亨利转会让阿森纳球迷遭遇了温格执教以来第三个最受伤的日子。第一个是亚当斯退役的日子，第二个是博格坎普挂靴的日子。

面对因深爱着自己而伤痛欲绝的球迷，亨利说：“离开阿森纳是我这辈子做过的最艰难的决定。不管人们会怎么说、怎么写、怎么看，这对我来说都是非常沮丧的一刻。这个俱乐部已经住进我的心中，并将永远被我铭记在心。”

在阿森纳，如果说博格坎普是用脚来“拉小提琴”的足球艺术大师，亨利是可以用脚来演奏“电吉他”，并能够舞蹈的多面手，而亚当斯则是为他们撑起舞台的人。博格坎普自始至终的优雅让人迷醉；亨利则从来不缺青春的自信与激情，让人痴狂；亚当斯的一言一行都是担当与忠诚，让人感动。亨利是“枪王”之王，博格坎普是“枪王”之魂，亚当斯是“枪王”之基。

亨利效力阿森纳 8 年，一共收获 184 个联赛入球和 42 个欧洲赛入球，是阿森纳历史上的首席射手。2008 年 7 月，阿森纳组织的“枪手”50 位英雄排行榜上，亨利名列榜首，博格坎普位居次席，亚当斯排在第三位。

亨利的“内切回作”，如一幕绿茵现代短舞，有妙的典雅，巧的从容，力的柔美，以及心有灵犀的惊艳，让人荡气回肠、回味永年。

亨利的“马赛回旋”，如纤巧的双手在琴弦上舞蹈，曼妙的律动和谐出天籁般的琴声，让人醉了眼球，酥了心情。

亨利的突破过人，恰如一道清流穿越山涧，迅疾如电，直捣龙门，惊心动魄，让人目不暇接、一咏三叹。

亨利的角球，犹如美人长袖起舞，一甩袖，一道闪电，彩虹一片，令人疑为仙人、击节惊叹。

亨利的“踩单车”，如草上杂技，险中有奇，快中多变，让人热血沸腾、拍案叫绝。

亨利的任意球，如电光石火，似蛟龙戏珠，胜鬼斧神工，一脚飞起，万山低头，英雄侧目。

亨利的“挑球过人”，如云过山涧，似风摆柳枝，胜鹰戏走兔，一招即出，风为之拍手，云为之起舞。

亨利的点球，如风扫落叶，似虎跃捕食，胜惊鼠入洞，脚起球落，神鬼莫测，妙不可言。

亨利与皮雷的“霹雳组合”，让阿森纳高唱“左路进行曲”，摧城拔寨，势不可当。

亨利与坎贝尔的角球绝配，组成了阿森纳的“二炮部队”，让阿森纳的“斩首”行动，屡屡奏凯。

亨利与博格坎普的“二重奏”，更是笑傲江湖，天下无双。

亨利的进球，是青春的宣言，有彩霞般的灿烂；亨利的进球，充满创造的激情，带着“咯咯”的笑声；亨利的进球是生命的诗篇，讲述着人生的姿态万千。

中央电视台体育频道《天下足球》栏目曾经以“谁与争锋”为题，精练地介绍了亨利的职业足球生涯：

这些风驰电掣的画面再一次出现在我们的眼前，您可曾又想起了那个曾三夺英超金靴的海布里快车，那是一个时代的标志，那是一个年轻的标志，那是属于巅峰时期的亨利的标志。记忆中的那个海布里国王，当年的他激情狂放，谁与争锋?

我们会记得19岁的亨利，初出茅庐的你，正在摩纳哥上演着绝代双骄。

我们会记得20岁的亨利，在世界杯上拔掉角旗杆的你，已经登上了世界的顶峰。那个躲在伙伴身后偷笑的人，却还是个孩子。

转眼间21岁的亨利，在斑马军团体会到的不是满足，却是痛苦。

于是22岁的亨利，降临海布里，做出人生最重要的选择。

23岁的亨利，打开英超账户，正在成为英超最恐怖的射手。欧洲冠军也让他完成了国家队大满贯。捧杯庆典上的亨利玩得尽兴，玩得孩子气。

24岁的亨利，英超金靴的荣誉第一次揽入囊中，英超冠军的奖杯第一次举过头顶。

但将满25岁，世界杯的红牌和过早出局，却令人惋惜。

26岁，一个成熟的年纪。梅阿查球场的帽子戏法，让他迅速爆发。

27岁、28岁，一个收获的年纪。英超49场不败的神话，由他领衔主演。那些经典的庆祝镜头，也永远留在我们心中。

29岁的亨利，当你俯下身亲吻草皮的那一刻，也告别了海布里球场的一段传奇。

30岁，空降诺坎普，开始迎接新的征程。两年后欧冠金杯成为他最后的荣耀。

如今，33岁的亨利，告别南非，告别法国。在这样的一个年纪，迎来新的起点，开始新的足迹。

虽然时间会带走一切珍惜的东西，虽然岁月不等人，但却留下了那些恍如昨天的故事，依然在述说着。

在酋长球场的日子不算太长，因为人总要年华老去，人也总要面对离别，离别也总会在无限的期许承诺中忽然到来。

2007 年 3 月 7 日亨利在欧冠对阵埃因霍温队的比赛中替补登场，谁也不会想到这竟然成为他在阿森纳主场的最后一战，没有进球，没有力挽狂澜，脱下球衣的那一刻，亨利已经无形中踏上了那辆远去的列车。

当他再回到这里已过三年，看台上的巨大横幅却依然明确，这里还是他的家……

球迷们的欢呼声经久不息，在那八年“枪手”时代的黄金岁月当中，这曾是他最熟悉的，而今已是他最陌生的。

32 岁的亨利就坐在那里以深情的目光望过去，都是自己 22 岁时的影子。

380 场比赛，226 个进球，4 座英超金靴，2 座英超奖杯，49 场不败的联赛纪录，历史最佳射手海布里的最后一战，海布里的最后一吻。当烟花升起的一刻那个曾属于亨利的海布里国王时代不会随年华逝去而只会在年华的飘零中长长记起……

英雄亨利，谁与争锋，向传奇致敬！

亨利是队长，是领袖，是传奇，是巨星，是射手，是“枪王”之王。阿森纳的岁月是亨利职业生涯中最好的一段时光。8 年的“枪手”生涯，亨利就是神一般的存在。

亨利是一个传奇，造就这个传奇的除了上帝与亨利自己，还有一个温格。拜师如投胎，对于青年足球运动员来说，能够投奔温格是幸运的，亨利就是其中最幸运的一个。如果没有温格对亨利的挖潜改造，足球世界或许就少了一位神奇射手。

“铿锵三人行”解体

亨利走了，永贝里走了，阿森纳的球迷对“枪手”的前景忧心忡忡。

与此同时，关于穆里尼奥与老板反目，即将离开切尔西的报道也不断见诸各类媒体。

穆里尼奥对记者说：“只有两种方式能让我离开切尔西。一种是 2010 年 6 月，我履行完合同而俱乐部不给我新合同；第二种是切尔西把我解雇了。至于我主动丢下切尔西辞职，没门儿！我永远不会对切尔西的球迷做这样的事！”

2007 年 7 月 6 日，前泰国首相他信以 8160 万英镑收购了曼城，成为球会的新老板。他信入主后，曼城也开始了“烧钱运动”。

温格出来安慰忠诚的球迷，他乐观地说：“我认为我们的重点应当是，将亨利从前在前锋线上承担的任务分散到其他人身上。我们将更强调团队作战，避免过多地依赖于某一个人。”

“我同样认为，队中一些球员还可以承担更多的责任，比如范佩西，比如阿德巴约，比如沃尔科特，再比如刚刚加盟的爱德华多。当你失去某个重要球员时，总会有另外一些球员顶上来。”

温格还确认了另一名可能离开阿森纳的球员：西班牙人何塞·安东尼奥·雷耶斯。雷耶斯 2006—2007 赛季租借加盟皇家马德里，其希望 2007 年夏天能完成永久转会。

这时候，弗格森也出来说话了：“他们会保住前四名的位置，我很确信他们可以打入四强，尽管亨利走了。我认为亨利走得正是时候，温格很清楚这一点，我个人认为他们会更加出色。”谁也弄不清弗格森是否在为温格助阵。

温格还是坚持以德相报，当被问到选谁为年度最佳教练的时候，温格说：“我认为今年的弗格森爵士当之无愧，因为他的球队还坚持在各条战线上。”

穆里尼奥终究还是走了。在欧洲冠军联赛首战切尔西主场 1 比 1 被卢森堡队逼平后，切尔西老板阿布拉莫维奇就和穆里尼奥进行了一次“危机谈判”，俄罗斯人告知对方，切尔西现在的表现是不能被接受的。

第二天，切尔西官方网站正式宣布与穆里尼奥解约，阿布与穆里尼奥的“婚姻”宣告结束。

穆里尼奥在2004年夏天从波尔图来到切尔西，执教了三个半赛季，他率领的“蓝军”共拿到了两个英超联赛冠军、一个英格兰足总杯冠军、两个联赛杯冠军和一个社区盾杯冠军，完成了英格兰国内赛事的大满贯。并且，切尔西一直保持着联赛主场不败的“金身”，至今已达到66场，而穆里尼奥在波尔图和切尔西执教期间，联赛主场从未输过球，加起来的场次已达101场，这一纪录前无古人。

穆里尼奥在2004—2005赛季和2005—2006赛季蝉联英超年度最佳教练。

2007年9月，穆里尼奥发表了对球迷的公开声明，声明中说：“我要感谢切尔西俱乐部的所有球迷，我们之间的爱将永远不会结束。”“狂人”穆里尼奥留下了他为切尔西赢得的6项冠军奖杯黯然离开。

温格与弗格森、穆里尼奥的“铿锵三人行”宣告解体。温格是儒雅的，穆里尼奥是狡猾的，弗格森是霸道的。温格是教育家，穆里尼奥是谋略家，弗格森是军事家。或者说，温格是善于育人的，穆里尼奥是善于“玩”人的，弗格森是善于用人的。温格是理想主义者，弗格森是现实主义者，穆里尼奥是超现实主义者。他们各有各的长处，各有各的短板，英超联赛少了他们中的任何一个，都会缺了一分色彩，少了一分精彩。

信任之花开始枯萎

温格为阿森纳引进了巴西球员爱德华多·达·席尔瓦、法国球员巴卡里·萨尼亚和萨米尔·纳斯里。

温格给了萨尼亚极高的评价：“他是一名强力防守专家，表现稳定，防守出色，身体强壮，有着良好的爆发力，能胜任整条边路的攻防，是我们的强援。”

亨利走后，温格把队长的袖标交到了加拉斯手上，由此为阿森纳埋下了隐患。

2007—2008赛季，阿森纳在赛季初期的前进势头令所有专家大吃一惊，也让“枪手”球迷心中大喜，赫莱布、阿德巴约和法布雷加斯球艺精进、配合默契，核心作用日益突显。人们开始再一次惊叹温格的神奇，然而进入2008年之后，各种倒霉的事情都降临到了联赛领头羊阿森纳的头上。

2008年2月23日晚，阿森纳做客圣安德鲁斯球场挑战伯明翰城足球俱乐部（以下简称伯明翰），这是英超联赛第27轮的一场交锋。

比赛仅仅进行2分30秒，伯明翰后卫马丁·泰勒正面飞铲带球激进的爱德华多，重重踢在爱德华多的小腿上，后者随即就倒地不起。主裁判马上出示红牌将泰勒直接罚下。

爱德华多倒地后一动不动，痛苦在脸上扭曲着，如被按住了“七寸”的蛇。队友阿德巴约看着爱德华多，一时不知所措，双手合十、表情凝重。人们迫切地希望知道爱德华多的伤势，但负责转播的电视台迟迟不敢播放慢镜头，在经过技术处理后，人们才看到了惨不忍睹的一幕：爱德华多遭到泰勒飞铲之后，脚踝已经弯曲成一个不可思议的角度，小腿骨已经折断，并且刺出了皮肉。

爱德华多一度陷入了昏迷，阿森纳队医用上了供氧设备，随后又将他身体侧转固定在担架上，才将其抬下场去。此时爱德华多的队友们纷纷意识到了事情的严重性，法布雷加斯甚至用手遮住了眼，不敢目睹这残忍的一幕。

伯明翰的球迷在这时也用掌声为爱德华多送上了祝福。

阿森纳在10打11的情况下2比2被伯明翰逼平，英超联赛四连胜纪录终结。整场比赛，温格都在场边来回踱步，双手不时地抬起、摊开，焦躁在他脸上的皱纹里激烈地蠕动。

当主裁判麦克·邓恩吹响终场哨之后，队长加拉斯走到场边，猛烈地踢了一通广告牌，然后无助地坐在地上，潸然泪下。

加拉斯说：“或许最后主队确实不应该获得那个点球，但是主裁判鸣哨了，所以你无能为力，但是这很难接受。比赛结束的时候我感到非常非常愤怒，因为我是个情绪化的人，而且，我明白要赢得联赛冠军究竟有多么困难。”

他又说：“我对比赛中的许多事情都感到恼火，并不是单单因为某件事情，那天所有的遭遇慢慢积聚起来，最后令我难以控制。在最后时刻我们丢掉了两分，如果本赛季我们能夺取联赛冠军，那这就不会算得上什么；但是如果最后我们没夺冠呢？那时所有人都会回过头来看上周末与伯明翰的比赛。比赛中我们确实犯了错误，但是在本赛季结束之前，我们还不会知道这样的错误究竟会有多么大的杀伤力。”

说到这里，加拉斯还觉得不过瘾，指向越来越明确：“我感觉年轻人越来越放松，好像冠军已到手似的。他们太年轻，顶不住压力。对我来说，一切因那个点球而崩溃。我的态度好不好？不好。这是队长的正确反应吗？不是。我确实蠢。我不追求原谅，重要是大家要理解我。”

队长懊恼的并非只是本场比赛的“点球”，而是他与队友之间的矛盾。

猎犬一样灵敏的媒体记者马上从加拉斯的话中嗅出了某种味道，那是他们最感兴趣的东西，很快，关于加拉斯与队友之间矛盾的各种小道消息迅速蔓延开来，队员之间的信任之花开始枯萎。

美好与丑恶，人更热衷于哪一个？乍一想是前者，其实是后者。

假丑恶与真善美看起来天壤之别，实质上同源同宗。没有极假，人不知真之益；没有大恶，人不知善之贵；没有奇丑，人不知美之甘。

好事不出门，坏事传千里。因为人的肉体里藏匿着太多太多的“苍蝇”。在人的心中，新闻不如奇闻，奇闻不如绯闻，绯闻不如丑闻。

“防火、防盗、防记者”，记者像苍蝇一样令人讨厌，但人们又对这些苍蝇“盯过”的玩意儿趋之若鹜。大家都是同类，嗜好大致相同，不过是大家给自己的嗜好穿上的外衣花色各异。

美让人愉悦，丑令人“欲悦”。

弗格森听到阿森纳内乱的消息后，对球员们说：“伙计们，门还开着，我们将成为冠军。”

阿森纳之乱

人心齐，泰山移；人心散，难过坎。

阿森纳与伯明翰战平之后，便陷入不胜怪圈，在四轮比赛中，三平一负，这时候联赛还剩下最后七轮，基本退出了争冠行列。

爱德华多受伤，温格只好启用沃尔科特，这名不满19岁的小将，很快就展露出优秀射手的锋芒。

一个人的不幸，可能是另一个人的机会；而一个人的机会又可能带出一个或一群人的机会；生活永远比戏剧更具有戏剧性。

憾事人人有，好事古难全。以新人为主的“枪手”从冲劲十足，到关键时刻心态失衡，经历了大喜大悲，又一次功亏一篑，最终，阿森纳收获了季军，切尔西获得亚军，曼联再次夺冠。

这时候，“蓝月亮”曼城又发生新的故事。他信因泰国腐败案缠身不得不退出曼城，阿拉伯富豪阿布扎比成了“蓝月亮”的新主人，与切尔西展开了“烧钱竞赛”。

不怕贼偷，就怕贼惦记。阿森纳算是让人给惦记上了。赛季刚刚结束，赫莱布就通过经纪人放出话来，说是赫莱布准备离开伦敦，原因是“伦敦太喧嚣”，立刻引发了国际米兰、皇家马德里、巴萨的一场抢购大战，最终巴萨以1180万英镑抱得“意中人”。

赫莱布的离去让阿森纳的中场威力锐减。温格像蜜蜂一样继续勤劳地修补着被损坏的蜂房。

温格引援的第一个最鲜明的特点是：挖潜。挖潜之中又有三种类型：善于发现有潜质的苗子，并且能够高效率地开发利用；善于利用别人手里的“闲置设备”，并且能够赋予他们新的功能与效率；善于利用别人的“淘汰设备”，并且能够让他们焕发“第二春”。

温格引援的第二个鲜明特点是：便宜。人们常说，便宜无好货，但温格买的“便宜货”大多是物美价廉，大多能够增值。其中原因有三：一是温格的眼光，二是温格的深加工能力，三是温格的敬业精神。其中，第三条是根本。没有第三条，也就不可能有前两条。

人是敬怕的，事是敬成的，术是敬精的。

阿森纳陷入低谷

2008年春天，温格以500万英镑买下了阿龙·拉姆齐。

温格还从死敌曼联手里以95万英镑买下了米凯尔·西尔维斯特。西尔维斯特1977年8月9日生于法国查布雷省勒图斯，身高1.84米，体重83公斤，可以胜任中后卫和左后卫两个位置。

2008—2009赛季，“枪手”并没有从2007—2008赛季的阴影里走出来。队长加拉斯与队友之间的矛盾越积越深。温格明确地站在加拉斯一边，称其为“出色的队长”。温格的做法，一是源于性格中的固执，二是并没有清楚地认识到队长应当具备怎样的条件。

联赛前9轮，阿森纳6胜2负1平，成绩与球迷的期望相去甚远，特别是败在富勒姆足球俱乐部、赫尔城足球俱乐部这样的弱旅手上，大大挫伤了球队的士气。

队长加拉斯责任心很强，比赛经验十分丰富，技术水平也很高，唯一缺的就是领导能力，而温格恰恰让他做了领导。加拉斯看不惯年轻球员的做派，比赛越是不顺，成绩越是不理想，加拉斯的责任感就越往上涌，看到年轻球员的问题越多，加拉斯的指责、呵斥也就越多，球员们的反感也就越大。

加拉斯很看重上下尊卑的等级观念，但是年轻一代早已不认这一套，他指责年轻人“不像战士、不够勇敢”，他骂沃尔科特不长进，和本特纳在场上争吵，与多名球员在更衣室发生冲突，他自认为是好心好意的，但其他人却觉得他居高临下且多管闲事。

加拉斯的好心被当作驴肝肺，心里委屈，自己一肚子委屈的人是不可能理解别人的，不能理解人的人又怎么能够领导别人呢?

一个人没有对方需要的爱的能力，却硬要爱人家，他在对方眼里就是一个自私的人，而自私这样的评价又是他最不能接受的。因为他与对方需求不符的爱越多，对方越烦越累，而他自己则越是不解越是委屈。

一个人若是没有负责的本事，却有满腔的责任感，他在大家眼里就是一个自以为是的人，好逞强逞能的人。这样的人越是作为就越是添乱。

火山终究要爆发。2008 年 10 月 30 日，英超联赛进行到第十轮，阿森纳在酋长球场迎战热刺，6 万多名球迷前来观战。

开场不久，热刺的本特利远射建功。第 37 分钟，范佩西开出右侧角球，西尔维斯特冲顶入网，阿森纳扳平比分。上半场，双方 1 比 1 战平。阿森纳过早的失球激活了压抑已久的矛盾，中场休息时，更衣室里爆发了激烈的争吵。

热刺已经在比赛中察觉到“枪手”出了问题，中场休息时又听到了他们的争吵，这让热刺球员心中大喜，他们相信，只要自己能够专心比赛、继续进球，阿森纳就会崩溃。

下半场，加拉斯、阿德巴约和范佩西分别在第 47 分钟、第 65 分钟、第 68 分钟进球，阿森纳 4 比 1 领先，现场球迷开始以胜利的姿态欢呼雀跃。

谁也没想到，阿森纳把煮熟的鸭子弄飞了。在剩下的 20 分钟里，热刺的达伦・本特、杰纳斯和列农先后攻破阿森纳的球门，最终将比分扳平。

含愁欲说心头事，鹦鹉前头不敢言。

加拉斯的毛病就是任何场合都敢言，这是做人的优点，却是当领导的“缺点”。这个致命缺点让他屡屡犯下错误，他在接受记者采访时把队内矛盾公开出来，他说：“作为一个队长，当其他队员走过来向你抱怨某个球员，而之后你在场上找那个球员聊聊，结果反被他侮辱。这让我简直不明白发生了什么，也没法忍受。”

加拉斯没透露当事人名字，他说：“我要保护自己，不能随便给名字，否则又要被骂。但这确实让人尴尬，我 31 岁，他比我还小 6 岁。事情发生在与热刺比赛中场休息时，我当时能说的只是，‘伙计们，让我们赛后解决这个问题，而不是中场休息时’。”

媒体很快就揭开了谜底：范佩西和沃尔科特在更衣室发生冲突，加拉斯试图劝架，结果却卷入了冲突之中。

这时候，弗格森出来煽风点火，他说：“阿森纳队内因为一名球员引起了不小的麻烦，曼城上周恰好利用这个机会打败了他们。当然，曼城的这场胜利令人信服。”

温格不得不出来回击，他说：“我不认为球队没有秩序，曼城是一支不错的队伍，也许曼联本周日就能体会到了。由于之前的一些糟糕结果，利物浦和切尔西领先了我们不少，但阿森纳队的实力摆在这里，如果本周我能在击败曼联后拿下切尔西，我相信差距会慢慢缩小。”

冲动是魔鬼，加拉斯就是被这个魔鬼附体的人。温格不得不解除了加拉斯的队长职务，把队长的袖标交到了法布雷加斯的手上。

人们期待着年轻的法布雷加斯成为“维埃拉”，但法布雷加斯却说：“我尊重维埃拉，他是阿森纳历史上伟大的球员，伟大的队长，但是我不要当第二个维埃拉，我希望成为‘枪手’史册中独一无二的法布雷加斯。”

病来如山倒，病去如抽丝。“枪手”的问题并不是换一个队长就能够解决的。在被热刺逼平之后，阿森纳虽然分别战胜了劲敌曼联和切尔西，但屡屡被弱旅逼平或击败，他们竟然罕见地打出了两个“三连平”，早早地退出了争冠行列。

杂志专访

戴恩的采访媒体又传出其要重返阿森纳的消息。为了不干扰阿森纳正常的工作，戴恩接受了《世界足球》杂志的采访。

《世界足球》记者：你是否很怀念那些曾经直接参与足球工作的日子？

戴恩：一点也没错，足球从来都是我生活中不可分割的一部分，一开始是作为球迷，那时候我大概只有八岁，接着是在阿森纳工作了将近 25 年。然后是在英超联赛会议中代表阿森纳工作，当然还有在欧足联、国际足联和 G14 足球俱乐部的工作。

如今我是红白控股公司主席，我把我自己所持有的阿森纳股份都卖给了它，现在红白控股公司也是最大的股东（持股 24.2%）。我观看每一场阿森纳的比赛，也参加了不少学术会议和高校演讲。从某种程度上来说，我的身份没有太大的改变。我仍旧会去看很多其他地方的足球比赛。比如说，早些时候我就有两个礼拜的时间去加纳看非洲杯。那很棒！每个人的表现都很不错！

《世界足球》记者：你现在在哪里看阿森纳队的比赛？

戴恩：在一个专属包厢里面。那里的环境非常舒适，但是作为日常活动的话就有些不同。我总是第一个到，最后一个走的。我总是支持他们的，以后也将一如既往地支持他们。

《世界足球》记者：看上去你对在阿森纳的工作的怀念要胜过在英足总和欧足联工作？

戴恩：嗯，这并不是截然分离的。但是我确实很怀念日复一日都能够亲自参与进去的那些日子。但是生活还得继续。也有其他豪门足球俱乐部的高层联系过我，问我愿不愿意去。但是我实在做不到去为另外一家俱乐部工作。

《世界足球》记者：你怀念和温格一起工作的日子吗？

戴恩：是的。我现在还常常和温格见面。他是我的好朋友，我们一道走过了漫长岁月。我希望我们之间的友谊永远都不要改变，因为他是我的邻居，我们曾经在一道并肩作战，那样的合作关系非常特殊，那是十一年光辉灿烂的岁月。

我把他称为“奇迹制造者”。温格把球队带入了一个全新的视野之中。那个年代在很多俱乐部里都有喝酒的传统，而他则改变了球员们的饮食习惯和训练习惯。如今，他们比从前任何时候都更加健康了，技术上也比以前任何时候都要纯熟，比赛节奏更快了。他热爱这个表述：摧枯拉朽一般的节奏。他也愿意见到球员们肆意穿行于对方防线之间。温格是个非常了不起的教练。

《世界足球》记者：球迷可能会觉得，如果球队表现不好的话，你或许有机会回到阿森纳。这对你来说是不是一个两难的选择？

戴恩：作为一位支持阿森纳超过 50 年的球迷，我从来都只希望阿森纳取得胜利，从来只做对阿森纳最好和最正确的事情。这是我自幼便支持的球队，阿森纳是我生活中的重要组成部分，这永远不会改变。

“人市”英超

一年一度的俱乐部人员大洗牌终于尘埃落定。

2010 年阿森纳可以说是入不敷出。爱德华多·达·席尔瓦以 600 万英镑的价格转至顿涅茨克矿工足球俱乐部，坎贝尔自由转会至纽卡斯尔足球俱乐部，加拉斯和西尔维斯特与阿森纳双双解约，森德罗斯自由转会至富勒姆足球俱乐部（以下简称富勒姆），梅里达自由转会至马德里竞技足球俱乐部，科奎林洛租借到里昂足球俱乐部，凯尔·巴特利租借到谢菲尔德联。阿森纳以 1000 万英镑从洛里昂转入了科斯切尔尼，以 50 万英镑从费耶诺德转入了埃贝西里奥，而查马克则从波尔多自由转会至阿森纳。

阿森纳放走了多名后卫，加拉斯、坎贝尔、森德罗斯、西尔维斯特一起离开了球队，阿森纳只引进了一名替代者法国球员科斯切尔尼。

切尔西依然是在转会市场上引领风骚的俱乐部，不过，这次“蓝军”的风头主要在清洗上。卡瓦略去了皇家马德里，辛克莱尔去了斯旺西足球俱乐部，德科去了弗卢米内塞足球俱乐部，乔科尔去了利物浦，巴拉克去了勒沃库森足球俱乐部，贝莱蒂去了弗卢米内塞足球俱乐部。

切尔西买人的力度明显减弱，以 600 万英镑从利物浦买下了贝纳永，以 520 万英镑从奥林莫斯足球俱乐部买下了卡拉斯，以 270 万英镑从国际萨佩斯克足球俱乐部买下了德拉奇。

曼联的大投入则始终如一，以 1000 万英镑从富勒姆买下了斯莫林，以 1000 万英镑从瓜达拉哈拉足球俱乐部买入了赫尔南德斯，以 740 万英镑从吉马拉雷斯足球俱乐部买入了贝贝。曼联以 600 万英镑把福斯特卖给了伯明翰，以 800 万英镑把托西奇卖给了莫斯科中央陆军足球俱乐部。

从曼联夏季的引援可以看出，新赛季基本上仍将使用去年的主力阵容。维迪奇与费迪南德的中卫组合，再加上中前场的卡里克、弗莱彻，锋线上鲁尼占据一个主力位置，无论与其搭档的是贝尔巴托夫还是赫尔南德斯，攻击力都不容小觑。这样的阵容，再加上老将新人的搭配，年龄结构也算是合理，曼联的实力和经验都足以支撑他们四线作战，且保留着问鼎的可能性。

曼城开始成为转会市场上的“新切尔西”。俱乐部以 3000 万欧元从巴塞罗那买进了亚亚·图雷，以 2875 万欧元从瓦伦西亚买进了席尔瓦，以 2270 万欧元从拉齐奥买进了科拉罗夫，以 1250 万欧元从汉堡买进了博阿滕。

阿布扎比入主曼城后，在转会方面已经累计投入高达 2.9 亿英镑。阵容方面曼城完全具备了争冠的条件，唯一存在变数的地方就是主教练曼奇尼能否调度、安顿好这么多的“大牌”。

2010—2011 赛季英超呼啸而来，媒体与球迷普遍认为新赛季最大的看点就是：“货币英超”重新洗牌，实力的消长有了更多的变数，冠军争夺将更加激烈。

稳定的曼联再次成为夺冠的最大热门，刚刚注入“金钱兴奋剂”的曼城最具“黑马”潜质，已经患上“金钱依赖症”的切尔西起伏不定，而人们对阿森纳的希望仅仅是温格开发新人的能力。

新赛季的英超，“钱”火连天，云谲波诡，杀机四伏。乱了，乱了，钱乱飞，风乱吹，人不知何处归。

切尔西首先爆出新闻。2010 年 8 月 15 日，切尔西将在英超首轮坐镇斯坦福桥迎战升班马西布罗姆维奇，此时却传出了不和谐的声音，《太阳报》称，切尔西的球星们如今对老板阿布扎比非常不满，原因是阿布扎比削减了这些百万富翁的奖金，这当然是上赛季“双冠王”的功臣们所不能接受的。

这天上午，在赛前的例会上，董事特纳鲍姆和 CEO 古尔雷向球员们宣布了老板阿布扎比的决定，本赛季将取消所有的出场奖金，球员们要想拿到奖金需要拿出更好的表现以及球队更好的成绩，具体来说就是只有赢得欧冠联赛冠军、英超联赛冠军、足总杯冠军或联赛杯冠军才能拿到奖金。这也就意味着，球员们拿到过往赛季薪水的可能性微乎其微。

据一位切尔西的内部人士透露：“球员们如今已是暴怒，幕后有一场巨大的争吵。”

温格也表现出了少有的火气。也是在英超新赛季首轮，阿森纳赴客场挑战利物浦，在赛前新闻发布会上，温格花了大篇幅炮轰英超“新政”。

英超“新政”规定：俱乐部的注册球员人数不得超过 25 人，非本土球员最多限 17 人。1989 年 1 月 1 日及之后出生的球员不占用 25 人名额。英超联赛的这一规定，旨在确保本土球员在顶级俱乐部中的人数和上场机会，从而为英格兰队输送更多人才。但自从这一规定出台，温格就坚定地站在反对面。尽管阿森纳现有 26 人一线队名单中，13 名是本土球员，7 名在 21 岁以下。

温格在新闻发布会上说："球队构成新规定对于英格兰来说是一场灾难。非常可笑，是个彻头彻尾的笑话，只会扰乱市场。从 1966 年到 1996 年，英格兰联赛中并没有多少外籍球员，但在国际大赛中他们还是一无所获。所以这有什么关系呢？英超必须想清楚，他们的目的是不是为英格兰队服务。如果是，他们最好把每名外籍球员都踢出去。还是说他们的目的是打造世界上最好的联赛？"

温格反常的言辞让人们怀疑他可能在合同到期后离开阿森纳、离开英超。

2010 年 8 月 14 日晚，阿森纳官方宣布与主帅温格续约三年，新合同到 2014 年 6 月结束。《每日电讯报》和《太阳报》还透露，温格的三年合同总价值高达 1300 万英镑，周薪约合 8.5 万英镑。

阿森纳主席希尔·伍德对温格的续约表示高兴："我们非常激动，阿尔赛纳签下了续约合同。过去的 14 年，他率领着这家俱乐部走向成功，在他的带领下，阿森纳踢出了令人钦佩的激动而又有竞争力的足球。阿尔赛纳是一位非常有天赋的教练，我们相信年轻的、令人激动的球队，能够给球迷们带来过去五年所没有得到的奖杯。"

温格则表示："我的心属于阿森纳，我渴望看到这支球队赢得冠军。签下一纸新合同意味着我能看到这些才华横溢的年轻人发挥出他们的全部潜力，相信我，他们已经准备好了。我与我的教练组、球员们一起，在一次令人激动的挑战面前，我们盼望着能取得更多的成功！"

温格的激情演讲

人的命，"钱"注定还是"前"注定？

2010—2011 赛季的英超联赛"货币战争"落下帷幕，曼联夺得魁首，切尔西、曼城占据了第二、第三的位置，阿森纳排在了第四。

2011—2012 赛季，阿森纳又收获了一个季军，曼城终于捧得英超联赛冠军奖杯，曼联夺得亚军，切尔西则滑落到第六名。这个赛季，阿森纳的成绩平淡依旧，但阿森纳的故事却很惊艳。

在多年无缘冠军的重压下，温格爆发出了惊人的力量。2011 年 10 月召开的阿森纳足球俱乐部股东大会上，温格作出了充满激情的演说：

在你们当中，我可以看到很多不满和恐惧，我可以理解，因为我们生活在一个需要和持有更多资源的人竞争的世界。我们能与之竞争的方式就是变得聪明，而且需要团结，否则在足球世界中，你很难保持稳定。

在过去的 15 年，我们比世界上任何其他球队都稳定，这不是说我就不能被批评，我接受，这是我工作的一部分，高层也被批评了，但我们必须展示出，我们是团结的，因为这是唯一在顶端生存的出路。我们保持团结，局面也会很艰难，但如果不团结，就根本没有机会。

自给自足的模式，我们想要改变吗？我相信，我也愿意负全责，那就是我们可以以现有的方式去竞争，我听人说我们失去了两个世界级球员，我同意，我们过去失去过更多，但不要现在就评判我们买入的球员。

我认为他们是顶级的，他们准备好战斗了，我每天都看到他们，他们准备好了。在过去几场主场比赛的艰苦时期，球迷们依然非常棒，支持着球队，这是上赛季末所没有的。如果我们付出一切努力，团结一致，为每一项赛事的每一场比赛而奋战，到赛季末当我们回首，可以为自己的态度而骄傲，为自己的成就而骄傲。

我个人，愿意去扭转目前围绕着俱乐部的怀疑论，对我来说，这种论调太过分了，如果今天在这会上我能有所成就，那将是让你们相信我们，相信球队有实力，相信这支球队会战斗到底！如果你们帮助我们这样做，我相信我们将会有一个成功的赛季！

我所能奉献的唯有热血、辛劳、眼泪和汗水，我们所面临的将是一场极其严酷的考验，将是旷日持久的斗争和苦难……若问我们的目标是什么，我可以

用一个词来回答，那就是胜利。不惜一切代价，去夺取胜利——不惧一切恐怖，去夺取胜利——不论前路如何漫长、如何艰苦，去夺取胜利！

英国媒体称，在这一刻，温格变成了阿森纳的“国王”，其演讲就像温斯顿·丘吉尔的《热血、汗水和眼泪》一样激动人心，会带领阿森纳走向胜利。

另类成就

翻开阿森纳的成绩簿，仿佛所有的荣耀都止步于2004—2005赛季的英格兰足总杯冠军。之后，阿森纳已经连续8个赛季与英超联赛冠军无缘。但阿森纳又在温格执教以来连续17年保持着英超联赛积分前四的排名，年年都能够进军欧洲冠军联赛，世界上还没有第二个教练取得过这样的成就。从近年的成绩来看，温格是个失败者；但从成就来看，温格又是个成功者。

教授、完美足球、最能赚钱的教练这些贴在温格身上的标签，以及亚当斯、赖特、博格坎普、亨利等巨星在阿森纳叱咤风云的风采，还有酋长球场、大英帝国勋章、超过900场的阿森纳比赛等，在冠军之外成就着温格。

“温格式”的成功是足球的成功，而“温格式”的失败也是足球的失败。英国职业足球表面的红火是商人的成功，并非足球的成功。足球已经被商人过度透支。双赢的道理大多数人都懂，但双赢的作为却只有个别人能为。

足球不怕商人来投资，也避免不了商人的投机，但如果足球成了富豪手里的“玩偶”，足球的命运将是悲惨的。

职业足球的游戏规则也是需要与时俱进的。规则先进性就在于它应该能让智慧和勤奋者获得领先。

至今，温格依然坚守在“枪手”的阵地上，捍卫着欧洲足坛这块硕果仅存的不沾染功利的净土，就像一位顽强的斗士，尽管已伤痕累累，却决不肯放弃心中那最珍贵的信仰。

温格如同空谷幽兰，天资灵秀，不与艳花同列；风姿素雅，只与新月对语；花容端庄，不向浮尘低头；美的足球，幽香清远；美的温格，高洁清绝！

亨利说："温格是我的精神父亲，阿森纳是我的家庭，有人曾教会我踢球，但没有谁能像温格那样令我不断进步。"

维埃拉说："我觉得能够认识温格对我真是受益匪浅，因为他让我从普通的球员成为一名真正的球星。如果要从我的职业生涯中选择一位最想感谢的人的话，我会毫不犹豫地选择他。"

亚当斯说："你经常会感到吃惊，这个人来了阿森纳后，好像所作所为非常少，可他改变了一切。这正是他的力量所在。他每天都想找到足球圈子里的金矿。"

阿森纳足球俱乐部前副主席戴恩说："温格是个伟大的工作者，他让普通球员成为伟大球星，自从他来到海布里球场之后，我们就有幸欣赏到来自另一个星球的足球。"

温哥，温格！人生如此，夫复何求！

后　记

这本书聊的是足球的事，也是在说地球上的事，聊的是球场上的事，也是在说职场上的事，归根结底都是人事。人事纷繁复杂，剖开来看，离不开利益这个事情。无非就是利益如何产生、怎样分配而已。

原本不再写关于足球的书了，可看了曹虎先生的《新增长路径》，就来了写足球的冲动。

为什么？无非一个“痴”字作怪。从事职业足球多年，写了一些从事足球的体会与认识，却没有一本是专门写职业足球经营的，总觉得是一个缺憾；又觉得，不从“盈”上落脚，很难多赢共赢，只有一输再输。

因为读了朱光潜先生的美学理论，深感我国足球运动太过功利，越是如此，离目标就越远。在朱光潜先生看来，美不是什么“高大上”的东西，而是在若即若离、欲紧还松的状态下自然产生的东西。我国足球运动就缺少这样一种状态，因而既不能成就功利亦不能呈现美丽。

因为和足球打了多年交道，始终不得要领，就想“解剖麻雀”，找一找规律。于是，就分别选了一个教练和一位球员作为解剖对象。之所以选了温格与梅西，是因为温格追求“完美足球”，而梅西踢出了“完美足球”。从他们身上，可以看到美与功利并不冲突。他们追求“完美足球”，从中得到了无数的荣誉，也得到了常人几辈子也得不到的财富。“完美”与利益在他们身上实现了高度统一，这也正是我把他们放在这本书里的主要原因。

“盈”与“赢”在一个层面上看似矛盾，但从另一个层面来看，却是共生关系；而“盈”与“赢”和“美”也是如此。从长远、根本上来看，他们也是命运共同体，其名字就叫作“美盈赢”。

期待看到中国足球与中国职业足球的“美盈赢”！

2024 年 9 月

图书在版编目（CIP）数据

足球命门 / 刘广迎著. -- 北京 : 中国工人出版社,
2024. -- ISBN 978-7-5008-8485-9

Ⅰ. G843.62

中国国家版本馆CIP数据核字第20241G8D91号

足球命门

出 版 人	董 宽
责任编辑	王晨轩 李滢洁
责任校对	张 彦
责任印制	栾征宇
出版发行	中国工人出版社
地 址	北京市东城区鼓楼外大街45号 邮编：100120
网 址	http://www.wp-china.com
电 话	（010）62005043（总编室） （010）62005039（印制管理中心） （010）62382916（工会与劳动关系分社）
发行热线	（010）82029051 62383056
经 销	各地书店
印 刷	北京印刷集团有限责任公司
开 本	710毫米×1000毫米 1/16
印 张	16.25
字 数	250千字
版 次	2024年11月第1版 2024年12月第2次印刷
定 价	68.00元